Astralprojektion und Luzides Träumen

Ein Leitfaden für Astralreisen, außerkörperliche Erfahrungen und die Kontrolle Ihrer Träume

© Copyright 2024

Alle Rechte vorbehalten. Kein Teil dieses Buches darf in irgendeiner Form ohne schriftliche Genehmigung des Autors reproduziert werden. Rezensenten dürfen in Besprechungen kurze Textpassagen zitieren.

Haftungsausschluss: Kein Teil dieser Publikation darf ohne die schriftliche Erlaubnis des Verlags reproduziert oder in irgendeiner Form übertragen werden, sei es auf mechanischem oder elektronischem Wege, einschließlich Fotokopie oder Tonaufnahme oder in einem Informationsspeicher oder Datenspeicher oder durch E-Mail.

Obwohl alle Anstrengungen unternommen wurden, die in diesem Werk enthaltenen Informationen zu verifizieren, übernehmen weder der Autor noch der Verlag Verantwortung für etwaige Fehler, Auslassungen oder gegenteilige Auslegungen des Themas.

Dieses Buch dient der Unterhaltung. Die geäußerte Meinung ist ausschließlich die des Autors und sollte nicht als Ausdruck von fachlicher Anweisung oder Anordnung verstanden werden. Der Leser / die Leserin ist selbst für seine / ihre Handlungen verantwortlich.

Die Einhaltung aller anwendbaren Gesetze und Regelungen, einschließlich internationaler, Bundes-, Staats- und lokaler Rechtsprechung, die Geschäftspraktiken, Werbung und alle übrigen Aspekte des Geschäftsbetriebs in den USA, Kanada, dem Vereinigten Königreich regeln oder jeglicher anderer Jurisdiktion obliegt ausschließlich dem Käufer oder Leser.

Weder der Autor noch der Verlag übernimmt Verantwortung oder Haftung oder sonst etwas im Namen des Käufers oder Lesers dieser Materialien. Jegliche Kränkung einer Einzelperson oder Organisation ist unbeabsichtigt.

Inhaltsverzeichnis

TEIL 1: ASTRALPROJEKTION 1
  EINLEITUNG 2
  KAPITEL EINS: GRUNDLEGENDE ENERGIEKONZEPTE 4
  KAPITEL ZWEI: ASTRALPROJEKTION, ASTRALREISE ODER AKE? 12
  KAPITEL DREI: ASTRALPROJEKTION UND TRÄUME 18
  KAPITEL VIER: DIE VORTEILE DER ASTRALPROJEKTION 24
  KAPITEL FÜNF: ACHT DINGE, DIE SIE WISSEN SOLLTEN,
  BEVOR SIE EINE AKE ANSTREBEN 31
  KAPITEL SECHS: DIE VORBEREITUNG AUF DIE
  ASTRALPROJEKTION 38
  KAPITEL SIEBEN: FÜNF GRUNDLEGENDE
  ASTRALPROJEKTIONSMETHODEN 45
  KAPITEL ACHT: AKE-STRATEGIEN FÜR FORTGESCHRITTENE 58
  KAPITEL NEUN: WAS SIE BEI DER ASTRALPROJEKTION ZU
  ERWARTEN HABEN 67
  KAPITEL ZEHN: MIE MAN SICH SELBST AUF DER ASTRALEBENE
  SCHÜTZT 74
  KAPITEL ELF: BEGEGNUNG MIT GEISTFÜHRERN UND ANDERE
  ASTRALREISEABENTEUER FÜR FORTGESCHRITTENE 80
  KAPITEL ZWÖLF: WIE MAN IN SEINEN PHYSISCHEN KÖRPER
  ZURÜCKKEHRT 90
  KAPITEL DREIZEHN: NACHWIRKUNGEN UND INTEGRATION 93
  KAPITEL VIERZEHN: ENERGIEHEILUNG 97

KAPITEL FÜNFZEHN: DIE VERBESSERUNG IHRER HELLSEHERISCHEN FÄHIGKEITEN DURCH ASTRALPROJEKTION.. 100

FAZIT 104

TEIL 2: LUZIDES TRÄUMEN FÜR ANFÄNGER 105

EINLEITUNG 106

KAPITEL EINS: WAS SIND TRÄUME? 108

KAPITEL ZWEI: LUZIDES TRÄUMEN 118

KAPITEL DREI: DAS LUZIDE TRÄUMEN UND DIE ASTRALPROJEKTION 123

KAPITEL VIER: LUZIDES TRÄUMEN UND SCHAMANISCHES REISEN 129

KAPITEL FÜNF: DIE VORBEREITUNG AUF DAS ERLERNEN DES LUZIDEN TRÄUMENS 136

KAPITEL SECHS: VORBEREITUNG AUF EIN KLARTRAUMERLEBNIS 146

KAPITEL SIEBEN: FÜNF METHODEN ZUM LUZIDEN TRÄUMEN 160

KAPITEL ACHT: WIE SIE DAS TRAUMLAND ERFORSCHEN KÖNNEN 169

KAPITEL NEUN: BEGEGNUNG MIT GEISTFÜHRERN IN LUZIDEN TRÄUMEN 178

KAPITEL ZEHN: 14 DINGE, DIE SIE BEIM LUZIDEN TRÄUMEN NIEMALS TUN SOLLTEN 184

KAPITEL ELF: WIE SIE SICH BEIM LUZIDEN TRÄUMEN RICHTIG SCHÜTZEN KÖNNEN 191

KAPITEL ZWÖLF: FÜNF FORTGESCHRITTENE STRATEGIEN DES LUZIDEN TRÄUMENS 198

FAZIT 207

HIER IST EIN WEITERES BUCH VON MARI SILVA, DAS IHNEN GEFALLEN KÖNNTE 209

REFERENZEN 210

Teil 1: Astralprojektion

Ein Leitfaden für Reisen in die Astralebene und außerkörperliche Erfahrungen

Einleitung

Die Astralprojektion gibt es schon seit Tausenden von Jahren, aber sie wurde erst vor kurzer Zeit in den Mainstream-Medien bekannt. Seit das Thema in den Medien aufgetaucht ist, ist die Astralprojektion zu einem viel diskutierten Thema geworden. Für die einen gilt sie als vorübergehender Trend, für die anderen handelt es sich nur um ein Modewort, und oft wird angenommen, dass Interesse an dem Thema bald wieder abklingen wird. Astralprojektion ist jedoch viel mehr als das, was in den Medien diskutiert wird. Vor vielen Jahren glaubten die Menschen einst, dass der physische Körper alles sei, was man zum Leben und zur eigenen Existenz brauche. Aber sie wurden schnell eines Besseren belehrt, als das Wissen um einen anderen Körper - der üblicherweise als feinstofflicher Körper, als Geist oder als Astralkörper beschrieben wird - ans Licht kam. Als Astralprojektion oder außerkörperliche Erfahrung wird der Vorgang bezeichnet, bei dem der feinstoffliche Körper des Menschen in die spirituelle Welt entsandt wird und so die Freiheit erhält, das Universum, ohne den physischen Körper, zu bereisen. Jeder Mensch besitzt die Fähigkeit dazu, aber nicht alle Menschen haben gelernt, wie sie sie richtig nutzen. Der Zweck dieses Buches ist es, Menschen zu helfen, die noch nicht gelernt haben, wie sie die Fähigkeit zur Astralprojektion zu ihrem eigenen Vorteil nutzen können.

Die Astralprojektion wird sowohl mit körperlichen als auch mit geistigen Vorteilen in Verbindung gebracht. Infolgedessen interessieren sich viele Menschen für diese Praxis, in der Hoffnung, sie als Werkzeug für ihre persönliche Entwicklung und ihr spirituelles Wachstum nutzen zu können. Da das Thema Astralprojektion erst seit kurzem in den Medien präsent ist, bieten viele der verfügbaren Ressourcen nur sehr vage und meist wenig hilfreiche Informationen zu diesem Thema an. Viele der Informationen sind ungeeignet für Menschen, die die Kunst der Astralprojektion wirklich ernst nehmen wollen. Der Großteil der Informationen ist rein theoretisch, und es gibt kaum praktische Beispiele. Wenn Sie dies lesen, interessieren Sie sich wahrscheinlich auch dafür, zu lernen, wie man Astralprojektionen und außerkörperliche Erfahrungen gezielt herbeiführt und sie für das persönliche Wachstum und die eigene Entwicklung nutzt. Es ist recht wahrscheinlich, dass Sie bisher noch nicht die richtigen Ressourcen gefunden haben, die Ihnen die Ihnen aktuelle Informationen bieten und Ihnen bei Ihren aktiv Astralreisen helfen können. Nun, Ihre Suche nach dem richtigen Leitfaden ist nun zu Ende.

Das Buch *Astralprojektion: Ein Leitfaden für Astralreisen und außerkörperliche Erfahrungen* enthält alle Informationen, die Sie sich jemals von einem Buch über Astralprojektion gewünscht haben. Dieses Buch unterscheidet sich von jedem anderen Produkt auf dem Markt, da es aktuelle, relevante Informationen enthält, mithilfe derer Sie Ihren Traum von der Astralprojektion Wirklichkeit werden lassen können. Vom ersten bis zum letzten Kapitel bietet Ihnen dieses Buch außerdem etwas, womit Ihnen andere Bücher nicht dienen können: eine theoretische und praktische Einschätzung von Astralprojektion, Astralreisen und außerkörperlichen Erfahrungen. Es spielt dabei keine Rolle, ob Sie ein Anfänger sind, der bisher nur sehr wenig über Astralprojektion weiß, oder jemand, der bereits alle Grundlagen kennt - jeder kann aus diesem Leitfaden noch etwas lernen. Das Buch enthält neue und faktenbasierte Informationen über Energiefelder, Energiezentren, Astralreisetechniken und Astralerkundung. Das Handbuch deckt alle Themen ab, zu denen Sie mehr wissen wollten und bereitet Sie darauf vor, mit der Astralprojektion zu beginnen.

Lesen Sie weiter, falls Sie Ihr Bewusstsein steigern und Ihre Erleuchtung intensivieren wollen, und falls Sie körperlich und geistig eine viel bessere Version Ihrer selbst werden wollen. Wenn Sie jedoch nicht viel Wert auf Ihre persönliche, kognitive und spirituelle Entwicklung legen, ist dies vielleicht nicht das richtige Buch für Sie. Dieser Leitfaden ist für Menschen gedacht, die sich selbst verbessern wollen. Wenn Sie aber bereit sind, sich auf eine erstaunliche Reise der Selbstentdeckung und Astralprojektion zu begeben, lesen Sie weiter!

Kapitel Eins: Grundlegende Energiekonzepte

Jeder Mensch ist ein geistiges Wesen, das in einem physischen Körper wohnt. Da Sie ein geistiges Wesen sind, ist Ihr physischer Körper von einer sogenannten „Aura" umgeben, einem Energiefeld, das aus sieben verschiedenen Schichten besteht.

Für Anfänger, die mit Spiritualität und Energielesen weniger vertraut sind, mag die obige Aussage ein wenig verwirrend klingen. Sie wird jedoch sofort weniger kompliziert, wenn Sie wissen, was sie bedeutet. Also, lassen Sie uns deren Bedeutung aufschlüsseln. Ihr Körper - der menschliche Körper - besteht aus verschiedenen Schichten, die als Energieschichten bezeichnet werden. Diese sieben Schichten sind voneinander getrennt und existieren als individuelle Einheiten, aber sie durchdringen sich gleichzeitig auch gegenseitig. Die Energieschichten umgeben Ihren physischen Körper, und in ihrer Summe bilden sie Ihre Aura. Die Aura wird auch als das menschliche Energiefeld bezeichnet. Aus wissenschaftlicher Sicht handelt es sich bei der Aura um ein „elektromagnetisches Feld". Sie umgibt den Körper und dehnt sich in alle Richtungen aus, so dass sie eine große, wabernde ovale Form annimmt.

Jeder lebende Organismus hat eine Aura - eine durch Energiewellen schwingende Lichtfrequenz. Das Aura- oder Energiefeld besteht aus verschiedenen Farben und einer bestimmten Farbe, die zu jeder Zeit den Großteil der Aura abdeckt. Die Farben der Aura dienen als Indikatoren für Ihre Energie, Ihre Gedanken, Ihre Gefühle und Ihren

Bewusstseinszustand. Normalerweise sind die Aura-Farben bei den meisten Menschen gleich, können aber manchmal von Person zu Person unterschiedlich sein. In Ihrem ausgeglichenen Zustand strahlt Ihre Aura einen sehr hellen und überwältigenden Farbton aus, der sich bis zu mehreren Metern um Ihren physischen Körper herum erstreckt. In einem Zustand des Ungleichgewichts oder der Ungesundheit verändert sich Ihr aurisches Feld jedoch und nimmt eine stumpfe Farbe an. Die Aura zieht sich dabei von Ihrem physischen Körper zurück. Idealerweise sollten die Aurafarben immer einen hellen Farbton ausstrahlen, da dies für Vitalität, Positivität und für gute Gesundheit steht. Dunklere und trübe Farben deuten auf Krankheit, Negativität und ein allgemeines Ungleichgewicht des gesamten Körpers hin.

Die Farben der Aura sind die Indikatoren für Ihren Geisteszustand. Daher bedeutet jede Farbe etwas anderes. Unten finden Sie eine Beschreibung einiger Aurafarben und mehr Informationen dazu, was sie symbolisieren:

- Violett steht für Ihr Bewusstsein und Ihre Offenheit. Das Violett in der Aura erscheint typischerweise als Farbblitz, der sich anschließend in größere Farbblöcke integrieren lässt.
- Blau steht für den Grad der intuitiven Fähigkeiten, je nach Farbton. Ein helles Königsblau kann auf starke hellseherische Fähigkeiten und ausgeglichene Energie hinweisen.
- Grün symbolisiert Heilungsfähigkeit. Eine blau-grüne Farbe in Ihrer Aura bedeutet, dass Sie über Heilkräfte verfügen.
- Gelb steht für Wissbegierde. Wenn Sie Gelb in Ihrer Aura haben, bedeutet das, dass Sie ein sogenanntes spirituelles Erwachen erleben werden.
- Orange symbolisiert Vitalität. Es ist außerdem ein Indikator für Ihre Gefühle. Ein leuchtendes Orange in Ihrer Aura zeigt, dass Sie lebensfroh und bei guter Gesundheit sind. Kombiniert mit roten Farbbereichen steht die Farbe für ein starkes Vertrauen in Ihre persönlichen Fähigkeiten.
- Rot bedeutet Entscheidungsfreudigkeit. Dunkelrot ist ein Hinweis auf unterdrückte Wut und auf andere negative Energien. Im Gegensatz dazu symbolisiert ein hellerer Rotton Genügsamkeit.
- Regenbogenfarben in der Aura sind typischerweise bei Naturheilern, spirituellen Lehrern und Lichtmanipulatoren zu

finden.

Die Aura dient dazu, den physischen Körper zu schützen und Ihren Geist vor negativen Schwingungsfrequenzen abzuschirmen, die Ihnen sonst möglicherweise Schaden zufügen könnten. Die Energie und das aurische Feld dienen als Speicher für Ihre Gedanken, Überzeugungen, Erinnerungen und Lebenserfahrungen. Die Chakren und die Aura sind miteinander verbunden; daher können die Chakren die Aura beeinflussen. Sie können Veränderungen in der Form und der Farbe der Aura bewirken. Das ist genau der Grund, warum die menschliche Aura von Person zu Person unterschiedlich ist. Aufgrund von Unterschieden in den Gedanken- und Gefühlsmustern der Aura verändern sich die Schwingungen ständig. Wenn Sie beispielsweise eine niedrig schwingende Emotion empfinden, verdunkelt die Aura ihre Farben, um dies widerzuspiegeln. Genauso verhält es sich, wenn Sie in guter Stimmung sind und Ihre Schwingungsfrequenzen entsprechend hoch sind - die Aura hellt sich auf und weitet ihre Ausstrahlung aus.

Die sieben Energieschichten des aurischen Feldes werden auch als der „subtile Körper" bezeichnet. Sie sind alle jeweils unterschiedlich und verhalten sich nicht so einheitlichen, wie viele Menschen annehmen. Die sieben Energieschichten sind mit den sieben Chakren verbunden, und sie entsprechen den verschiedenen Erfahrungsebenen. Obwohl Sie Ihren physischen Körper gut sehen können, können Sie die anderen sieben feinstofflichen Körper, die ebenfalls zu Ihnen gehören, nicht sehen, es sei denn, Sie haben starke hellseherische oder wahrnehmende Fähigkeiten. Sogar Menschen, die sich mit dem Lesen von aurischer Energie gut auskennen, haben Schwierigkeiten, die Energieebenen richtig zu verstehen. Aber man muss die aurischen Schichten nicht sehen können, um sie zu spüren oder zu fühlen. Alles, was Sie wissen müssen, ist, was die Schichten sind und wie Sie richtig mit ihnen arbeiten können. Sobald Sie das wissen, können Sie sie anzapfen, um Ihre Ziele zu erreichen, wie beispielsweise die Abstimmung Ihrer Gedanken, die Abstimmung Ihrer Emotionen oder verschiedene außerkörperliche Erfahrungen.

Ätherische Schicht

Die ätherische Schicht ist der erste Energiekörper und steht dem physischen Körper am nächsten. Oft wird der Begriff „ätherisch" als Synonym für die Aura oder den feinstofflichen Körper eingesetzt. Das Wort „ätherisch" wurde von dem Wort „Äther" abgeleitet, der als ein Ort jenseits des physischen Raumes verstanden wird. Das ätherische Energiefeld befindet sich etwa fünf Zentimeter weit vom physischen Körper entfernt. Als wichtiger Teil des gesamten Energiefeldes ist die ätherische Energie die erste Schicht, die den physischen Körper umgibt. Experten, die über die besondere Fähigkeit verfügen, die zweite Unterschicht der Energie spüren zu können, beschreiben sie als eine dehnbare Kraft. Diese Kraft ist mit einem Netz vergleichbar - einem Netz aus Energie, das genau wie der physische Körper existiert. Die ätherische Schicht verankert Ihren physischen Körper an seinem Platz. Diese Schicht ist auch der Ort, an dem sich Ihre wichtigsten Nadis - winzige Energiekanäle - befinden.

Die ätherische Schicht ist mit dem Wurzelchakra an der Basis der Wirbelsäule verbunden. Ihre Farbe kann unterschiedlich sein und reicht von blau über violett bis hin zu silbergrau. Von allen feinstofflichen Körpern ist die ätherische Schicht am einfachsten mit den bloßen Augen zu sehen. Sie können sie vielleicht sogar sehen, wenn Sie Ihre Hände mindestens dreißig Sekunden lang aneinander reiben. Da die ätherische Schicht mit der Gesundheit und Vitalität des physischen Körpers zusammenhängt, haben Menschen, die körperlich fit und aktiv sind, in der Regel auch einen entsprechend starken Ätherkörper.

Emotionale Ebene

Diese aurische Schicht ist der zweite feinstoffliche Körper, etwa drei Zentimeter von Ihrem physischen Körper entfernt. Die emotionale Schicht durchdringt den physischen und den ätherischen Körper. Sie dient als Brücke, die den mentalen und den physischen Körper verbindet. Sie ist mit dem Sakralchakra verbunden und dient als Behälter für alle Ihre Emotionen und Gefühle. Als Speicher für Ihre Gefühle und Ängste fasst das emotionale Feld Ihre Erfahrungen in der physischen Welt zusammen und interpretiert sie. Es bestimmt außerdem, wie Sie auf innere und äußere Einflüsse reagieren und wie Sie diese interpretieren und beantworten, einschließlich der Wahrnehmung anderer Menschen.

Der Gefühlskörper besteht aus einem Farbspektrum, das als fließender, mobiler Körper existiert. Abhängig von Ihrem emotionalen Zustand erscheinen die Farben entweder hell, warm und gesättigt oder gefährlich dunkel, ruhig und wolkig. Die Verbindung zwischen dem mentalen und dem emotionalen Feld ist dabei der Grund, warum Menschen ein und dieselbe Situation unterschiedlich wahrnehmen. Wenn der emotionale Körper aus dem Gleichgewicht geworfen wurde, lassen sich Situationen leicht falsch interpretieren und es kommt zu irrationalen Reaktionen. Ist das emotionale Feld jedoch im Gleichgewicht, so wird es zum Zentrum von allem. Mit anderen Worten: Es reguliert Ihren emotionalen Zustand. Stellen Sie es sich einfach als den Richtungsweiser Ihres Bewusstseins vor.

Mentale Ebene

Der Mentalkörper gilt als die dritte Schicht des aurischen Feldes. Er ist mit dem dritten Chakra verbunden und für die Formulierung von verschiedenen Denkprozessen verantwortlich. Wie der Name verrät, steht diese Schicht mit dem Verstand, den kognitiven Fähigkeiten und dem mentalen Zustand in Verbindung. Die mentale Ebene ist außerdem mit dem Solarplexus-Chakra verbunden, das gelb ist. Daher hat es das Aussehen einer goldgelben Wolke, die den Kopf und die Schultern eines jeden Menschen umkreist.

Ihre geistige Schicht ist etwa drei bis acht Zentimeter von Ihrem physischen Körper entfernt. Sie wird dennoch durch kognitive Aktivität beeinflusst und dehnt sich aus, wenn Sie intensiv nachdenken oder Gedanken verarbeiten. Wie der physische und ätherische Körper hat auch der Mentalkörper eine Struktur. Innerhalb der geistigen Schicht kann man sehen, wie sich Gedanken bilden. Die Farben der mentalen Schicht sind mit einigen Farben des Emotionalkörpers verbunden. Die Farben, die miteinander verbunden sind, repräsentieren die Emotionen, die mit jeder Gedankenform verbunden sind, was erklärt, wie die mentale und die emotionale Ebene miteinander verbunden sind.

Wenn Sie sich intensiv auf einen bestimmten Gedanken konzentrieren, erscheint der Gedanke wohlgeformt, und jeder mit einer hohen Wahrnehmungsfähigkeit kann die gedankliche Form sehen. Dies gibt Ihnen einen Einblick in die komplexe Art und Weise, auf die Gedanken im aurischen Feld Formen annehmen und anschließend in die anderen Energiekörper hinunterwandern, bis sie den vordersten Bereich des physischen Körpers erreichen. Die mentale Schicht ist typischerweise bei Menschen, die ihren Verstand regelmäßig trainieren, stärker ausgeprägt als die anderen Sinne. Sie nimmt ein leuchtendes Erscheinungsbild an, wenn man sich im Geiste auf etwas konzentriert.

Astralebene

Der Astralkörper befindet sich über den drei bisher besprochenen Schichten und erstreckt sich etwa 30 cm weit nach außen. Diese Schicht ist mit dem vierten Chakra verbunden, d.h. sie bildet die Brücke zwischen dem physischen und dem spirituellen Selbst. Sie ist zentral zu allen anderen Schichten positioniert, d.h. sie befindet sich direkt in der Mitte. Ähnlich wie der Emotionalkörper beherbergt die Astralebene ein Spektrum aus Licht, das sich ständig bewegt. Der Farbton der Farben im Astralkörper ändert sich abhängig von Ihrer geistigen Gesundheit. Ihr Astralkörper ist eng mit dem Herzchakra verbunden und korreliert mit Ihren Äußerungen zu Herzensangelegenheiten. Daher wirkt er sich auf Ihre Beziehungen und auf Verbindungen mit anderen Menschen aus.

Ätherisches Abbild

Das ätherische Abbild sitzt an fünfter Stelle und umgibt Ihren physischen Körper, es erstreckt sich etwa einen halben Meter weit nach außen. Es handelt sich um das energetische Abbild des physischen Körpers - die Matrix, aus der Ihre Struktur und Ihre Organe hervorgehen. Diese Schicht ist mit dem Halschakra verbunden. Ähnlich wie das Halschakra kanalisiert das ätherische Abbild alles, was auf der physischen Ebene entsteht. Bevor Ihr physischer Körper krank wird, können Sie es zunächst in Ihrem ätherischen Abbild spüren. Das bedeutet auch, dass Sie Krankheiten und Gebrechen auf dieser aurischen Ebene heilen können, bevor sie sich in Ihrem physischen Körper manifestieren. Das ätherische Abbild nimmt bei jedem Menschen eine andere Farbe an. Wenn Sie sich von Begrenzungen befreien und Ihre Selbstwahrnehmung zunimmt, strahlt das ätherische Abbild entsprechend hell auf.

Himmelsschicht

Die himmlische Schicht bildet den sechsten feinstofflichen Körper und ist mit dem Chakra des dritten Auges verbunden. Manche Menschen nennen den Himmelskörper auch den spirituellen Körper. Der Himmelskörper dient als Brücke zwischen Ihnen und Ihrer Verbindung zu allen Dingen, einschließlich Ihres wahren Selbst innerhalb des Universums, dem höheren Wesen, dem Göttlichen oder dem Jenseits. Obwohl es sich um eine der mächtigsten aurischen Schichten handelt, sind sich viele Menschen der Existenz des spirituellen Körpers nicht bewusst, weil sie nicht mit der spirituellen Energie im Einklang sind. Dabei handelt es sich um den Ort, an dem Ihre Vorstellungskraft, Ihre Einsichten und Ihre Intuitionen Gestalt annehmen. Es hat sehr wenig mit Religion und stattdessen hauptsächlich mit Ihrem Höheren Selbst zu tun. Es ist der Ort, an dem das Erwachen und die Erleuchtung Ihren Anfang haben.

Ketherisches Abbild

Die siebte und letzte Schicht ist mit dem Kronenchakra verbunden und erstreckt sich etwa 90 cm weit nach außen. Das ketherische Abbild steht für Ihre Verbindung mit dem Universum. Es handelt sich um den Ort, an dem Sie mit dem Kosmos, dem höheren Wesen und dem Göttlichen eins werden können. Es ist der Ursprung des höheren Bewusstseins - der Ort, an dem Ihr höheres Bewusstsein residiert. Ihr spiritueller Körper ist eine Manifestation der Verbindung zwischen Ihrer Seele, Ihren Erfahrungen, Ihrem Karma und Ihrem Schicksal. Er enthält alles, was Ihre Seele in Ihren vergangenen und gegenwärtigen Leben erlebt hat und alles, was Sie erleben wird.

Die ketherische Schicht hält das aurische Feld und die Chakren zusammen. Sie ist die Schnittstelle zwischen Ihnen und allem anderen. Diese Schicht ist golden. Das Entriegeln der ketherischen Schicht bahnt Ihnen den Weg zu einem jenseitigen Verständnis des Universums und zu dem, wofür Sie innerhalb des Universums stehen. Das erfolgreiche Freisetzen der ketherischen Ebene gibt Ihnen die Fähigkeit, auf Ihre Akasha-Aufzeichnungen zuzugreifen und dort die Details Ihres vergangenen Lebens und Erfahrungen aus anderen Leben zu sehen.

Obwohl es sich bei diesen sieben Energieschichten um unterschiedliche feinstoffliche Körper handelt, können sie sich auf der Grundlage Ihrer täglichen Erfahrungen miteinander verbinden.

Viele Menschen glauben im Allgemeinen, dass der physische Körper auch Teil des aurischen Feldes ist, aber das stimmt nicht. Das aurische Feld umgibt Ihren Körper. Alle sieben Schichten des Energiefeldes sind „feinstoffliche Körper". Der physische Körper ist ein Produkt des morphogenetischen Feldes. Der Biologie zufolge handelt es sich dabei um eine Ansammlung von Zellen, die die konkrete Struktur und die Organe des Körpers bilden, wie z. B. Ihr Gehirn, Ihre Haut, Ihr Gewebe, Ihre Knochen, Ihr Blut und so weiter. Ihr physischer Körper besteht aus Ihrem Skelett, aus Ihren Bändern, Ihren Venen und aus allem, was Sie als

Ihr „physisches Selbst" verstehen. Aufgrund seiner Greifbarkeit können Sie feststellen, ob der physische Körper verletzt ist oder nicht, ob er gesund ist oder nicht, ob er satt ist oder nicht. Er gibt Ihnen im Allgemeinen erkennbare und physische Zeichen zu seinem Zustand. Der physische Körper ist eine Repräsentation Ihrer physischen Erfahrung in der Welt, Ihrer Physiologie und Ihrer Fähigkeit, verletzt zu werden und zu heilen. Wenn dieser Körper im Gleichgewicht ist, fühlen Sie sich gesund, anpassungsfähig und flexibel. Wenn Ihre Vitamin- und Mineralelemente im Gleichgewicht sind, ist der physische Körper frei von Toxizität, Übersäuerung und Schmerzen. Die sieben Schichten des Energiefeldes haben alle die Aufgabe, den physischen Körper zu schützen und abzuschirmen.

Von allen sieben Aura-Körpern ist der Astralkörper derjenige, der in diesem Buch am ausführlichsten wird. Ohne den Astralkörper wären Astralprojektion, Astralreisen und außerkörperliche Erfahrungen nicht möglich. Finden Sie als Nächstes heraus, wie sich diese drei Begriffe voneinander unterscheiden.

Kapitel Zwei: Astralprojektion, Astralreise oder AKE?

Die Astralprojektion mag in den modernen Medien ein relativ neues Konzept sein, aber es gibt sie schon seit vielen Jahren. Einst beruhte sie auf Weisheit, die nur wenige erleuchtete Menschen besaßen. Mittlerweile ist die Astralprojektion auch in den Mainstream-Medien bekannt, und viele der Informationen rund um das Thema wurden miteinander verworren. Astralprojektion, Astralreisen und außerkörperliche Erfahrungen (AKE) werden wie Synonyme im Sprachgebrauch verwendet. Dies führt dazu, dass Fehlinformationen an Menschen, die gerne auf der Astralebene reisen würden, verbreitet werden. Der Astralkörper und andere feinstoffliche Körper werden schon seit langem regelmäßig in historischen Aufzeichnungen und Berichten erwähnt. Auf Grundlage dieser Kenntnisse wurden viele esoterische Heilpraktiken entwickelt, die mit dem Wissen über das menschliche Energiefeld in Verbindung stehen - insbesondere in den östlichen Gebieten der Welt. Auch heute werden esoterische Heilpraktiken weiterhin anerkannt und erfreuen sich großer Beliebtheit. Sogar in den Mainstream-Medien werden sie immer beliebter.

Um zu verstehen, was die Astralprojektion und Astralreisen bedeuten, müssen Sie zunächst eine Vorstellung davon haben, was AKE bedeutet. Eine außerkörperliche Erfahrung ist ein Zustand, in dem Sie spüren, wie Ihr Bewusstsein Ihrem Körper entgleitet. In der Wissenschaft wird dieses Phänomen auch als dissoziative Episode bezeichnet, weil sich Ihr

Bewusstsein während dieser Zeit von Ihrem physischen Körper löst. Es wird angenommen, dass AKEs oft von Menschen erlebt werden, die sich schonmal in einer Nahtodsituation befunden haben. In der Regel können Sie Ihr Selbstgefühl in Ihrem physischen Körper spüren. Dies ermöglicht es Ihnen, die Welt und alles, was sie enthält, aus einem bestimmten Blickwinkel heraus wahrzunehmen. Aber während einer AKE haben Sie das Gefühl, dass Sie die Welt und sich selbst aus einer anderen Perspektive betrachten. Wenn Sie eine AKE noch nicht direkt erlebt haben, ist es schwierig, Ihnen einen genauen und detaillierten Eindruck des Gefühls zu vermitteln. Im Allgemeinen hat man bei einer AKE jedoch das Gefühl, außerhalb des eigenen Körpers zu schweben. Außerdem haben Sie möglicherweise den Eindruck, dass Sie die Welt und Ihren Körper aus einer etwas erhöhten Position heraus betrachten. Während einer AKE fühlt sich alles sehr real an – so als ob Sie die Erfahrung in Wirklichkeit machen würden. AKEs treten im Allgemeinen ungewollt und ohne Vorwarnung auf. Außerdem dauern sie üblicherweise nicht sehr lange.

Viele Menschen bezeichnen die Astralprojektion und AKEs als ein und dasselbe Phänomen; beide sind jedoch unterschiedlich. Die Astralprojektion ist wie eine absichtliche AKE. Sie beinhaltet alles, was auch bei einer gewöhnlichen außerkörperlichen Erfahrung passiert. Der entscheidende Unterschied besteht jedoch darin, dass Sie sich bewusst darum bemühen müssen, sich aus Ihrem Körper herauszusenden. Außerdem müssen Sie sich bei einer Astralprojektion darum bemühen, Ihr Bewusstsein auf die spirituelle Ebene zu schicken.

Andererseits sind AKEs ungeplant und passieren oft dann, wenn man sie am wenigsten erwartet. Astralreisen sind fast dasselbe wie Astralprojektion und AKE, aber sie sind Teil einer tiefgreifenderen Erfahrung. Bei einer Astralreise gelingt es Ihnen, Ihr Bewusstsein in die spirituelle Dimension zu schicken. Sie bleiben dabei körperlich in dieser Dimension und stimmen sich für eine bestimmte Zeit auf Ihr höheres Bewusstsein ein, bevor Sie schließlich Ihren Körper verlassen. Man könnte sagen, dass AKE der wissenschaftlichere Begriff ist, während Astralprojektion oder Astralreisen spirituell sind. Aber alle Begriffe beziehen sich auf die gleiche Praxis oder Erfahrung, mit geringfügigen Unterschieden.

Es gibt aber noch weitere Unterschiede zwischen Astralprojektionen, Astralreisen und AKEs. In der Wissenschaft erkennen Experten an, dass AKEs tatsächlich stattfinden. Es gibt mehrere Studien, die sich ausführlich mit dem Verständnis von AKEs beschäftigen. Unbeabsichtigte AKEs können aus verschiedenen Gründen auftreten.

Einer der möglichen Auslöser von AKEs ist nach Ansicht vieler Mediziner ein Trauma oder akuter Stress. Eine gefährliche, bedrohliche oder beängstigende Situation kann eine Angstreaktion auslösen, die Sie dazu veranlasst, sich von der Situation zu distanzieren und sie wie ein Beobachter von außen zu erleben. Wenn Sie sich von einer traumatischen Erfahrung distanzieren, können Sie das Ereignis von einem Ort außerhalb der physischen Ebene aus beobachten. Viele Frauen erleben AKEs während der Geburt Ihrer Kinder, weil die Geburt so schwierig ist. Eine weitere mögliche Ursache für ungewollte AKEs sind medizinische Komplikationen. Auch Medikamente, Schock, meditative Trance usw. können Sie auslösen. Keine dieser Ursachen trifft jedoch direkt auf Astralprojektionen oder Astralreisen zu. Astralprojektionen sind üblicherweise gewollt. Sie erfolgen nicht aufgrund von Stress, Trauma oder einem der als Ursachen für AKEs genannten Gründe. Während einer Astralprojektion oder -reise können Sie ein klares Selbstbewusstsein aufrechterhalten. Ihre Sinne werden geschärft und verfeinert, so dass Sie die Möglichkeit haben, Ihre Handlungen und Entscheidungen außerhalb Ihres Körpers weiterhin zu hinterfragen. Astralreisen kommen nicht unerwartet auf Sie zu, und sie überraschen Sie auch nicht.

Mit Hilfe der Astralprojektion können Sie das nötige Wissen und die Kraft freisetzen, die erforderlich sind, um die Antwort auf die immerwährende Frage nach dem Leben auf der physischen Ebene zu finden. Sobald Sie erkennen, dass es andere menschliche Dimensionen gibt - Orte der Existenz, zu denen Sie nach dem Tod übergehen können -, beginnt das Leben eine tiefere Bedeutung anzunehmen. Wenn Sie lernen, wie man auf der Astralebene reist, können Sie Dinge erlernen, die Sie über Ihr wahres Selbst noch nie wussten, und Dinge verlernen, die Sie bisher für die unbestreitbare Wahrheiten hielten. Diese Erfahrung öffnet Ihnen die Augen und gibt Ihnen ein Verständnis davon, dass Ihr physischer Körper nur ein Teil Ihres ganzen Selbst ist. Dadurch erkennen Sie, dass Ihre Existenz mehr ist, als das menschliche Auge üblicherweise sehen kann. Das Reisen auf der Astralebene ist der Schlüssel zu einem höheren Selbstverständnis. Mit einem begrenzten Bewusstsein sehen und verstehen Sie nicht wirklich, was Ihre Existenz ausmacht. Sie glauben, dass der physische Körper alles ist, was es an Realität gibt. Astralreisen können Ihnen dabei helfen, diesen Irrglauben zu korrigieren.

Als Mensch werden Sie mit einem physischen Körper geboren, der es Ihnen ermöglicht, auf der physischen Ebene zu existieren. Ohne die physische Form wäre es für Ihre Seele unmöglich, auf der Erde zu existieren. Die Astralprojektion ermöglicht es Ihnen, sich von diesem physischen Körper zu lösen und sich in die benachbarte Existenzebene - die Astralebene - zu projizieren. Dabei verlässt Ihre Seele Ihren physischen Körper und tritt in den Astralkörper ein. Der Astralkörper ist bereits ein Teil von Ihnen, genau wie Ihr physischer Körper. Der Unterschied zwischen beiden liegt darin, dass Sie ihn nicht absichtlich in Besitz nehmen können, es sei denn, Sie lernen, das aurische Feld anzuzapfen.

Der Astralkörper hat besondere Eigenschaften, die ihn von Ihrer physischen Form unterscheiden. Der physische Körper ist durch die Schwerkraft eingeschränkt, der Astralkörper jedoch nicht. Durch geistige Anstrengung kann Ihr Astralkörper die Beschränkung durch die Schwerkraft leicht überwinden. Wenn Sie sich in Ihrem Astralkörper befinden, können Sie genauso herumlaufen wie im physischen Körper, sich über den Boden erheben oder sogar in den Weltraum reisen. Anders als der physische Körper kann der Astralkörper nicht verletzt werden. Eine der stärksten Ängste der Menschen aus der Erde ist die Angst vor Schmerzen und Verletzungen. Außerhalb des Körpers können Sie jedoch die normale menschliche Reaktion auf scheinbar negative Emotionen wie Angst oder die Erfahrungen, die diese Emotionen auslösen, verlernen. Das liegt daran, dass nichts Ihren Astralkörper beschädigen oder verletzen kann. Pistolen, Messer, Krankheiten oder Autos können Sie nicht mehr verletzen, also flößen Sie Ihnen auch keine Angst mehr ein.

Die Astralprojektion ist eine Form der Telepathie. Man könnte sagen, dass es sich um Telepathie in ihrer einfachsten Form handelt. Wenn Sie sich außerhalb Ihres Körpers befinden, können Sie mithilfe Ihrer Gedanken kommunizieren. Die verbale Kommunikation ist dazu nicht zwingend erforderlich. Sie brauchen Ihre Lippen nicht einmal zu bewegen, damit die Menschen hören, was Sie zu sagen haben. Sie können jedoch auch verbal kommunizieren, wenn Sie es wünschen. Manchmal hören Sie auf der physischen Ebene etwas, das Ihnen wie ein Gedanke erscheint, aber in Wirklichkeit ist es jemand anderes, der mit Ihnen auf der Astralebene kommuniziert.

Es gibt vier Möglichkeiten, auf die Ihr Bewusstsein Ihren physischen Körper verlassen kann, um anschließend in den Astralkörper einzutreten.

- **Unbeabsichtigt/unbewusst:** Sie können Astralreisen unbeabsichtigt antreten, zum Beispiel, während Sie schlafen, ganz, ohne es zu wollen. Sie werden nicht einmal bemerken, dass Sie sich plötzlich außerhalb Ihres physischen Körpers befinden. Viele Menschen erleben diese Form der Astralprojektion, merken es aber gar nicht. Deshalb glauben sie vielleicht auch nicht, dass es sich bei der Astralprojektion um eine echte Erfahrung handelt. Wenn Sie oft vom Fliegen träumen, liegt das in der Regel daran, dass Ihr Astralkörper schwebt und auf den physischen Körper herabschaut.
- **Unbeabsichtigt/bewusst:** Dies geschieht, wenn Ihr Bewusstsein Ihren Körper verlässt und Sie in der Astralform erwachen. Ohne Vorwissen über die Astralebene oder die Astralprojektion reagieren Sie vielleicht mit Panik auf diese Erfahrung und glauben, Sie seien gestorben. So ergeht es vielen Menschen, die eine Nahtoderfahrung hatten und eine unerwartete AKE erlebten.

Wenn Ihnen dies zum ersten Mal widerfährt, wird Ihre unmittelbare Reaktion vermutlich darin bestehen, sich zurück in Ihren Körper kämpfen zu wollen. Sie werden jedoch schnell feststellen, dass es Ihnen umso schwerer fällt, Ihren physischen Körper zu erreichen, je mehr Sie sich bemühen. Das Wichtigste ist, dass Sie sich nicht aufregen oder in Panik geraten. Bleiben Sie ruhig, und Sie werden schließlich zu Ihrem Körper zurückkehren.

Der Grund dafür, dass Sie es schwierig finden werden, zu Ihrem physischen Körper zurückzukehren, wenn Sie sich abmühen, ist folgender:

- Wenn man sich anstrengt, ist die Schwingungsfrequenz des Astralkörpers nicht mehr mit der des physischen Körpers synchronisiert. Daher kann das Bewusstsein nicht einfach von einem zum anderen übergehen.
- **Bewusst/unbewusst:** Sie versuchen, sich aus Ihrer physischen Form heraus zu projizieren, und es gelingt Ihnen. Sie haben jedoch keine Ahnung, dass Sie bei dem Versuch erfolgreich waren. Deshalb tun Sie nichts, bis Sie unbewusst in Ihre physische Form zurückkehren.
- **Absichtlich/bewusst:** In diesem Falle handelt es sich um eine gut geübte Astralprojektion, die Sie erlernen müssen, um sie

durchführen zu können. Dabei verlässt man absichtlich den eigenen physischen Körper und wechselt zum Astralkörper über. In der Astralform können Sie alle Dinge tun, zu denen Ihr physischer Körper auch fähig ist.

Heute sind viele Menschen mit diesem Wissen vertraut und akzeptieren, dass sie in einem Universum leben, das aus Energie und Materie besteht. Darüber hinaus haben sie sich mit dem Wissen angefreundet, dass sie Energiewesen sind. Der wesentliche Unterschied zwischen unbewussten und gut geübten Astralreisen besteht darin, dass Sie während der bewussten Astralprojektionen Ihren Astralkörper und die Orte, die er in diesem Zustand besucht, kontrollieren können. Aber Sie haben keine Kontrolle über das, was passiert, wenn Sie im Schlaf astralreisen. Wenn Sie träumen, ist das eine Form der Astralprojektion, und zwar eine unbewusste, die so stark sein kann, dass Ihre Seele im Schlaf Ihren Körper verlässt.

Es gibt einen physischen Schalter, der nach Belieben aktiviert werden kann, um einen Zustand des Astralreisens auszulösen. Sie aktivieren diesen Schalter, wenn Sie absichtlich und bewusst eine Astralreise oder eine außerkörperliche Erfahrung machen. Er befindet sich tief im Gehirn und wird als die Zirbeldrüse bezeichnet. Wenn die Zirbeldrüse aktiviert ist, setzt sie Dimethyltryptamin (DMT) frei. Dieses DMT ist die Chemikalie, die Ihre Seele alarmiert und aus dem Körper austreibt. Es löst auch Nahtoderfahrungen aus und leitet den Übergang der Seele zum Zeitpunkt des Todes ein.

Realistisch betrachtet sind nur wenige Menschen wirklich in der Lage zu kontrollieren, was ihre Seele tut, wenn sie außerhalb des Körpers ist, zum Beispiel während sie schläft. Die Astralprojektion gibt Ihnen die zusätzliche Kontrolle, weshalb sie auch als „bewusster Schlaf" bekannt ist.

Wenn man die Astralprojektion im Zustand des Bewusstseins erlernt hat und praktizieren kann, hat das zahlreiche Vorteile. Diese Vorteile gehen über den physischen oder mentalen Bereich hinaus. Um Ihnen dabei zu helfen, zu verstehen, wie die Astralreisen Ihr Leben beeinflussen können, gibt es in diesem Buch ein Kapitel, das den Vorteilen der Astralprojektion, den Astralreisen und den außerkörperlichen Erfahrungen gewidmet ist.

Kapitel Drei: Astralprojektion und Träume

Wir Menschen reisen in unseren Träumen, manchmal luzide und manchmal nicht, ohne uns dessen bewusst zu sein. Daher glauben viele Menschen, dass Astralprojektion und luzides Träumen dasselbe sind. Viele Menschen behaupten, dass man jedes Mal, wenn man schläft und träumt, die Astralebene besucht. Aber stimmt das? Nein, das tut es nicht.

Die Astralprojektion ist im Gegensatz zu Träumen kein Konstrukt des Geistes. Träume sind mentale Konstrukte, die das Unterbewusstsein erschafft, während Sie schlafen. Sie können nur träumen, wenn Sie schlafen, aber Sie müssen nicht schlafen, um die Astralprojektion zu praktizieren. Wenn Sie schlafen gehen, leben Sie diese Realität, um in Ihr Unterbewusstsein zu gelangen. Bei der Astralprojektion verlassen Sie jedoch diese Realität und begeben sich in einen anderen Bereich der Existenz, der genauso real ist - einen Bereich, in den Ihr physischer Körper nicht eintreten kann, den Ihre Seele aber nach Belieben besuchen kann. In einem Traum begegnen Sie Figuren, die weder real noch bewusst sind; Ihr Unterbewusstsein erschafft diese Figuren für Sie. In der Regel handelt es sich um Menschen, die Sie kennen und mit denen Sie vertraut sind. Bei der Astralprojektion oder -reise treffen Sie auf reale Wesen, deren Realität Sie sich bewusst sind. Die Wesen, denen Sie auf der Astralebene begegnen, sind entweder Menschen, die dort leben, oder solche, die zu Besuch sind, genau wie Sie. Die Wahrscheinlichkeit, dass Sie dort Menschen zu treffen, die Sie bereits kennen, ist gering.

Luzides Träumen

Luzides Träumen ist, einfach ausgedrückt, der Zustand, bei dem man im Traum bei vollem Bewusstsein ist. Wenn Sie träumen und sich dessen bewusst sind, während Sie noch schlafen, so handelt es sich bei dieser Erfahrung um luzides Träumen. Wenn Sie in Ihrem Traum luzide (bei Bewusstsein) sind, können Sie die Figuren in Ihrem Traum steuern, aber das erfordert normalerweise etwas Übung. Im Zustand des luziden Träumens können Sie mit Ihrem Lieblingsprominenten abhängen, wandern gehen und sich vielleicht sogar in Ihr Haustier verwandeln. Es hängt alles davon ab, inwieweit Sie dazu bereit sind, Ihrer Fantasie freien Lauf zu lassen. Die Wesen, denen Sie in der Astralebene begegnen, können Sie dagegen nicht kontrollieren. Genau wie Sie sind sie eigenständige Wesen und haben einen freien Willen.

Aufgrund der Ähnlichkeiten zwischen den beiden Erfahrungen wird das luzide Träumen oft mit der Astralprojektion verwechselt. Es gibt jedoch einige Unterschiede zwischen den beiden Phänomenen. Der folgende Vergleich macht deutlich, wie unterschiedlich die beiden Erfahrungen sind.

Beim luziden Träumen:
- schlafen Sie.
- sind Sie sich bewusst, dass es sich um einen Traum handelt.
- können Sie Ihren Standort bestimmen, wie auch immer Sie wollen.
- verlässt Ihr Bewusstsein Ihren Körper nicht.
- können Sie die Charaktere und die Umgebung in Ihrem Traumerlebnis steuern.
- Wenn Sie mit dem Träumen fertig sind, müssen Sie einfach nur aufwachen.

Bei der Astralprojektion

- erwachen Sie und projizieren Ihr Bewusstsein.
- ist die Erfahrung real.
- beginnt die Erfahrung dort, wo sich Ihr physischer Körper gerade befindet. Ihr Bewusstsein verlässt Ihren Körper, und der physische Körper wird leer.

- können Sie die Handlungen der Geister, denen Sie auf der Astralebene begegnen, nicht kontrollieren, aber Sie können die Umgebung gegebenenfalls ein wenig manipulieren.
- Ihr Bewusstsein kehrt erst nach der Erfahrung wieder in Ihren Körper zurück.

Eine Tatsache, die oft missverstanden wird, ist die, dass das luzide Träumen und die Astralprojektion zwei individuellen Praktiken entsprechen. Sie müssen nicht erst das luzide Träumen erlernen, bevor Sie Astralprojektion praktizieren können. Sobald Sie Ihre Fähigkeiten zur Astralprojektion erlernt und perfektioniert haben, können Sie sich einfach auf Ihre Couch legen und Ihr Bewusstsein aus Ihrem physischen Körper heraus projizieren, um die Astralebene zu besuchen. Das Erlernen dieser Fähigkeit ist eine Herausforderung, aber es ist nicht unmöglich. Die Übertragung Ihres Bewusstseins aus Ihrer physischen Form heraus kann so weit erlernt werden, dass Sie die Astralebene verlassen können, während Sie einen Film im Kino sehen oder mit Freunden in Ihrem Lieblingslokal zu Abend essen. Man kann jedoch plausibel erwarten, dass die Perfektionierung Ihrer Fähigkeiten beim luziden Träumen Ihnen dabei helfen kann, die Astralprojektion bis zu einem gewissen Punkt zu meistern.

Astralreisen im Schlaf

Die Seele übernimmt die Kontrolle über Ihren Körper, während Sie schlafen. Dadurch hat sie mehr Kontrolle über Ihre Fähigkeit, in andere Dimensionen zu gehen. Manche Menschen erleben dies als nächtliche Erscheinung, ohne es wirklich zu merken. Wenn Ihnen das passiert, wachen Sie am nächsten Tag auf und wissen nichts von den Wanderungen und Reisen Ihrer Seele. In solchen Fällen handelt es sich um das *unbewusste Astralreisen*. Wenn Sie aus einem Traum aufwachen, in dem Ihre Seele astral in andere Dimensionen gereist ist, haben Sie normalerweise eine verschwommene Erinnerung an das Erlebnis. Sie denken vielleicht sogar, dass die Reise nur ein „seltsamer" Traum war, denn Träume können oft seltsam sein. In anderen Fällen werden Sie sich wahrscheinlich nicht einmal daran erinnern können, dass Ihre Seele die ganze Nacht umhergewandert ist. Und es gibt Zeiten, in denen Sie mit einer lebhaften Erinnerung an einen Traum aufwachen, in dem Sie mit anderen zusammen waren und Dinge gemeinsam erlebt haben. In solchen Fällen fragen Sie sich wahrscheinlich, ob die Erfahrung ein Traum oder eine Astralreise war. Vielleicht fragen Sie sich gleichzeitig auch, wie Sie erkennen können, ob Ihre Seele im Schlaf astral gereist ist. Solange Ihr Bewusstsein Ihren physischen Körper verlassen hat, erleben Sie eine Astralreise. Wenn Sie sich des Traumzustandes bewusst sind, zählt das nicht als Astralprojektion, weil die Seele den physischen Körper nicht verlässt.

Woran erkennt man, dass man eine Astralreise im Traum erlebt hat?

Erstens erinnern Sie sich vielleicht lebhaft an den Traum und haben das Gefühl, dass er real war. Wenn Sie sich daran erinnern, Menschen getroffen zu haben, die Sie im wirklichen Leben nicht kennen, und mit ihnen gesprochen zu haben, ist Ihre Seele wahrscheinlich in die Astralwelt gereist, während Sie geschlafen haben. In solchen Fällen können Sie sich auch oft daran erinnern, dass Sie an unbekannte Orte gegangen sind. Ein weiteres Anzeichen für eine Astralprojektion im Traum, ist ein Erschöpfungsgefühl nach dem Aufwachen, so als hätten Sie die ganze Nacht damit verbracht, Besorgungen zu machen. Manchmal fühlt sich der Körper sehr unruhig an, wenn die wandernde Seele nach einer Nacht voller Abenteuer endlich wieder in ihn zurückkehrt. Dabei spielt es keine Rolle, ob man gut geschlafen hat oder nicht; man fühlt sich einfach ungewöhnlich müde. Wenn Sie sich an einen Traum erinnern, in dem Menschen nicht wie echte Menschen aussahen, kann das ein Hinweis darauf sein, dass Sie astral gereist sind. Manchmal erscheinen menschliche Wesen auf Ihren unbewussten Reisen nur verzerrt und unförmig. Sie können dabei zum Beispiel von einem blendenden Licht und verschiedenen Farben umgeben erscheinen, ohne eine menschliche Gestalt anzunehmen.

Wenn Sie die nötigen Methoden noch nicht erlernt und mit dem Üben begonnen haben, können Sie im Schlaf nicht bewusst Astralreisen. Wenn Sie von Astralprojektion träumen, bleibt es dabei immer noch ein Traum; es bedeutet nicht, dass Sie die Erfahrung tatsächlich machen. Aber wenn Sie gelernt haben, sich bewusst zu werden und im Traum astral zu reisen, werden Sie auch wissen, wann Ihre Seele Ihren Körper verlässt. Sie werden lernen festzustellen, wenn dies passiert, weil Sie aus Ihrem Schlaf geweckt werden. Sie werden feststellen, dass sich Ihr physischer Körper nicht mehr bewegen kann, und Sie werden spüren, wie die Seele aus Ihrem Körper entgleitet. Vielleicht spüren Sie dabei sogar ein starkes Kribbeln und hören ein Geräusch. Die Erfahrungen unterschieden sich von Mensch zu Mensch, aber das Ergebnis ist immer das gleiche. Sobald Sie sich in Ihrer Astralform befinden, können Sie die materielle Ebene bereisen oder sich über sie hinaus direkt in die Astralebene begeben. Bei der Astralprojektion können Sie tatsächliche Erfahrungen mit Ihrem Bewusstsein machen und sich lebhaft an alles erinnern, weil es wirklich passiert ist.

So erkennt man den Unterschied zwischen Traumreisen und Astralreisen.

Zweifelsohne können Sie in Ihren Träumen an verschiedene Orte reisen, ohne Ihren Körper zu verlassen. Nehmen wir an, Sie waren schon einmal im Urlaub in Los Angeles oder Hollywood. Sie waren in Hollywood, haben dort alle berühmten Orte besucht und sich sogar ein Autogramm von einigen Ihrer Lieblingsschauspieler ergattert. In Ihrem Traum steigen Sie dann vielleicht in ein Flugzeug und fliegen noch einmal nach Hollywood. Das liegt daran, dass Sie schon einmal an diesem Ort waren und es für Ihr Unterbewusstsein ein Leichtes ist, den gleichen Ort aus Ihren Erinnerungen wieder zum Vorschein zu bringen. Selbst wenn Sie noch nie dort waren, kann Ihr Verstand die Erinnerung aus den Filmen, die Sie schon einmal gesehen, und den Büchern, die Sie gelesen haben, wiederherstellen. In solchen Fällen handelt es sich bei der Erfahrung nicht um eine Astralreise. Stattdessen besucht Ihr Geist einen vertrauten Ort, den Sie im Wachzustand gesehen haben oder an dem Sie schon einmal waren.

- Bei Traumreisen fühlen sich die Erlebnisse nicht so lebendig an. Stattdessen wirken sie eher alltäglich und vergleichsweise vage.
- Sie reisen nur an Orte, an denen Sie schon einmal waren oder an die Sie Erinnerungen materieller oder immaterieller Art haben, wie z. B. Ihre alte Schule, Ihre Lieblingsurlaubsziele oder Ihre Universität.
- Sie sehen Menschen aus Ihrer Vergangenheit oder Gegenwart - Menschen, die Sie kennen. Beispielsweise sehen Sie Ihre junge Nachbarin von vor zehn Jahren, die noch genauso aussieht, wie zu der Zeit, zu der Sie sie kannten.
- Die Träume haben eine symbolische Bedeutung, die Sie nach dem Aufwachen analysieren und interpretieren können.
- Auf Traumreisen gehen Sie den zufälligsten und banalsten Aufgaben nach, wie beispielsweise dem Abwasch oder dem Lesen eines Buches.
- Sie nehmen bei der Traumreise ein normales Transportmittel, wie etwa das eigene Auto oder den öffentlichen Bahnverkehr,

um zu Ihrem Zielort zu gelangen.
- Sie kommunizieren mit den Personen in Ihrem Traum genauso wie in der physischen, bewussten Welt auch.

Können Träume auch Signale aus der Astralebene sein?

Einige Spiritualitätsexperten glauben, dass Träume Botschaften aus der Astralebene sind. Wenn Sie schlafen, entsteht eine Chance für die bewussten Wesen auf der Astralebene, die es ihnen ermöglicht, Sie vor bestimmten Handlungen oder Entscheidungen zu warnen, indem sie Ihnen verschlüsselte Botschaften durch Ihre Träume schicken. Wie die meisten Menschen vergessen Sie wahrscheinlich die meisten Ihrer Träume nach dem Aufwachen, aber es ist hilfreich, wenn Sie sich nach dem Aufwachen Notizen machen und sich an die Codes oder Symbole in Ihrem Traum erinnern. Anschließend versuchen Sie, diese Symbole zu analysieren. Normalerweise werden Träume durch das Unterbewusstsein und seine ausgefallenen Illusionen überfärbt, und es ist dabei von entscheidender Bedeutung, dass Sie die wahre Bedeutung Ihrer Träume entschlüsseln. Die Astralebene ist der Ort, an dem Sie Einblicke und Informationen zu Dingen erhalten können, die sich in der physischen Welt noch nicht manifestiert haben. Daher kann die Astralprojektion Ihnen dabei helfen, neue Anregungen für Ihr Handeln und Ihre zukünftigen Entscheidungen zu gewinnen.

Wie man mithilfe des luziden Träumens die Astralebene bereisen kann.

Das Beherrschen des luziden Träumens hat einen positiven Nebeneffekt. Es lehrt Sie, Ihren Geist zu wecken, während Ihr Körper schläft. Diese Fähigkeit ist unbedingt notwendig, falls Sie die bewusste Astralprojektion erreichen wollen. Um Ihre Seele von Ihrem physischen Körper zu trennen, müssen Sie lernen, wie Sie Ihr Bewusstsein von Ihrem Körper aus in seine astrale Form übertragen können. Das ist so ähnlich, als würde man seine Seele in einen Geisterkörper entsenden, aber es ist nicht ganz einfach. Wenn Sie es schaffen, Ihren Körper im Schlaf verharren zu lassen, während Ihr Geist wach und bei vollem Bewusstsein ist, haben Sie die bewusste Astralprojektion schon zur Hälfte erlernt. Daher ist es sehr ratsam, dass Sie zunächst lernen, das luzide Träumen zu praktizieren, bevor Sie mit der Astralprojektion beginnen.

Kapitel Vier: Die Vorteile der Astralprojektion

Ob Sie es nun Astralprojektion, Astralreise oder außerkörperliche Erfahrung nennen, das Verlassen des physischen Terrains, um die Welt aus einer anderen Perspektive zu betrachten, kann eine ganze Reihe von Vorteilen für Ihr körperliches, geistiges und spirituelles Wohlbefinden haben. Viele Menschen, die schonmal eine außerkörperliche Erfahrung gemacht haben, berichten, dass diese Erfahrung für sie sowohl aufregend als auch erhellend war. Die beschriebenen Vorteile von Astralreisen und AKEs gehen weit über die Einschränkungen der physischen Sinne und des Intellekts hinaus. Nach einer außerkörperlichen Erfahrung erwacht Ihr inneres Selbst - der Teil, der mit Ihrer spirituellen Identität verbunden ist. Sie werden sich daraufhin bewusst, dass Sie mehr als nur Materie sind, und nehmen die Realität genauso, wie sie ist, und sehr viel bewusster wahr. Viele Menschen haben beschrieben, wie sie in ihrem persönlichen Umgang mit anderen Menschen und bei ihren Erfahrungen eine tiefergehende und bedeutungsvollere Weisheit erlangt haben und ein Gefühl der Verbundenheit mit ihrem spirituellen Kern genießen konnten. Im Folgenden finden Sie einige der Vorteile, die die Praxis der AKEs für Sie haben kann:

1. Ein gesteigertes Realitätsbewusstsein

Die Astralprojektion erweitert Ihre Wahrnehmung der Realität. Wenn Sie die materielle Ebene noch nie zuvor verlassen haben, ist es leicht zu glauben, dass das Universum nur aus dieser Ebene besteht. Daran glauben zum Beispiel viele Menschen, die noch nie eine außerkörperliche Erfahrung erlebt haben. Deren Wahrnehmung der Realität verbessert sich jedoch erheblich, nachdem sie eine solche Erfahrung zum ersten Mal gemacht haben. Das liegt daran, dass Sie auf der Astralebene anderen Wesen begegnen, von denen einige ein tieferes Verständnis des Lebens und des Universums haben als Sie selbst. Solange Sie sich ihnen nicht aufdrängen, sind die Wesen, denen Sie begegnen, stets dazu bereit, ihr Wissen mit Ihnen zu teilen.

2. Nachweis der Unsterblichkeit

Außerkörperliche Erfahrungen bieten Ihnen Beweise für Ihre eigene Unsterblichkeit. Natürlich wissen Sie bereits, dass Menschen sterben. Aber Sie wissen nicht, wie sich das Sterben anfühlt. Der Tod ist etwas, das Millionen von Menschen jedes Jahr erleben. Er bedeutet, dass die Seele den Körper für immer verlässt und nie wieder in ihn zurückkehrt. AKEs bieten Ihnen die gleiche Erfahrung wie der Tod, da Ihr Bewusstsein dabei vollständig aus Ihrem Körper entgleitet. Der Unterschied besteht aber darin, dass Ihre Seele in Ihren Körper zurückkehren kann, nachdem Sie mit dem Reisen auf der Astralebene fertig sind. Die bewusste Astralprojektion ist der Schlüssel, der es Ihnen ermöglicht, die Fähigkeit der Seele, unabhängig vom physischen Körper zu existieren, aus erster Hand zu erfahren.

3. Verlust der Furcht vor dem Tod

Ob sie es nun zugeben wollen, oder nicht, die meisten Menschen haben Angst vor dem Tod. Die Angst vor dem Tod scheint jedoch nicht mehr ganz so intensiv, wie sie es sonst ist, wenn man damit beginnt, die Astralebene zu bereisen. Dies ist in der Regel ein lebensveränderndes Ereignis für Menschen, die zum ersten Mal eine AKE erleben. Die Angst vor dem Tod rührt von der Angst vor dem Unbekannten her. *Wo gehen wir hin, wenn wir sterben? Was geschieht mit unserer Seele?* Das sind Fragen, auf die man Antworten findet, wenn man eine außerkörperliche Erfahrung macht. Wenn Sie die Astralebene besuchen, befinden Sie sich in einem psychosomatischen Zustand, das heißt, Sie existieren ab diesem Zeitpunkt außerhalb Ihres physischen Selbst. Das astrale Selbst wird im Gegensatz zu Ihrem physischen Selbst nicht durch Beschränkungen und Ängste gehemmt. Wenn Sie sich in Astralprojektion üben oder einfach nur eine außerkörperliche Erfahrung machen wollen, lernen Sie, dass Sie sich vor dem Tod nicht zu fürchten brauchen, da es noch andere Dinge jenseits des physischen Selbst gibt. Je mehr Sie die außerkörperlichen

Erfahrungen und die Astralprojektion üben, desto mehr nimmt Ihre Angst vor dem Tod ab.

4. Gesteigerter Respekt vor der Sterblichkeit

Menschen, die noch nie eine außerkörperliche Erfahrung gemacht haben, neigen zu der Annahme, dass die Entdeckung der unausweichlichen Realität des Todes sich negativ auf sie auswirken könnte, aber genau das Gegenteil ist üblicherweise der Fall. Anstatt die Wertschätzung für die Welt und das Leben, wie wir es kennen, abzustumpfen, steigert die Astralprojektion die Bewunderung und den Respekt für alles, was uns umgibt. Die Astralebene und die physische Ebene sind zwei Realitäten, die sich gegenseitig durchdringen. Und doch sind sie beide auf unterschiedliche Art und Weise verschieden. Die physische Welt hat bestimmte Merkmale, die sie besonders und einzigartig machen. Die Astralprojektion lehrt Sie, das Leben als Abenteuer zu betrachten, sobald Sie erkennen, dass Sie Ihre physische Form nicht ewig behalten können.

5. Beschleunigte Selbstentfaltung

Die beeindruckende Erfahrung aus erster Hand und die Erkenntnis darüber, dass Sie mehr als nur ein physisches Wesen sind, öffnet Schichten Ihres Bewusstseins, zu denen Sie sonst keinen Zugang haben. Dadurch gelangen Sie auf neue Ebenen der persönlichen Entwicklung. Wenn es etwas gibt, das Ihre persönliche Entwicklung beschleunigen kann, dann ist es die Astralprojektion. Mit einem besseren Bewusstsein für die Realität und einer erweiterten Sicht der sieben Ebenen beginnen Sie, die Welt aus einer neuen Perspektive zu betrachten. Und was noch wichtiger ist: Sie beginnen damit, diese neue Perspektive auf Ihre Gedanken, Handlungen, Entscheidungen und Lebenserfahrungen anzuwenden. Die Öffnung und das Erwachen Ihres Geistes fließt in Ihre physische Realität mit ein und bereitet Sie auf weitere Abenteuer in Ihrem Leben vor. Sobald Sie das enorme Wissen, das tief in Ihrem Unterbewusstsein schlummert, freisetzen, wächst Ihre Fähigkeit, das Universum auf allen Ebenen zu erforschen.

6. Verbesserte psychische Fähigkeiten

Außerkörperliche Erfahrungen verstärken Ihre telepathischen, präkognitiven, prophetischen und übersinnlichen Fähigkeiten erheblich. Jeder Mensch besitzt diese Fähigkeiten bis zu einem gewissen Grad. Aber das Vermögen sie zu kontrollieren wird deutlich gesteigert, wenn Sie eine geistig erwachte Verbindung zu Ihrem höheren Selbst haben. Höhere übersinnliche Fähigkeiten kommen zum Vorschein, wenn Sie mit Ihrem Energiefeld in Einklang sind. Wenn Sie Ihr aurisches Feld aufschließen und mit seinen Energieschichten eine harmonische Verbindung aufstellen, entwickeln sich Ihre übersinnlichen Fähigkeiten dadurch weiter. Einige Menschen haben davon berichtet, dass sie in der Lage waren, *aus der Ferne zu sehen*, nachdem sie mit der Astralprojektion begonnen hatten. Andere haben davon berichtet, dass sie verstorbene geliebte Menschen auf der Astralebene wiedergetroffen haben. Ganz egal worin Ihre übersinnlichen Fähigkeiten liegen, seien Sie sicher, dass sie sich nur verstärken werden, wenn Sie mit der Astralprojektion beginnen.

7. Ein erhöhter Bedarf an Antworten

Nach einer außerkörperlichen Erfahrung entwickeln viele Menschen den Wunsch, sich in der spirituellen Welt auf eine persönliche Suche nach der Lösung verschiedener Rätsel zu begeben, auf die sie schon immer neugierig waren. Sie erkennen dadurch, dass Geheimnisse nur dann Geheimnisse bleiben, wenn sie nicht nach den Antworten auf die Fragen suchen, die sie aufwerfen. Lösungen sind für diejenigen, die dazu bereit sind, sie zu suchen, leicht zugänglich.

8. Beschleunigte Entwicklung

Im Laufe der Jahre hat sich der Mensch weiterentwickelt. Diese Entwicklung ist jedoch nicht das Ergebnis biologischer Veränderungen, sondern ein Ausdruck der Entwicklung des Bewusstseins. Da die physische Welt immer komplexer wird, entwickelt der Mensch ein angeborenes Bedürfnis, den Grund für die raschen Veränderungen um uns herum herauszufinden. Daher führt das Bedürfnis der Menschen nach Antworten sie in jede fortgeschrittene Stufe der menschlichen Evolution. Schließlich werden sie sich bis zu dem Punkt entwickeln, an dem sie schließlich bereit sind, nicht-physische Bereiche und Dimensionen zu akzeptieren und zu erforschen.

9. Die Fähigkeit, den Körper und die Seele zu heilen

Der Schlaf bietet Ihnen eine Möglichkeit, sich und Ihren Körper zu erholen, Ihre Kraft zu regenerieren und sich zu heilen. Schlafmangel kann hingegen viele zerstörerische Auswirkungen auf Ihre geistige und körperliche Gesundheit haben. Wenn man zu lange nicht schläft, kann das sogar zum Tod führen, weil der Körper sich nicht wieder aufladen oder seine Heilungsfähigkeiten wiederherstellen kann. Da man im Astralzustand seine physische Form hinter sich lässt, ist er mit dem Schlaf durchaus vergleichbar. Daher bietet die Astralprojektion Ihrem Körper eine ausgezeichnete Gelegenheit, um sich schneller und besser zu heilen. Da sich Ihr Energiefeld während der Astralprojektion in einem erhöhten Wachzustand befindet, dauert die Heilung im Astralzustand nur wenige Minuten lang. Im Schlaf kann die Heilung hingegen mehrere Stunden dauern. Darüber hinaus haben einige AKE-Praktizierende davon berichtet, dass sie in der Lage waren, sich selbst und andere Menschen im Astralzustand zu heilen. Oft mussten Sie Ihre Gedanken zu diesem Zweck auf den Teil Ihres Körpers richten, der geheilt werden sollte.

10. Verbesserte Energiebilanz

Während Sie meditieren, erhöht sich Ihr Bewusstseinszustand dramatisch, was zu einer gesteigerten Achtsamkeit führt. Auf dieselbe Weise stärkt die AKE-Praxis die Verbindung, die Sie mit Ihrem aurischen Feld haben. Das ist so, als würden Sie Ihren physischen Körper mit Hilfe von Übungen stärken. Das regelmäßige Üben der Astralprojektion bringt Ihr Energiesystem in einen Zustand des Gleichgewichts, das heißt, dass alle Ihre Energieschichten synchronisiert werden. Je mehr Sie üben, desto besser wird Ihr Energiegleichgewicht. Mit zunehmender Übung gelangen Sie an den Punkt, an dem Ihre Energiesysteme innerhalb Ihres aurischen Feldes vollständig kalibriert sind.

11. Einblicke in die Vergangenheit

Die Theorie, die besagt, dass das Universum parallel zu unserer Realität besteht und die Leben der Menschen parallel verlaufen, ist recht populär. Kurz gesagt gilt das Leben nicht als eine lineare Realität oder Existenz. Viele Menschen, die eine AKE hatten, berichten, dass sie in der Lage sind, ihre vergangenen Erfahrungen zu besuchen und Erinnerungen aus diesem Leben abzurufen, weil es einen Restenergiepunkt gibt, an dem sich alle Leben kreuzen. Wenn Sie die Astralebene besuchen, können Sie mit diesem Energiepunkt in Berührung kommen und die Ereignisse Ihrer vergangenen Leben direkt vor Ihren Augen ablaufen sehen - so als würden Sie einen Film sehen, in dem Sie die Hauptrolle spielen. Der einzige Unterschied ist dabei, dass Sie der Einzige sind, der zuschauen kann.

12. Gesteigerte Spiritualität

Astralprojektion vertieft Ihre Verbindung mit dem Spirituellen. Wenn Sie erst einmal erkannt haben, dass andere Dinge jenseits der materiellen Ebene existieren, ist es schwierig, sich von der Verbindung zwischen Ihnen und Ihrer spirituellen Essenz zu lösen. AKEs bieten Ihnen tiefere Einblicke in die Spiritualität und die Natur des Geistes. AKE ist eine spirituelle Erfahrung, weil sie Ihre Seele und Ihren Geist mit einbezieht. Sie haben dadurch das Gefühl, mit etwas verbunden zu sein, das viel mächtiger zu sein scheint als Sie selbst. Manche nennen es das Universum, andere nennen es das höhere Wesen in jedem Menschen. Wie auch immer Sie es nennen, Sie sollten wissen, dass Sie durch den Kontakt eine verlässlichere und stabilere Verbindung zur realen Existenz erwecken können.

13. Begegnungen mit Ihren Geistführern

Es gibt nicht-physische Wesen, die sich auf der Astralebene aufhalten. Die Astralprojektion bietet Ihnen eine Möglichkeit, diesen Wesenheiten, einschließlich Engeln und Geistern, zu begegnen. Sie können durch derartige Begegnungen Antworten auf Ihre angeborenen Wünsche erhalten und die Rätsel lösen, die Sie seit langem beschäftigen. Andernfalls kann die Rolle der Wesen auf der Astralebene auch darin bestehen, Ihnen als Führer zu dienen und Sie auf den richtigen Weg zu bringen. Unabhängig davon kann keines der Wesen, dem Sie auf der Astralebene begegnen, Ihnen wehtun und Ihnen Schaden zufügen, solange Sie Ihre Astralerscheinungsform und Ihr Energiefeld unter Kontrolle haben. Machen Sie sich also nicht zu viele Gedanken darüber, wie Sie in der Astralebene für Ihre persönliche Sicherheit sorgen können.

14. Ein tieferes Gefühl des Wissens

Es gibt nichts Stärkeres als das persönliche Wissen. Das Vermögen, etwas zu wissen, ist viel mächtiger als das Gefühl, etwas zu glauben. Im Vergleich zu Glaubenserklärungen kann persönliches Wissen tiefgreifende Veränderungen in Ihrem Leben bewirken. Es ist eine Sache zu glauben, dass Geistführer existieren, und eine ganz andere, zu wissen, dass sie tatsächlich existieren. Das Wissen gibt Ihnen ein Gefühl der Ruhe und Zuversicht, das sich einstellt, wenn Sie von einem Gefühl des Glaubens, zu einem der Gewissheit gekommen sind. AKEs geben Ihnen nachweisbares Wissen über Spiritualität und Unsterblichkeit. Daher ist das tiefe Gefühl des Wissens, das in einem erwachen kann, besser am eigenen Leibe zu erfahren, als durch Worte zu erklären.

15. Persönliche Antworten

Dies ist ein Grund, warum viele Menschen lernen wollen, wie man eine AKE herbeiführen kann. Sie wollen, wie viele Menschen, ihre Fragen über Ihre eigene Existenz beantworten. Jeder Mensch hat Fragen zu seiner Existenz - Was *sind wir? Was ist der Zweck unserer Existenz? Welchen Sinn hat das Leben? Wird das Leben weiterhin so weitergehen, wie es momentan ist?* Dies alles sind Fragen, die nur durch eine persönliche außerkörperliche Erfahrung beantwortet werden können. AKEs bieten Ihnen eine effektive Möglichkeit, um Antworten auf alle Fragen zu erhalten, die Sie über das Leben und die Existenz haben. Es gibt keinen Grund, warum Sie sich mit Glaubensbekundungen zufriedengeben sollten, wenn Sie stattdessen explizite Antworten auf Ihre Fragen bekommen können.

16. Psychologische Freiheit

Wenn es Ihnen schwerfällt, sich von bestimmten mentalen Gewohnheiten und negativen Gedankenmustern zu lösen, können Ihnen außerkörperliche Erfahrungen effektiv helfen, dieses Ziel zu erreichen. Allein der Schock, der durch das Gefühl der Unabhängigkeit vom eigenen physischen Körper entsteht, und der Eindruck, dabei die Kontrolle und das Bewusstsein behalten zu können, reichen aus, um Ihnen eine erleuchtete Sicht auf Ihre gegenwärtige Existenz zu vermitteln. Die Erweiterung Ihres Verständnisses der eigenen Existenz kann dazu beitragen, dass Sie sich tiefere Ebenen des Selbstverständnisses und der persönlichen Entwicklung zugänglich machen.

Es gibt noch viele weitere Vorteile der Astralprojektion. Doch diese können Sie direkt erfahren, wenn Sie die spirituelle Welt außerhalb Ihrer physischen Form selbstständig erkunden. Oh, und wenn es einen Hauptvorteil der Astralprojektion gibt, den die meisten Menschen besonders schätzen, dann ist es die Tatsache, dass man sich durch Astralprojektion auf den Mond projizieren kann, wenn man es wünscht. Das ist doch erstaunlich, oder? Nun, Sie werden im weiteren Verlauf des Buches erfahren, wie man das genau macht.

Kapitel Fünf: Acht Dinge, die Sie wissen sollten, bevor Sie eine AKE anstreben

Falls Sie gedacht haben, dass Astralprojektion etwas ist, mit dem Sie nur zum Spaß herumspielen können, sollten Sie noch einmal genauer darüber nachdenken. Viele Menschen verbinden bestimmte Ängste mit der Vorstellung, die Astralebene, einen für sie relativ unbekannten Ort, zu bereisen und zu erkunden. Wenn auch Sie diese Ängste haben, sollten Sie sich darüber im Klaren sein, dass Ihre Ängste berechtigt sind. Deshalb müssen Sie wissen, was Sie erwartet, wenn Sie die Astralebene betreten. Dieses Kapitel soll Ihnen dabei helfen, die möglichen Gefahren zu verstehen, denen Sie in der Astralebene ausgesetzt sein könnten. Obwohl viele Menschen die Angst gerne als negative Emotion darstellen, gibt es meist einen Grund, dass sie existiert – nämlich um Sie zu schützen. Deshalb ist es nicht verkehrt, wenn Sie als Anfänger, der zum ersten Mal in die Astralebene reist, bestimmte Ängste haben.

Zunächst einmal sollten Sie verstehen, dass es Menschen gibt, die die Kunst der Astralprojektion und des Astralreisens perfektioniert haben. Diese Menschen können buchstäblich astral reisen, während sie auf ihrer Couch liegen oder das Badezimmer benutzen. Sie haben die Fähigkeit so weit gemeistert, dass sie keine Angst vor dem Besuch der Astralebenen mehr haben müssen. Sie sind jedoch noch nicht auf diesem fortgeschrittenen Niveau - auch wenn Sie es mit regelmäßiger Übung eines

Tages erreichen könnten. Der wichtige Punkt dabei ist der, dass Sie sich Gefahren gegenüber nicht als immun verstehen sollten und keinesfalls unvorbereitet eine Astralreise antreten dürfen. Auf der Astralebene kann alles Mögliche passieren; deshalb müssen Sie zunächst wissen, was Sie erwartet. Im Folgenden finden Sie zehn Dinge, die Sie über Astralprojektion und die Astralebene wissen sollten, bevor Sie eine außerkörperliche Erfahrung wagen.

1. Die Astralprojektion kann gefährlich sein

Wenn Sie sich fragen, ob Astralprojektion gefährlich sein kann, lautet die Antwort: Ja. Beachten Sie, dass das Schlüsselwort dabei „kann" ist, was bedeutet, dass diese Aktivität lediglich das Potenzial hat, gefährlich zu werden. Verschiedene Wesen und Entitäten besuchen die Astralebene regelmäßig. Nicht alle von ihnen sind dazu da, Sie zu führen oder Ihnen zu helfen; einige können Ihnen auch Ihre Aurenergie entziehen und Ihnen Schaden zufügen. Obwohl dies normalerweise nicht passiert, sollten Sie diese Gefahr nicht ausschließen. Aber wenn Sie wissen, wie Sie sich mit Ihren spirituellen Schwingungen abschirmen und schützen können, wird Ihnen nichts passieren. Natürlich können Sie die Angst davor nicht völlig vermeiden, besonders, wenn Sie die Astralebene zum ersten Mal besuchen, aber Sie können sie in Schach halten, damit sie nicht den hellen Farbton Ihrer aurischen Farben überschattet. Jeder, der über gute psychische Selbstverteidigungsfähigkeiten verfügt und seine Emotionen in Schach halten kann, kann sich sicher auf der Astralebene bewegen. Die Astralprojektion ist vergleichbar mit einer Reise in ein anderes Land, zum Beispiel in einem Flugzeug. Es ist normal, dass Sie ein Gefühl der Angst verspüren, wenn Sie zum ersten Mal in einem Flugzeug fliegen, aber die meisten Menschen schaffen es trotzdem, ihre Furcht in einem mäßigen Rahmen zu halten. Sie wissen, dass nichts passieren wird, solange Sie die Sicherheitsvorschriften für Flugreisende sorgfältig einhalten. Genauso verhält es sich mit der Astralprojektion und dem Astralreisen. Bereiten Sie sich richtig vor, um sich eine sichere Astralerfahrung zu ermöglichen, um selbst als Anfänger geschützt zu sein.

2. Astralreisen sind real

Manche Menschen beschäftigen sich hauptsächlich mit dem Thema Astralreisen, weil sie die Absicht haben die „Fakten zu überprüfen". Sie wollen also eigentlich nur wissen, ob Astralreisen wirklich real sind oder nicht. Menschen, die eine außerkörperliche Erfahrung machen, um zu prüfen, ob diese real sind, bereiten sich in der Regel nicht richtig auf die

Reise vor. Wenn Sie sich zu einer solchen Handlung entscheiden, bringen Sie sich in Gefahr. Machen Sie sich nicht die Mühe, AKE zu versuchen, wenn Ihnen einfach nur langweilig ist. Viele Mainstream-Medien haben Astralprojektion und Astralreisen bereits als Schwindel abgetan. Das beruht meist auf der Behauptung, dass der Astralkörper nicht existiere, und selbst wenn er existiere, könne er die physische Welt nicht verlassen. Dies widerspreche schließlich eindeutig den Gesetzen der Physik. Wissenschaftler und Forscher glauben, dass Astralerfahrungen dem Geiste entsprungen sind – demnach sollen sie Halluzinationen, Träumen und Hirngespinsten oder Erinnerungen entspringen, die tief im Unterbewusstsein verankert sind.

Dennoch konnten viele kontrollierte Versuche zeigen, dass AKEs real sind und dass es Astralreisen tatsächlich gibt. Menschen, die bereits erfolgreich außerkörperliche Erfahrungen gemacht haben, haben beispielsweise erklärt, wie sich die Erfahrung angefühlt hat und wie die Welt um sie herum aussah. Es ist schwer möglich, das so viele verschiedene Menschen dieselben Dinge halluziniert haben und außerdem ähnliche Erfahrungen in der Astralwelt beschreiben. Also können wir bestätigen, dass Astralreisen *real* sind, und dass sie funktionieren.

3. Jeder kann das Astralreisen lernen

Aus irgendeinem Grund glauben viele Menschen, dass sie sich erst auf einer bestimmten spirituellen Ebene befinden müssen, bevor sie eine AKE haben können. Das ist aber falsch. Jeder kann die Astralebene besuchen und sogar lernen, dies regelmäßig zu tun. Der Sinn von Astralreisen liegt darin, Ihnen zu helfen und so die Verbindung zwischen Ihrem physischen Selbst und Ihrer spirituellen Essenz aufzudecken. Es spielt also keine Rolle, ob Sie bereits ein spiritueller Mensch sind oder ob Sie es mit dem Astralreisen gerade zum ersten Mal versuchen. Sicher ist es dabei, dass Sie sich die Techniken schnell oder allmählich aneignen können, je nachdem, wie engagiert Sie beim Üben sind. Das ist ganz normal. Wenn Sie sich engagieren, lernen Sie vielleicht in nur zwei Wochen, wie Sie Ihr Bewusstsein aus Ihrer physischen Form entsenden können. Andere Menschen brauchen vielleicht Monate oder sogar Jahre, bis sie endlich lernen, ihr Bewusstsein richtig aus ihrem Körper herauszuprojizieren. Das Wichtigste ist, dass Sie die richtige Einstellung haben, um die Astralprojektion zu erlernen. Auch wenn der Versuch nicht sofort klappt, glauben Sie weiter fest daran, dass Sie es eines Tages schaffen werden. Zweifel existieren nur, um Menschen daran zu hindern, ihr volles Potenzial zu entfalten. Wenn Sie sich von Zweifeln zurückhalten lassen, werden Sie nie entdecken, wie weit Sie wirklich gehen können. Mit Geduld und regelmäßiger AKE-Übungen werden Sie Ihr Ziel mit der Zeit erreichen.

4. Der Standort ist wichtig

Bevor Sie eine Astralreise unternehmen, sollten Sie sich an einem Ort befinden, an dem Sie sich sicher fühlen. Sie können Ihr Bewusstsein nur dann aus Ihrer physischen Form heraus astral projizieren, wenn Sie sich im Geiste entspannen und richtig konzentrieren können. Dazu müssen Sie sich an einem Ort befinden, an dem Sie sich sicher und geborgen fühlen. Das hilft gegen die Angst vor dem, was mit Ihrem physischen Körper passieren könnte, wenn Sie ihn verlassen. Wenn Sie zum ersten Mal eine Astralreise machen, ist es am besten, dies an einem Ort wie Ihrem Schlafzimmer zu tun - einem Ort, an den Sie zurückkehren können, um Ihren physischen Körper sicher ruhen zu sehen. Wenn Sie versuchen, an einem Ort zu projizieren, an dem Ihre Gefühle von Angst und Gefahr verstärkt sind, werden Sie hingegen nichts erreichen. Denken Sie daran, dass Astralreisen sowohl eine spirituelle Erfahrung als auch eine lehrreiche Erfahrung sind. Sie tun es, um etwas über die Dinge zu lernen, die man Ihnen an der Universität oder in Lehrbüchern nicht näherbringen kann. Deshalb ist es wichtig, dass Sie es richtig machen.

5. Astralreisen brauchen einen konkreten Zweck

Um die Astralebene zu bereisen, brauchen Sie einen bestimmten Grund, also einen Zweck oder ein Ziel für Ihre Reise. Was erhoffen Sie sich, durch das Astralreisen zu erreichen? Diese Frage sollten Sie aus vollem Herzen beantworten können. Wenn Sie diese Frage nicht beantworten können, sollten Sie sich nicht auf Astralreisen einlassen. Die meisten Menschen sagen, dass sie Astralreisen machen wollen, aber sie wissen nicht, warum sie das gerne tun möchten. Astralreisen dienen nicht als Besichtigungstour, sondern dem Lernen, der Suche nach Antworten, dem Finden und dem Erleben. Alles, was auf der Astralebene geschieht, hat einen tieferen Grund. Bei jedem Erlebnis auf der Astralebene lernt man etwas. Das Ziel von Astralreisen liegt darin, Ihnen dabei zu helfen, sich weiterzuentwickeln und in sich selbst zu wachsen und einen Zustand der Erleuchtung zu erreichen, der Ihnen sonst unmöglich zugänglich wäre. Tief in Ihrem Geist haben Sie ein höheres Bewusstsein mit viel Wissen über den wahren Grund Ihrer Existenz. In Ihrer Kindheit sind Sie stärker mit diesem Bewusstsein verbunden, aber wenn Sie älter werden, verlieren

Sie die Verbindung zu ihm. Astralreisen dienen als Schlüssel zu einer erneuten Verbindung mit dem Urbewusstsein.

In manchen Fällen geht es bei Astralreisen um Heilung. Sie können Astralreisen wählen, um die Art einer Krankheit herauszufinden, mit der Sie kämpfen, oder von der Sie sich selbst zu heilen versuchen. Das Wesentliche ist dabei, dass man Astralreisen nur dann ausprobieren sollte, wenn man etwas erreichen will, sei es zum Lernen oder, um sich zu Heilen.

6. Astralreisen sind anders als in Filmen beschrieben

Viele Filme haben sich mit dem Astralreisen beschäftigt, aber nicht viele von ihnen kommen der tatsächlichen Realität nahe. In dem Marvel-Superheldenfilm *„Doctor Strange"* nehmen die Protagonisten ständig ihre Astralformen an, um Verbrechen und deren Urheber zu bekämpfen. In anderen Filmen verirrt sich der Protagonist in der Astralebene und kann nie wieder in seinen Körper zurückkehren. Beides sind Dinge, die nur in Filmen möglich sind und nie in der tatsächlichen Praxis der Astralprojektion auftreten. Auf der Astralebene kehrt Ihre Seele automatisch in Ihren Körper zurück, wenn Sie überwältigende Emotionen wie Angst oder Aufregung erleben. Sie wachen automatisch in Ihrem Körper auf. Das ist die Art und Weise, wie Ihr Verstand Sie schützt, es spielt also keine Rolle, ob die Emotionen, die Sie erleben, positiv sind. Solange die Emotion überwältigend genug ist, kehren Sie in Ihre physische Form zurück. Deshalb ist es wichtig, dass Sie trainieren, wie Sie Ihre Emotionen während der Astralreise im Zaum halten. Seien Sie zuversichtlich, dass Sie nie für immer verloren gehen können, wie die Protagonisten in Film und Fernsehen.

7. Die Meditation ist der Schlüssel zur Astralprojektion

Wenn Sie als Anfänger eine reibungslose Astralreiseerfahrung machen wollen, ist die Meditation das richtige Mittel der Wahl. Es ist dabei nicht so, dass die Meditation ein Muss ist, aber sie hilft Ihnen sicherlich weiter. Es gibt keine zuverlässigere Möglichkeit, eine gute Erfahrung bei der Astralprojektion zu machen, als vor der Erfahrung zu meditieren. Die bewusste Astralprojektion unterscheidet sich vom luziden Träumen oder unbewussten Astralreisen in Ihren Träumen. Wenn Sie sich bewusst auf die Astralebene begeben, bedeutet das, dass Sie etwas aus einer unabhängigen Wahrnehmung heraus als real erleben. Ihr Verstand kann dies normalerweise nicht erreichen, da er durch viele Dinge behindert wird. Meditation vor der Astralprojektion oder -reise ist der Schlüssel, den

Sie brauchen, um den Geist von den Dingen zu befreien, die ihn festhalten. Die Meditation befreit von allen einschränkenden und unnötigen Gedanken. Wenn Sie zum Zwecke einer Astralreise meditieren, konzentriert sich Ihr Geist auf nichts anderes als auf die Erfahrung, die Sie gleich machen werden. Es kann sein, dass Sie den nötigen Fokus nicht gleich bei den ersten Versuchen erreichen - manchmal brauchen Sie vermutlich sogar Stunden und Wochen der Meditation, bevor Sie auch nur die grundlegendsten Dinge in der Astralreise erreichen können. Meditation ist auch dann entscheidend, wenn Sie Ihren Aufenthalt in der Astralebene verlängern möchten. Wenn Sie sich in Ihrer Astralform auf die Astralebene begeben, bleibt Ihr Geist mit Ihrem physischen Körper verbunden, was erklärt, warum Sie zurückgerissen werden können, wenn Sie einen Schwall von Emotionen erleben. Wenn Sie vor Ihrem Vorhaben meditieren, können Sie Ihren Geist beruhigen und sich angesichts der Gefahr entspannen. Daher kann Meditation Ihnen dabei helfen, Ihre außerkörperlichen Erfahrungen zu verlängern.

8. Ihr Astralkörper kann alles tun, was Ihr physischer Körper auch tut

Die Existenz in der Astralform hat keine Grenzen. Es hindert Sie dementsprechend auch nicht daran, bestimmte Dinge zu tun. Die Astralform gibt Ihnen sogar die Möglichkeit, andere Menschen ausspionieren, ohne dass sie Sie sehen können. Wenn Sie sich nicht mit hellsichtigen oder hochintuitiven Menschen umgeben, werden die meisten Menschen Sie dabei wahrscheinlich weder sehen noch spüren. Das bedeutet jedoch nicht, dass es in Ordnung ist, wenn Sie die Privatsphäre anderer verletzen. Es kann jedoch schwierig sein, Dinge wie Spionage zu vermeiden, während man sich in seiner Astralform befindet. Der Zweck der Astralprojektion ist es, Sie zu erleuchten und zu bilden, und Ihr Astralkörper neigt normalerweise dazu, diesem Zweck treu bleiben zu wollen.

Wenn Sie Ihren Körper erstmal verlassen haben, ist die Astralebene nicht der einzige Ort, an den Sie gehen können. Stattdessen können Sie sich entscheiden, ob Sie auf der materiellen Ebene zu bleiben, wo Sie Ihre Liebsten beobachten, zum Haus Ihres besten Freundes zu fliegen oder einfach auf Ihrer Straße herumzuhängen. Sie können sich auch auf eine höhere Ebene begeben, wo Sie Ihre Geistführer oder Engel treffen und sich mit ihnen über die Existenz, die Realität und alles, was der Erweiterung Ihres Bewusstseins dient, zu unterhalten. Andere Bewusstseinsebenen stimmen vielleicht nicht ganz mit Ihren

Schwingungsfrequenzen überein. Wenn Sie sich auf diese Ebenen begeben, setzen Sie sich selbst einem gewissen Risiko aus. Es wird nicht empfohlen, dass Sie dieses Risiko ohne einen mächtigen Geistführer eingehen.

Wenn Sie über achtzehn Jahre alt sind, könnte Sie auch das Kapitel interessieren, in dem es um Sex auf der Astralebene geht. Ja, auch das ist möglich. Seien Sie nur vorsichtig, wenn Sie sich entscheiden, mit wem Sie intim sein wollen.

Nun, da Sie alles wissen, was Sie wissen müssen, bevor Sie Ihre eigenen Astralreisen unternehmen, ist es an der Zeit, dass Sie sich auf die Astralprojektion vorbereiten.

Kapitel Sechs: Die Vorbereitung auf die Astralprojektion

Die Reisen in die Astralebene mögen schwierig sein, aber sie sind nicht unmöglich. Viele Menschen tendieren nach mehreren erfolglosen Versuchen dazu schnell aufzugeben, eine außerkörperliche Erfahrung machen zu wollen. Eines der Hauptprobleme besteht dabei darin, dass nur sehr wenige Quellen detaillierte Angaben darüber enthalten, was man wirklich tun muss, um sich auf die Astralprojektion vorzubereiten. Daher kann sich der Versuch wie ein Kampf anfühlen, bei dem Sie viele Schwierigkeiten überwinden müssen. Eine Sache, die Ihnen das Leben schwer machen und Ihre AKE-Versuche scheitern lassen kann, ist die falsche mentale Vorbereitung. Wenn Sie Ihren Geist nicht richtig auf die Erfahrung vorbereiten, sind die Erfolgsaussichten insgesamt gering. Das Unterbewusstsein muss konditioniert werden, um es auf eine solche Erfahrung vorzubereiten. Noch wichtiger ist es, dass Sie Ihre Ängste, Befürchtungen und alles andere, was Ihren Geist möglicherweise belastet, loswerden. Während Sie sich mental auf die Erfahrung vorbereiten, müssen Sie sich genügend Zeit zum Üben nehmen, bevor Sie einen ernsthaften Versuch unternehmen. Natürlich ist es völlig in Ordnung, wenn Sie es nicht gleich beim ersten, zweiten oder dritten Versuch schaffen. Die Idee ist, dass Sie so lange üben, bis sich die Astralwelt für Sie öffnet.

Das Wichtigste, was Sie tun sollten, um sich auf Astralreisen vorzubereiten, ist, jegliche Angst vor dieser Erfahrung zu überwinden.

Vielleicht haben Sie Angst, dass Sie auf Ihrer Reise in die Astralebene in Gefahr geraten könnten - das ist in Ordnung. Der Schlüssel liegt darin, dass Sie sich nicht von dieser Angst überwältigen lassen, sodass sie keinen lähmenden Punkt erreicht. Manche Leute sagen Ihnen vielleicht, dass Sie die Angst völlig loswerden müssen, bevor Sie astralreisen können - das ist unmöglich, besonders wenn Sie die Erfahrung zum ersten Mal machen und wenn Sie Angst vor der Erfahrung haben. Sie werden zwangsläufig Angst haben. Allerdings sollte die Angst nicht so groß sein, dass Sie sich von ihr überwältigen lassen. Sie können Ihre Angst ganz einfach abbauen, indem Sie Ihr Wissen über die Astralprojektion erweitern und sich mit einigen wesentlichen Dingen vertraut machen, die für jeden, der eine Astralreise machen möchte, zum Grundwissen gehören sollten.

Nehmen Sie sich während des Studiums und der Vertiefung Ihrer Kenntnisse täglich etwas Zeit, um positive Affirmationen, Visualisierung, Hypnose und andere Vorbereitungsmöglichkeiten zu üben.

Positive Affirmationen

Affirmationen sind mächtige und wirksame Werkzeuge, die den Geist konditionieren oder rekonditionieren können. Sie sollten ein fester Bestandteil Ihrer täglichen Aktivitäten sein, wenn Sie sich auf eine Astralprojektion vorbereiten. Affirmationen können Ihnen auch dabei helfen, dass Sie Ihre Angst viel schneller überwinden. Im Folgenden stehen einige der positiven Affirmationen, die Sie verwenden können:

„Ich habe keine Angst. Die Angst hat keine Macht über mich."

„Ich werde die Astralebene besuchen."

„Mein Bewusstsein wird meinen Körper verlassen und seine Astralform annehmen."

„Ich werde eine außerkörperliche Erfahrung machen."

Welche Formulierung Sie auch wählen, achten Sie stets darauf, dass sie positiv und zielgerichtet ist. Sagen Sie deutlich, was Sie tun werden, nicht, was Sie tun wollen. Vermeiden Sie also zum Beispiel Sätze wie: „Ich möchte eine Astralreise machen." Sagen Sie stattdessen: „Ich werde mich astral projizieren." Der Zweck positiver Affirmationen ist es, Ihren Wunsch und Ihr Ziel in Ihrem Unterbewusstsein zu verstärken. Je mehr Sie üben, desto bereitwilliger wird Ihr Geist sein. Achten Sie darauf, keine negativ besetzten Formulierungen zu verwenden, vor allem nicht solche, die mit Angst oder Furcht verbunden sind. Ihr Verstand kann nicht zwischen positiven und negativen Affirmationen unterscheiden; er kann nur das verstärken, was Sie ihm sagen. Verwenden Sie positive Affirmationen beim täglichen Üben. Verwenden Sie sie nicht nur dann, wenn Sie versuchen, etwas zu projizieren. Machen Sie sie sich zur Gewohnheit. Verwenden Sie sie jeden Abend vor und nach dem Schlafengehen. Zu dieser Zeit sind Sie Ihrem Unterbewusstsein am nächsten. Erinnern Sie sich jedes Mal, wenn Sie üben, an den Grund für Ihre Astralprojektion.

Visualisierung

Die Visualisierung bietet Ihnen eine weitere Möglichkeit, sich auf das Astralreisen vorzubereiten. Dennoch scheinen die meisten Menschen ihre Bedeutung zu übersehen. Die Entscheidung, Visualisierung zu üben, um sich auf die Astralebene vorzubereiten, sollte keine Option sein; es sollte sich um einen zentralen Bestandteil Ihrer Versuche handeln, ob Sie nun erfolgreich enden, oder nicht. Glücklicherweise ist die Visualisierung etwas, das Sie mehrmals am Tag auf unterschiedliche Weise üben können - und je mehr Sie üben, desto größer sind Ihre Erfolgschancen. Wenn Sie zu den Menschen gehören, die regelmäßig Achtsamkeitsübungen praktizieren, sollte es Ihnen leichtfallen. Bei der Visualisierungspraxis stellen Sie sich Dinge vor. In Ihrem Fall könnte es beispielsweise die Vorstellung sein, dass Sie fliegen oder schweben - denn das ist das Gefühl, das Menschen, die schonmal eine AKE hatten, normalerweise beschreiben. Stellen Sie sich also vor, dass Sie fliegen oder schweben, und fügen Sie so viele Details wie möglich zu dieser Vorstellung hinzu, da dies sehr wichtig ist.

Wenn Sie fliegen:

Entscheiden Sie sich, wie schnell Sie fliegen - fliegen Sie mit der Geschwindigkeit eines Vogels oder eines Flugzeugs? Wohin fliegen Sie? Was können Sie während des Fluges um sich herum sehen? Ist es Tag oder Nacht? Gibt es Vögel, die mit Ihnen gemeinsam am Himmel entlang fliegen? Gibt es irgendwelche Geräusche oder Gerüche, die Ihnen auffallen? Fühlt sich der Wind auf Ihrem Gesicht warm oder kühl an? Weht die Luft durch Ihr Haar - wenn ja, wie fühlt sich das an?

Dies sind die Details, die Sie mit in Ihre Vorstellung aufnehmen sollten. Seien Sie auf keinen Fall vage, wenn Sie sich etwas vorstellen; fügen Sie jedes kleine oder große Detail hinzu, das Ihnen in den Sinn kommt. Wie auch immer Sie sich entscheiden, tauchen Sie vollständig in Ihre Vorstellung ein.

Eine weitere Möglichkeit der Visualisierung besteht darin, dass Sie sich astrale Empfindungen vorstellen. Schließen Sie Ihre Augen und stellen Sie sich vor, wie Sie sich selbst berühren - stellen Sie sich aber bitte nichts Sexuelles vor, da dies Ihre Projektionsversuche beeinträchtigen könnte.

Stellen Sie sich vor, dass Sie mit Ihren Händen in kreisenden Bewegungen über Ihren Arm, Ihre Schulter oder Ihr Knie streichen. Die vorgestellten Bewegungen sollten dabei sehr sanft sein.

Wenn nötig, können Sie sich selbst berühren, damit sich die Vorstellung real anfühlt. Konzentrieren Sie sich darauf, wie sich Ihre Hand an Ihrem Arm oder Knie anfühlt. Konzentrieren Sie sich gleichzeitig darauf, wie sich Ihr Knie an Ihrer Hand anfühlt.

Konzentrieren Sie sich auf die Empfindungen und nutzen Sie Ihren Verstand, um sie nachzubilden. Vielleicht gelingt Ihnen dies nicht sofort, aber Sie werden es schließlich schaffen, solange Sie konzentriert bleiben. Je mehr Sie sich konzentrieren, desto einfacher und effektiver wird es.

Sie können sich auch konkrete Orte vorstellen, an denen Sie noch nie waren. Das kann die Landschaft auf Ihrem Windows-Desktop sein, ein Bild oder die Kunst, die bei Ihnen an der Wand hängt. Schauen Sie sich das Bild genau an. Sehen Sie sich alle Details an, auch die kleinsten. Nehmen Sie die Farben, die Schatten, die Texturen - einfach alles - auf. Prägen Sie sich das Bild oder Gemälde sorgfältig ein. Gehen Sie dann von dem Objekt weg und versuchen Sie, sich an alles zu erinnern, was Sie sich gemerkt haben. Wenn Sie dies jeden Tag tun, werden Sie bald in der Lage sein, mit dieser Methode eine Projektion zu erreichen. Betrachten Sie sie jedoch hauptsächlich als Methode, um Ihren Geist zu konditionieren und ihn auf eine Projektion vorzubereiten.

Hypnose und unterschwellige Suggestionen

Die Hypnose bietet Ihnen eine weitere unglaublich effektive Möglichkeit, um Ihren Geist auf Astralprojektionen und außerkörperliche Erfahrungen vorzubereiten. Seien Sie nicht überrascht, wenn die Hypnose für Sie effektiver ist als alle zuvor erklärten Verfahrensweisen. Das liegt nämlich daran, dass die Hypnose Ihnen die Möglichkeit bietet, tief in Ihr Unterbewusstsein einzudringen und es auf die Erfahrung vorzubereiten. Positive Affirmationen und Visualisierung sind beides Mittel, um Ihren Verstand davon abzuhalten, sich von Angst und anderen Emotionen überwältigen zu lassen. Sie wollen schließlich nicht, dass die Angst und der Zweifel Ihren Verstand lähmen und Sie scheitern lassen, bevor Sie es überhaupt richtig versucht haben. Hypnose und unterschwellige Suggestion sind effektiver, weil Sie bei der Hypnose auch einige der anderen Methoden anwenden können. Allerdings brauchen Sie einen ausgebildeten Hypnosetherapeuten, wenn Sie diese Methode anwenden wollen.

Tipps für die richtige Vorbereitung

Zusätzlich zu den zur AKE genannten Methoden müssen Sie noch eine weitere Sache tun, um sich auf Astralreisen vorzubereiten. Wenn Sie sich entschließen, eine AKE-Sitzung zu beginnen und eine Projektion zu versuchen, müssen Sie wissen, wie Sie sich vorbereiten können. Im Folgenden finden Sie fünf Tipps, die Ihnen Aufschluss darüber geben, was Sie unmittelbar vor einer Projektion tun sollten.

1. *BNS - Bitte nicht stören*

Genauso wie Sie beim Meditieren nicht gestört werden möchten, dürfen Sie auch bei der Astralprojektion nicht gestört werden. Suchen Sie sich also einen ruhigen Raum, in dem Sie Ihre Sitzung durchführen können, ohne von Ihrem Partner, Kindern, Haustieren oder anderen Dingen gestört zu werden. Wenn Sie das nicht tun, können Ihre Versuche schnell durch Ablenkung zunichte gemacht werden. Sie könnten zum Beispiel das Gefühl haben, es endlich richtig zu machen, und dann unterbricht Sie plötzlich ein Anruf und ruiniert den Moment. Halten Sie Ihr Mobiltelefon und Ihre Mediengeräte von dem Raum fern, in dem Sie üben wollen. Wenn Sie das Gefühl haben, dass Sie Störungen nicht vermeiden können, üben Sie am besten zu einer Zeit, zu der alle anderen Menschen schon schlafen. Sie können zum Beispiel sehr früh am Morgen oder nachts üben, wenn alle im Bett sind. Ihr Zeitplan bestimmt dabei, welche Zeit Sie wählen. Achten Sie nur darauf, dass es eine Stunde ist, in der Sie „Zeit für sich" haben.

2. *Machen Sie es sich bequem*

Entspannen Sie Ihren Geist. Machen Sie es sich bequem. Wenden Sie einige der zum Thema AKEs genannten Methoden an, um Ihren Geist zu beruhigen und ihn auf die Reise vorzubereiten. Sie können sich in Ihr Bett oder auf die Couch legen. Das ist ganz Ihnen überlassen. Achten Sie nur darauf, dass Ihre Haltung so ist, dass Sie so lange wie nötig unbewegt bleiben können. Tragen Sie außerdem leichte Kleidung. Wenn Sie möchten, können Sie auch nackt üben. Wenn Sie lieber im Bett liegen möchten, legen Sie eine leichte Decke über sich oder legen Sie sich ohne

Zudecke hin, je nach Wetterlage. Wenn Sie lieber sitzen möchten, verwenden Sie am besten einen Liegestuhl, damit Sie es während der gesamten Sitzung bequem haben.

3. Setzen Sie sich keine Zeitlimits

Das Zeitbewusstsein kann Ihre Erfahrung ruinieren. Sehen Sie die Astralprojektion also nicht als etwas an, das Sie innerhalb eines bestimmten Zeitraums durchführen müssen, sondern streichen Sie die zeitlichen Grenzen aus Ihrem Gedächtnis. Sehen Sie die Erfahrung nicht als Wettlauf an, denn das entspricht nicht der Realität. Befreien Sie Ihren Geist. Nehmen Sie sich so viel Zeit, wie Sie brauchen. Das Festlegen eines Zeitlimits gehört zu den Dingen, die Ihren Geist hemmen können, genau wie die Angst. Beseitigen Sie alle zeitlichen Bedenken und konzentrieren Sie sich auf die Erfahrung.

4. Wählen Sie das richtige Timing

Das Timing ist ein entscheidender Faktor für den Erfolg. Überlegen Sie sich genau, wann Sie üben wollen. Die Nacht mag Ihnen zwar ideal erscheinen - da alle anderen zu dieser Zeit schlafen -, aber Müdigkeit und Stress können ein Problem darstellen, vor allem, wenn Sie den ganzen Tag gearbeitet haben. Für viele Menschen ist der Morgen besser; tatsächlich erhöht das Üben direkt nach dem Aufwachen Ihre Erfolgschancen um ein Vielfaches. Versuche in der Nacht sind üblicherweise schwieriger. Es ist also besser, die Übungsversuche am Morgen zu unternehmen.

5. Seien Sie

Ja, Sie sollten einfach nur sein. Sobald Sie Ihren Geist und Körper entspannt haben, verharren Sie einfach. Kümmern Sie sich um nichts. Seien Sie, und erlauben Sie Ihrem Geist, sich Bilder und alles andere, was ihm in den Sinn kommt, vor Augen zu rufen, bis sie verblassen und sich auflösen. Schließlich wird sich Ihr Geist beruhigen, und Sie werden dazu bereit sein, Ihr Bewusstsein zu projizieren. Bevor Sie jedoch mit der Projektion beginnen, sollten Sie eine Meditationsübung durchführen, um sich in den richtigen Geisteszustand zu versetzen.

Wenn Sie die Vorbereitungsphase erfolgreich hinter sich gebracht haben, sind Sie der außerkörperlichen Erfahrung und dem Besuch der Astralebene schon einen Schritt nähergekommen. Alles, was Sie jetzt tun müssen, ist zu versuchen, etwas zu projizieren.

Hinweis: Bevor Sie eine Projektion durchführen, sollten Sie sich mit Tipps zum Schutz der Astralebene vertraut machen. Die Astralebene ist eine unbekannte Dimension; sie unterscheidet sich von der physischen Ebene. Sie werden dort auf sehr seltsame Dinge stoßen, aber das sollte Sie nicht beunruhigen. Sie sollten sich ausreichend schützen, bevor Sie diesen Ort aufsuchen. Einige der besten Möglichkeiten, sich zu schützen, bestehen im Tragen eines Schutzamuletts oder im Anrufen eines Geistführer, der sich um Ihr Wohl kümmern kann. Mehr darüber wird später ausführlicher erklärt.

Kapitel Sieben: Fünf grundlegende Astralprojektionsmethoden

Die Projektion in die Astralebene ist nicht dasselbe wie das tägliche Einschlafen, auch wenn man die Projektion im Schlafzustand erreichen kann. Schlafen ist einfach. Ein langer Arbeitstag kann Ihnen als Grundlage für einen guten, gesunden Schlaf dienen. Für eine Astralreise braucht man jedoch mehr als nur Müdigkeit. Tatsächlich werden Müdigkeit und Erschöpfung Ihren Versuch eher zum Scheitern bringen als Ihnen zum Erfolg verhelfen. Um astral zu reisen, müssen Sie sich in einen Zustand versetzen, in dem Ihr Körper schläft, während Ihr Geist wach und aufmerksam bleibt. Dann müssen Sie Ihr Bewusstsein in ein Astralfahrzeug (auch Astralkörper genannt) übertragen. Alles andere, was bei der Astralprojektion oder -reise passiert, ist erst möglich, wenn Sie die außerkörperliche Ebene erfolgreich erreicht haben. Obwohl es einige grundlegende Unterschiede gibt, ist das Träumen eine Form der Astralprojektion - eine unbewusste Form. Die Seele verlässt manchmal den Körper, während man schläft. Aber Sie merken dies nicht, also können Sie es auch nicht kontrollieren, oder bewusst entscheiden, was sie tun wollen, wenn die Seele den Körper verlässt. Stattdessen hat in diesem Fall Ihr Unterbewusstsein das Sagen. Der entscheidende Unterschied zwischen dem normalen Schlaf und der Astralprojektion besteht darin, dass Sie bei der Astralprojektion die Kontrolle über Ihre Seele haben. Mit anderen Worten: Sie können bewusst bestimmen, wohin Ihre Seele geht, und Sie sind sich dieser Erfahrung bewusst. Die bewusste Astralprojektion ist das, was Ihnen wirklich nützt. Was sind also einige der besten Methoden, die Ihnen dabei helfen können, das wahre Astralreisen schnell zu erreichen?

Zunächst sollten Sie wissen, dass Ihr Erfolg schnell eintreten kann. Sie können die Astralprojektion in nur vierzehn Tagen erlernen. Alles hängt dabei von Ihnen ab. Es gibt sicherlich Tipps und Methoden, die Ihnen helfen können, aber Ihr persönliches Engagement macht den entscheidenden Unterschied. Nehmen Sie Astralreisen überhaupt ernst? Sind Sie in der Lage, Ihren Geist zu beruhigen und Ihre Ängste vor der Erfahrung abzubauen? All das sind Dinge, die sich auf Ihren Erfolg auswirken werden. Wenn Sie die Tipps in diesem Buch befolgen, von den ganz einfachen bis hin zu den Tipps für Fortgeschrittene, werden Sie regelmäßig Astralreisen unternehmen. Es hängt also wirklich alles von Ihnen ab.

Sie sollten auch wissen, dass es eine Vielzahl von Techniken gibt, mit denen Sie Ihr Bewusstsein aus Ihrem Körper treiben können. Jeder Mensch ist einzigartig. Eine AKE-Technik, die für jemand anderen funktioniert, funktioniert vielleicht nicht für Sie. Deshalb gibt es hier mehr als fünf verschiedene Methoden, die Ihnen zur Hilfe zur Auswahl stehen. Wenn Sie eine Methode eine Zeit lang ausprobiert haben, dadurch aber nicht erfolgreich waren, gehen Sie einfach zur nächsten über. Probieren Sie die Verfahrensweisen so lange aus, bis Sie eine finden, die für Sie perfekt funktioniert. In bestimmten Fällen müssen manche Menschen nur eine Methode ausprobieren, und erreichen schon beim ersten Versuch das gewünschte Ziel – dadurch lernen Sie schnell, was für Sie perfekt funktioniert. Bestimmte Methoden sind anderen überlegen, so dass die folgenden Herangehensweisen mit zu den erfolgsversprechendsten gehören, die bei den meisten Menschen gut funktionieren.

Seiltechnik

Wenn Sie schonmal versucht haben, etwas über Astralprojektion zu lernen, haben Sie vielleicht bereits von dieser Methode gehört, da sie sehr beliebt ist. Die Seilmethode ist eine der effektivsten Astralprojektionsstrategien. Sie wurde von Robert Bruce eingeführt und beinhaltet die Visualisierung eines imaginären Seils, das vom Himmel, von der Decke oder einer anderen Oberfläche über Ihnen herabhängt.

Mit Hilfe dieses Seils können Sie dann Ihren Astralkörper aus dem physischen Körper herausbewegen, indem Sie auf einen einzigen Teil des Körpers Druck ausüben. Bevor Sie mit der Astralprojektion beginnen, vergessen Sie nicht, dass Sie sich mental auf die Erfahrung vorbereiten müssen. Am besten ist es, diese Methode im Liegen auszuprobieren.

- *Entspannen Sie Ihren Körper und Geist.* Befreien Sie Ihren Geist von allen Sorgen und etwaigem Stress. Legen Sie sich in einer bequemen Position hin. Versuchen Sie, Ihre Muskeln einige Sekunden lang anzuspannen und danach die Spannung wieder loszulassen, um sie von jeglichen Verspannungen zu befreien. Sobald Sie ruhig und entspannt sind, können Sie fortfahren.

- *Helfen Sie Ihrem Körper in den Schlaf.* Erlauben Sie Ihrem Körper, sich wie betäubt anzufühlen und entspannen Sie sich so tief wie möglich, aber nicht so weit, dass Sie das Bewusstsein verlieren. Versuchen Sie nicht, wach zu bleiben, sondern lassen Sie Ihren Körper einschlafen, indem Sie ihn in einen Schlafzustand versetzen. Am einfachsten erreichen Sie dies, wenn Sie sich auf das Bett oder die Couch zu legen, die Augen schließen und sich von Ihren Gedanken treiben lassen. Wenn Sie anfangen, Ihre körperlichen Empfindungen zu verlieren, bedeutet das, dass Ihr Körper langsam in den Schlaf gleitet.

- *Hinlegen.* Nichts tun. Wenn Sie denken, dass das nicht schwer zu machen ist, haben Sie teilweise recht. Dieser Teil der Übung sollte sich so anfühlen, als würde nichts passieren. Bleiben Sie einfach ruhig liegen und bewegen Sie keinen Teil Ihres Körpers. Um das Gefühl des Beinahe-Schlafs zu verstärken, konzentrieren Sie sich auf die Dunkelheit vor Ihren geschlossenen Augen; Sie können in diesem Zustand einige seltsame Dinge erleben. Machen Sie sich keine Sorgen - Ihr Blickfeld wird sich ausdehnen. Es mag sich seltsam anfühlen, aber Sie werden das Gefühl mögen. Sie werden vielleicht auch einige Geräusche und Lichtmuster wahrnehmen. Ignorieren Sie diese, denn sie werden mit der Zeit wieder verschwinden. An diesem Punkt sollten Sie das Gefühl haben, zu schweben oder zu fallen, ohne etwas zu fühlen oder zu spüren. Verharren Sie in diesem Zustand, um das Gefühl aufrecht zu erhalten.

- *Der Schwingungszustand.* Dies ist ein Zustand, den Sie einnehmen, wenn Sie Ihren Körper in einen Schlafzustand versetzt haben. Es fühlt sich zwar nicht gerade wie Vibrationen an, aber es ist etwas, dass Sie erleben werden. Es fühlt sich an, als wären Sie schwerelos, als würden Sie schweben. Indem Sie Ihre Willenskraft verstärken, können Sie auch das Gefühl und die Empfindung verstärken - Sie können es aber genauso gut auch verringern. Dieses Gefühl lässt sich nicht genau beschreiben. Warten Sie, bis Sie es erlebt haben.

Das Erreichen des Schwingungszustandes ist ein Meilenstein. Wenn Sie ihn beim ersten Versuch erreichen können, wissen Sie, dass Sie etwas richtig machen, denn nicht viele Menschen sind sofort erfolgreich. Denken Sie daran, dass Sie den Schwingungszustand eine Zeit lang beibehalten sollten, bevor Sie weitermachen.

Der Zustand bietet Ihnen eine hervorragende Möglichkeit, um tief in Ihrem Geist zu forschen und gegebenenfalls sogar eine Visualisierungsmethode zu verwenden, um sich zu informieren und eine tiefere Introspektion anzunehmen.

- *Stellen Sie sich das Seil vor.* Stellen Sie sich ein Seil vor, das von der Oberfläche über Ihnen herabhängt und dessen Spitze einige Zentimeter von Ihrem Gesicht entfernt baumelt. Konzentrieren Sie sich auf diese Vorstellung, rufen Sie sich so viele Details wie möglich ins Gedächtnis. Stellen Sie sich die Beschaffenheit, das Gewicht und die Bewegung des Seils vor. Fühlt es sich rau oder glatt an? Ist es leicht oder schwer? Ist es still oder wiegt es sich im Wind?

- *Berühren Sie das Seil.* Wenn Sie sich das Seil erfolgreich vorgestellt haben und es klar sehen können, stellen Sie sich als Nächstes vor, wie Sie es ergreifen. Wenn Sie es zum ersten Mal tun, ergreifen Sie einfach das Seil - tun Sie nichts anderes. Sie sollten in der Lage sein, die Rauheit oder Glätte des Seils auf Ihrer visualisierten Hand zu spüren. Versuchen Sie dann, auch die zweite Hand zum Seil zu bewegen. Auf diese Weise versuchen Sie, sich langsam von Ihrer physischen Form zu trennen.

Stellen Sie sich nun vor, dass Ihre zweite Hand nach oben greift und das Seil ganz fest umklammert. Bleiben Sie ein paar Sekunden in dieser

Position. Dann benutzen Sie Ihre Willenskraft und stellen sich vor, wie Sie Ihren Körper nach oben und aus Ihrem physischen Körper herausziehen. Das mag schwierig klingen, aber es wird Ihnen überraschend leichtfallen, wenn Sie mit der eigentlichen Übung beginnen.

Wenn Sie es schaffen, Ihren Astralkörper aus Ihrer physischen Form herauszuziehen, dann waren Sie erfolgreich. Sobald Sie Ihren Körper verlassen haben, können Sie anfangen zu schweben, um die volle Erfahrung der Astralreise zu genießen. Wenn Sie beim Üben einschlafen, machen Sie sich keine Vorwürfe - versuchen Sie es einfach am nächsten Tag noch einmal. Lassen Sie nicht zu, dass Sie nach einer ersten erfolglosen Erfahrung aufgeben.

AKE durch luzides Träumen

Bei dieser Methode geht es um den Übergang vom luziden Träumen zu einer außerkörperlichen Erfahrung. Wie Sie bereits wissen, handelt es sich bei luziden Träumen um die Art von Traum, bei der Sie bei vollem Bewusstsein träumen und sich des Erlebnisses vollständig bewusst sind - und Sie behalten dabei auch die Kontrolle über Ihren Traum. Luzides Träumen und Astralprojektion sind zwei verschiedene Dinge, aber luzides Träumen kann als Hilfsmittel für die Astralprojektion verwendet werden. Um zu lernen, wie Sie vom luziden Träumen zur Astralprojektion übergehen können, müssen Sie zunächst wissen, wie Sie während des Träumens einen luziden Zustand erreichen können. Wenn Sie in einen Zustand des luziden Träumens eintreten, verlässt Ihr Bewusstsein Ihren Körper und begibt sich an einen Ort, der von Ihrem Unterbewusstsein erdacht wurde. Nun müssen Sie einen Zustand des luziden Träumens herbeiführen und dann Ihr Bewusstsein von diesem imaginären Ort in Ihr Schlafzimmer transferieren.

- *Denken Sie an AKEs.* Lesen Sie mehr zum Thema AKEs. Lassen Sie sich den Gedanken an eine außerkörperliche Erfahrung den ganzen Tag über durch Ihren Kopf gehen. Das Ziel ist es dabei, Ihren Geist mit Gedanken an AKEs zu erfüllen. Diese Technik wird am besten nachts geübt, denken Sie also tagsüber an AKEs.

- *Verwenden Sie positive Affirmationen, um Ihren Geist zu aktivieren, damit er später einen Zustand des luziden Träumens herbeiführen kann.* Sagen Sie tagsüber Dinge wie: „Ich werde einen luziden Traum haben und die Astralebene besuchen."

Erinnern Sie sich den ganzen Tag über daran. Und, was am wichtigsten ist, denken Sie gelegentlich daran, sich zu fragen: „Träume ich jetzt gerade?" Innerhalb weniger Tage können Sie Ihren Geist dadurch erfolgreich darauf konditionieren, im Schlaf einen Zustand des luziden Träumens herbeizuführen. Der nächste Schritt besteht darin, zu warten.

- *Nach dem luziden Träumen.* Wenn Sie schließlich einen luziden Traum haben und sich dessen bewusst sind, stellen Sie sich sofort vor, dass Sie träumen und dass Sie dabei nicht mehr in Ihrem Körper sind. Bei dem Versuch sollten Sie spüren, wie sich Ihr Bewusstsein befreit und unabhängig von Ihrer physischen Form wird. Ein weiterer Punkt, den Sie dabei beachten sollten, ist der, dass das luzide Träumen in jeder Traumwelt stattfindet, die Ihr Unterbewusstsein erschafft. Setzen Sie also Ihre Willenskraft ein und wünschen Sie sich, dass Sie stattdessen in Ihr Schlafzimmer zurückkehren.

Sobald Sie dies tun, sollten Sie in Ihrem Schlafzimmer schweben, wobei Ihr physischer Körper entspannt auf dem Bett liegt.

Und schon haben Sie das Ziel der Astralprojektion erreicht. Bevor Sie diese Methode anwenden, sollten Sie zunächst das normale luzide Träumen üben. Sobald Sie problemlos einen Zustand des luziden Träumens herbeiführen können, können Sie zur Astralprojektion und zu Astralreisen übergehen.

Methode des verschobenen Bewusstseins

Bei dieser Methode geht es darum, das Bewusstsein und die Orientierung so zu verschieben, dass man auf der Astralebene landet. Um diese Technik anzuwenden, müssen Sie sich in einen tranceähnlichen Zustand versetzen und durch Visualisierung Ihren Geist verlagern. Für viele Menschen ist diese Technik unglaublich einfach, und die Versuche sind fast immer erfolgreich.

- *Schließen Sie die Augen.* Versetzen Sie sich in einen tranceähnlichen Zustand, wie in der ersten Methode beschrieben - entspannen Sie sich, bis Ihr Körper so ruhig wie möglich ist. Stellen Sie sich dann den Raum vor, in dem die Sitzung stattfindet. Versuchen Sie, das Gefühl des ganzen Raumes auf einmal in sich aufzunehmen, indem Sie es in Ihr Bewusstsein projizieren. Das bedeutet, dass Sie buchstäblich in der Lage sein

sollten, den Raum genauso zu sehen, wie er in Ihrer Vorstellung ist.
- *Nehmen Sie die Erfahrung so passiv wie möglich wahr.* Stellen Sie sich vor, dass Sie den ganzen Raum über Ihre Schultern hinweg beobachten.
- *Visualisieren Sie Ihren Astralkörper.* Stellen Sie sich vor, dass sich Ihr Astralkörper langsam und sanft um 180 Grad dreht. Wenn Sie die Drehung im Geist beendet haben, sollte sich Ihr Astralkopf dort befinden, wo Sie Ihre physischen Füße haben, und Ihre Astralfüße sollten dort sein, wo Sie Ihren physischen Kopf haben. Das bedeutet, dass sich Ihr Astralkörper und Ihr physischer Körper direkt gegenüberstehen sollten. Mit diesem Bild im Kopf versuchen Sie, sich Ihr Zimmer von dieser neuen Perspektive aus vorzustellen. Die Idee dabei ist die, dass Sie Ihr Unterbewusstsein dazu bringen, zu vergessen, wo Sie sich wirklich befinden, und Ihren Orientierungssinn zu verschieben. Wenn Sie das richtig machen, werden Sie ein plötzliches Schwindelgefühl verspüren. Erschrecken Sie nicht, das ist ganz normal. Verharren Sie sich einige Minuten in diesem Zustand, bis Sie sich wohlfühlen.
- *Schweben.* Wenn Sie sich in diesem Zustand wohlfühlen, stellen Sie sich im nächsten Schritt vor, wie Sie auf die Oberfläche über Ihnen zuschweben, d.h. auf Ihre Decke oder Ihr Dach zu. Lassen Sie diesen Teil Ihrer Umgebung so real wie möglich erscheinen. Seien Sie nicht überrascht, wenn Ihre Astralform plötzlich aus Ihrer physischen Form herausspringt.

Diese Methode erscheint zwar sehr einfach, aber es ist ebenso einfach, beim Üben einzuschlafen. Sie sollten diese Methode gleich nach dem Aufwachen aus dem Schlaf üben, da Ihr Geist und Ihr Körper nach einem gesunden Nachtschlaf ausgeruht und entspannt sind. Denken Sie daran, dass Sie es nicht gleich beim ersten Versuch richtig machen müssen. Diese Methode braucht Zeit, um sich zu vervollkommnen. Machen Sie das Üben also zu einer regelmäßigen Angewohnheit und seien Sie geduldig. Sie werden von den Ergebnissen überrascht sein, wenn Sie diese Technik schließlich perfektioniert haben.

Sich selbst beim Schlafen zuschauen

Diese Methode ist so ähnlich wie die zweite Methode. Sie müssen dazu Ihren physischen Körper in einen tranceähnlichen Zustand versetzen, um Ihre Astralform aus ihm herauszuschleudern. Beginnen Sie diese Verfahrensweise am Morgen, wenn Sie noch schläfrig sind und Ihr Körper leicht wieder einschlafen kann. Das ist der Schlüssel zum Erreichen des Entspannungs- und Bewusstseinsniveaus, das Sie brauchen, um die Methode erfolgreich auszuführen.

- *Legen Sie sich auf Ihre Couch, Ihr Bett oder auf eine andere ebene Fläche, auf der Sie bequem üben können.* Entspannen Sie Ihre Muskeln, indem Sie die Verspannungen und Knoten, die Sie in ihnen spüren, lockern. Schließen Sie die Augen. Versuchen Sie, Ihren Geist von ablenkenden Gedanken zu befreien, indem Sie sich auf die Sinne Ihres Körpers konzentrieren. Beenden Sie diese Phase erst dann, wenn Sie einen vollständigen Zustand der geistigen und körperlichen Entspannung erreicht haben.

- *Versetzen Sie sich in einen Zustand der Hypnose.* Der hypnotische Zustand wird auch als hypnagogischer Zustand bezeichnet. Locken Sie Ihren Körper in den Schlaf, ohne dabei das Bewusstsein zu verlieren. Die Hypnose ist wie eine Brücke zwischen Wachsein und Schlaf. Solange Sie diesen Zustand nicht erfolgreich erreicht haben, ist die Astralprojektion nicht möglich.

- *Versetzen Sie sich in einen hypnotischen Zustand.* Schließen Sie dazu die Augen fest, aber ohne sie zum Geschlossenbleiben zu zwingen oder Druck auf die Augenmuskeln auszuüben. Erlauben Sie Ihrem Geist, sich auf ein bestimmtes Körperteil zu konzentrieren, z. B. auf Ihren Fuß oder auf einen Finger. Konzentrieren Sie sich auf diesen Körperteil, bis es in Ihrem Geist Gestalt annimmt, auch wenn Ihre Augen weiterhin geschlossen bleiben. Konzentrieren Sie sich so lange darauf, bis alle anderen Gedanken ganz verschwunden sind. Zucken Sie in Ihrem Geist sanft mit dem Finger - bewegen Sie ihn nicht physisch. Stellen Sie sich vor, dass der Finger zuckt oder sich krümmt, bis Sie es so spüren, als geschehe es in der physischen Welt.

- *Fokussieren Sie sich anschließend auf andere Teile Ihres Körpers.* Dazu gehören Ihr Kopf, Ihre Beine, Arme und Hände. Bewegen Sie jedes Körperteil mit Ihrem Geist. Bleiben Sie ruhig, bis Sie Ihren ganzen Körper im Geiste bewegen können.
- *Versetzen Sie sich in den Zustand der Vibration, wie im Abschnitt zu der ersten Methode beschrieben.* Die vibrierenden Empfindungen können in Wellen über Sie kommen oder sich sanft und konstant anfühlen. Sie treten gewöhnlich dann auf, wenn Ihre Seele im Begriff ist, Ihren physischen Körper zu verlassen und in die Astralform zu wechseln. Halten Sie jegliche Angstgefühle in Schach, um Ihren meditativen Zustand möglichst nicht zu stören. Lassen Sie sich von den Schwingungen mitreißen.
- *Verlassen Sie mit Ihrem Geist Ihr Bewusstsein, entsenden Sie es aus Ihrem Körper.* Visualisieren Sie nun das Zimmer, in dem Sie sich befinden. Richten Sie sich im Geiste durch den Einsatz Ihres Willens auf. Sehen Sie sich um und stehen Sie vom Bett auf. Laufen Sie dann in Ihrem Zimmer umher und schauen Sie erneut auf Ihre physische Gestalt.
- *Der Astralzustand.* Wenn Sie das Gefühl haben, Ihren eigenen Körper aus einer anderen Perspektive zu betrachten, sind Sie erfolgreich in die Astralebene eingetreten, und Ihr Bewusstsein ist nun unabhängig von Ihrem Körper. Es ist verständlich, dass diese Stufe für manche Menschen viel Übung erfordert. Wenn Sie zu diesen Menschen gehören, konzentrieren Sie sich einfach darauf, regelmäßig zu üben. Wenn es Ihnen zu schwierig erscheint, Ihren ganzen Körper zu bewegen, versuchen Sie es zunächst mit einem Bein oder einer Hand. Steigern Sie sich dann allmählich, bis der ganze Körper bewegt werden kann.
- Wenn Sie über ausgeprägte intuitive Fähigkeiten verfügen, wird Ihnen das Erreichen des Schwingungszustands so leicht fallen wie das Atmen. Aber auch wenn Sie noch nicht so weit sind, werden Sie den Schwingungszustand schließlich erreichen, wenn Sie fleißig weiter üben. Sobald Ihre Astralform im Reisemodus ist, können Sie in die Astralwelt hinaufschweben.

Die Monroe-Methode

Dr. Monroe ist einer der Pioniere der Astralprojektion, besonders in den Mainstream-Medien. Sie haben wahrscheinlich schon von der Monroe-Methode gehört, sofern Sie sich bereits mit zuvor mit Astralprojektion und AKEs beschäftigt haben. Seine Methode ist unglaublich einfach und eingängig – Sie ähnelt der Seiltechnik, mit einigen kleinen Unterschieden. Die Monroe-Methode kann Ihnen mit großer Wahrscheinlichkeit helfen, einen Astralzustand zu erreichen, vorausgesetzt, dass Sie die richtigen Tipps beherzigen. Im Folgenden finden Sie sieben einfache Schritte, um sie effektiv anzuwenden.

1. *Entspannen Sie sich.* Dies ist für alle Methoden erforderlich, da sich so außerkörperliche Erfahrungen herbeiführen lassen. Entspannen Sie Ihren Körper und Geist mit den bisher besprochenen Entspannungsmethoden.

2. *Nachdem Sie erfolgreich in einen entspannten Zustand eingetreten sind, fahren Sie fort, in dem Sie einen hypnagogischen Zustand herbeiführen.* Locken Sie sich selbst in den Schlaf, ohne Ihr Bewusstsein dabei einschlafen zu lassen. Sie können die im vorherigen Teil beschriebene Methode anwenden, um einen hypnogischen Zustand zu erreichen.

3. *Wenn Sie spüren, dass Sie den schlafähnlichen Zustand erreichen, gehen Sie noch tiefer in Ihren Geist, um fortzufahren.* Zustand A ist der Zustand, in dem Sie sich schließlich in einem schlafähnlichen Zustand befinden. Von Zustand A aus gehen Sie zu Zustand B über – ein tieferer Entspannungszustand, in dem Sie Licht- und Klangmuster wahrnehmen. Von Zustand B gehen Sie zu Zustand C über – ein noch tieferer Zustand als B. Wenn Sie Zustand C erreicht haben, haben Sie das Bewusstsein für alle sensorischen Reize in Ihrem physischen Körper verloren. Ihr Geist soll Ihnen zu diesem Zeitpunkt als einzige Stimulation dienen. Sie befinden sich jetzt in einem Zustand der Leere. Bevor Sie projizieren, müssen Sie sicherstellen, dass Sie den Zustand D erreichen.

4. *Nach Erreichen von Zustand D müssen Sie in einen Schwingungszustand eintreten.* Dies ist der Zustand kurz bevor Sie Ihre Seele aus Ihrem physischen Körper herausprojizieren.

5. *Kontrollieren Sie Ihre Schwingungen, indem Sie wellenartige Vibrationen in jedem Teil Ihres Körpers spüren.* Das geht am besten, indem Sie sich auf das Kribbeln konzentrieren, das durch den

Schwingungszustand verursacht wird, und diese Empfindung von einem Körperteil zum nächsten ausdehnen. Um die Projektion erfolgreich zu initiieren, müssen Sie die vollständige Verantwortung für den Schwingungszustand übernehmen.

6. *Versuchen Sie, sich teilweise von Ihrem Körper zu lösen.* Konzentrieren Sie Ihre Gedanken auf den Versuch, sich von Ihrem Körper zu lösen. Achten Sie darauf, dass Sie Ihre Gedanken nicht aus den Augen verlieren, denn dadurch könnten Sie den Schwingungszustand verlieren. Stoßen Sie einen Teil Ihrer Astralform sanft von Ihrem Körper ab - Sie können einen Fuß oder Ihre Hand zu diesem Zweck benutzen. Strecken Sie das fragliche Körperteil von Ihrem physischen Körper aus weg und versuchen Sie, etwas in Ihrer Nähe zu berühren. Lassen Sie Ihre Hand oder Ihren Fuß durch den Gegenstand, den Sie berühren, hindurchgleiten und ziehen Sie beide dann wieder in Ihre physische Form zurück. Wenn Sie dies erfolgreich geschafft haben, können Sie als Nächstes zu einer vollwertigen Projektion übergehen.

7. *Sie können sich jetzt vollständig von Ihrem physischen Körper lösen.* Nach dieser Methode gibt es zwei Möglichkeiten, mit denen Sie fortfahren können. Erstens: Stellen Sie sich vor, dass Sie leichter werden und durch AKEs in einen Schwebezustand versetzt werden. Bleiben Sie konzentriert, und Sie werden schnell spüren, wie Ihr Bewusstsein Ihren Körper verlässt. Oder Sie können die Rotationsmethode anwenden, bei der Sie sich auf den Rücken drehen - so wie Sie es tun, wenn Sie aus dem Bett aufstehen. Achten Sie darauf, dass Sie Ihren Körper nicht physisch bewegen. Ehe Sie sich versehen, werden Sie feststellen, dass Sie getrennt von Ihrem physischen Körper im Raum liegen. Jetzt müssen Sie sich nur noch vorstellen, dass Sie durch AKEs schweben, während Sie auf Ihren physischen Körper hinunterschauen.

Versuchen Sie all das, Schritt für Schritt, und Sie werden in der letzten Phase eine erfolgreiche Astralprojektion erleben.

Muldoon's Durstmethode

Diese Methode wird Anfängern im Allgemeinen nicht empfohlen, da sie etwas unangenehm sein kann. Sie ist jedoch genauso wirksam wie jede andere Methode auf dieser Liste. Bei der Durstmethode von Muldoon trinkt man den ganzen Tag über kein Wasser und nutzt dann den Durst als treibendes Gefühl, um eine außerkörperliche Erfahrung zu machen. Man sieht ein Glas Wasser und stellt sich vor, dass man es trinkt. Das macht man den ganzen Tag über alle paar Stunden. Dann stellt man sich vor dem Schlafengehen ein Glas oder eine Tasse ein paar Meter vom Bett entfernt hin und tut sich eine Prise Salz auf die Zunge. Idealerweise, sollten Sie wirklich durstig sein, aber trotzdem nichts trinken. Legen Sie sich einfach auf das Bett und stellen Sie sich immer wieder vor, wie Sie nach dem Glas Wasser greifen oder zu dem Glas Wasser gehen und es trinken. Mit etwas Glück wird sich Ihre Astralform irgendwann aus Ihrem Körper zurückziehen, um sich das Glas Wasser zu holen und es zu trinken. Sie können dann die Gelegenheit nutzen, um die materielle Ebene zu erkunden oder höher in die Astralebene aufzusteigen.

Andere grundlegende Methoden der Astralprojektion

Es gibt noch andere Methoden, die zur Astralprojektion verwendet werden können, um Ihnen einen außerkörperlichen Zustand zu ermöglichen. Sie umfassen die folgenden Ansätze:

- *Die Sprungmethode.* Dies ist eine sehr einfache Methode, die zur Astralprojektion eingesetzt werden kann. Bei dieser Methode müssen Sie sich selbst einer Realitätsprüfung unterziehen. Im Grunde fragen Sie sich also, ob Sie träumen. Fragen Sie ernsthaft und aufrichtig, warten Sie auf eine Antwort und springen Sie dann in die Luft. Im Wachzustand bewegt sich Ihr Körper ganz normal in die Luft und landet dann wieder auf dem Boden. Im Traumzustand spüren Sie hingegen, wie Ihr Astralkörper vom Boden abhebt und wegfliegt, wenn Sie in die Luft springen.
- *Die Dehnungsmethode.* Legen Sie sich hin. Entspannen Sie sich. Stellen Sie sich vor, wie sich Ihre Füße strecken und ausdehnen, bis sie einen oder mehrere Zentimeter länger sind als zuvor. Sobald Sie dieses Bild fest in Ihrem Kopf festhalten können, bringen Sie Ihre Füße in Ihrer Vorstellung wieder auf ihre normale Größe zurück. Wiederholen Sie denselben Vorgang mit Ihrem Kopf. Wechseln Sie zwischen Ihren Füßen und Ihrem Kopf hin und her und dehnen Sie sie bei jedem Versuch weiter aus. Wenn Sie sich mehr als 60 cm weit gedehnt haben, versuchen Sie als nächstes, Ihren Kopf und Ihre Füße auf einmal zu dehnen. Bald werden Sie dadurch schwindelerregende Empfindungen wahrnehmen und Vibrationen spüren. Wenn das geschieht, können Sie aus Ihrem Zimmer schweben.

- *Die Hängemattenmethode.* Stellen Sie sich vor, Sie sitzen in einer bunten Hängematte zwischen zwei oder mehr Palmen an einem Strand, an dem Sie ganz allein sind. Spüren Sie die Brise auf Ihrem Gesicht und stellen Sie sich vor, wie der Wind Sie sanft hin und her wiegt. Behalten Sie dieses Bild fest in Ihrem Kopf, bis Sie spüren, wie Sie sich aus Ihrem ruhenden Körper heraus wiegen. Schließlich gleiten Sie dadurch aus Ihrem Körper heraus und schweben außerhalb Ihres Körpers in der Luft, um Ihre Erkundungstour zu beginnen.

Unabhängig von der Astralprojektionsmethode, die Sie anwenden, sind die Chancen, dass Sie gleich bei Ihrem ersten Versuch Erfolg haben, sehr gering. Vielleicht versuchen Sie es sogar mehrere Wochen lang, bevor Sie endlich ein greifbares Ergebnis erzielen. Auch wenn Sie sich nicht sofort projizieren können, sollten Sie wissen, dass jeder Schritt, den Sie machen, einen Gewinn für Sie darstellt. Wenn Sie bei Ihrem ersten Versuch den hypnogischen Zustand erreichen, ist das ein großer Erfolg, den Sie auch als solchen betrachten sollten. Wenn Sie bei Ihrem nächsten Versuch erfolgreich in den Schwingungszustand eintreten, ist das ebenfalls ein Erfolg. Es zeigt, dass Sie etwas richtig machen, und dass Sie in kürzester Zeit in der Lage sein werden, sich astral zu projizieren. Lassen Sie sich dazu einfach Zeit und bleiben Sie stets entspannt. Tun Sie nicht so, als müssten Sie ein Wettrennen veranstalten oder etwas innerhalb eines bestimmten Zeitrahmens erreichen.

Das Großartige an der Astralprojektion ist, dass sich Ihr Bewusstsein mit jedem Versuch erweitert, unabhängig davon, wie viele fehlgeschlagene oder erfolgreiche Versuche es gab. Jede Übungseinheit bietet Ihnen eine Gelegenheit, Ihr Bewusstsein zu erweitern und Ihr aurisches Feld zu stärken.

Kapitel Acht: AKE-Strategien für Fortgeschrittene

Bei den AKE-Strategien für Fortgeschrittene handelt es sich um verschiedene Methoden, bei denen Fähigkeiten wie Visualisierung, Affirmationen, Hypnose, Traumübergang und Klang eingesetzt werden. Die Strategien erfordern diese Fähigkeiten, damit Sie eine Methode finden können, die wirklich gut zu Ihnen passt. Wenn Sie über schlechte Visualisierungsfähigkeiten verfügen, können Sie die Affirmationsmethoden oder die Traumübergangsstrategie benutzen. Die Visualisierungstechniken gehören insgesamt zu den beliebtesten AKE-Methoden. Wie Sie sehen können, basieren die meisten grundlegenden AKE-Techniken auf Visualisierungsansätzen. Nachdem Sie sich für eine bestimmte Methode entschieden haben, üben Sie diese mindestens dreißig Tage lang regelmäßig. Die Ergebnisse, die Sie dabei erzielen, hängen von Ihrem persönlichen Engagement und dem Aufwand, den Sie in die Übungen investieren, ab. Denken Sie daran, dass Sie am besten mit einer spielerischen und unbeschwerten Haltung an die Methoden herangehen sollten. Haben Sie dabei nicht das Gefühl, dass Sie etwas Schwerwiegendes tun müssen. Machen Sie Ihren Geist frei, damit Sie Spaß haben und sich an den positiven Ergebnissen, die Sie erzielen, erfreuen können.

Zielstrategie

Dies ist eine Visualisierungsmethode, die einen oder mehrere Ihrer fünf Sinne anspricht. Bei dieser Strategie richten Sie Ihre Aufmerksamkeit auf ein Objekt außerhalb Ihres physischen Körpers und nutzen es, um sich in den hypnogischen Zustand zu versetzen. Sie können sich einen Ort, einen Gegenstand oder eine Person vorstellen, auf die Sie Ihre Aufmerksamkeit richten können, solange es sich nicht um einen Teil von Ihnen selbst handelt. Das Objekt oder die Person, die Sie auswählen, muss sich in einiger Entfernung befinden. Es könnte sich beispielsweise um Ihr Lieblingsrestaurant oder Ihren Ex-Partner handeln. Es kann aber auch ein Gegenstand sein, der für Sie eine besondere Bedeutung hat. In jedem Fall sollte es sich um etwas Physisches und Greifbares handeln - etwas, das Sie direkt vor Augen haben. Sie können für diese Methode folglich keine imaginären Orte oder Personen verwenden. Wählen Sie ein Objekt oder einen Ort, dem Sie sich nahe fühlen. Vielen Menschen hilft es, wenn Sie sich einen geliebten Menschen vorstellen, von dem sie zeitweise getrennt sind. Wählen Sie am besten keine Person, zu der Sie noch nie eine emotionale Beziehung hatten, also zum Beispiel keine Prominenten, die Sie noch nie getroffen haben.

Stellen Sie sich vor, dass Sie bei der Person sind. Atmen Sie in deren Gegenwart hinein und erlauben Sie sich, sich bis zu dem Punkt von der Vorstellung absorbiert zu fühlen, ab dem es sich anfühlt, als ob Sie beide tatsächlich zusammen wären. Wenn Sie möchten, können Sie eine Form der Interaktion mit der Person beginnen, um Sie in ihrer Gegenwart verweilen zu lassen. Behalten Sie die visuelle Vorstellung so lange wie möglich in Ihrem Kopf, während Sie Ihren Körper entspannen und langsam in den Schlaf gleiten. Es ist wichtig, dass Sie so viele Details wie möglich in Ihre Visualisierung aufnehmen, einschließlich der Interaktion, die Sie mit der Person haben. Während Ihr Körper in den Schlaf gleitet, sollte Ihr Geist wach und aufmerksam bleiben. Diese Methode eignet sich hervorragend für Visualisierungsübungen vor dem Schlafengehen, da sie den Übergang in den hypnogischen Zustand beschleunigt. Denken Sie daran, dass diese Methode umso besser funktioniert, je mehr Sie sich mit Ihrem Ziel beschäftigen. Lassen Sie also Ihrer Fantasie freien Lauf, wenn Ihnen das weiterhilft. Die Aufrechterhaltung der Konzentration und des Bewusstseins mit dieser Methode wird erheblich verbessert, wenn Sie Ihre Aufmerksamkeit ganz auf ein ausgewähltes Objekt oder einen Ort in Ihrer Nähe richten.

Diese Übung trägt dazu bei, dass Sie diese Fähigkeit effektiv weiterentwickeln.

- Suchen Sie sich drei Ziele in Ihrer Wohnung aus. Die drei Ziele sollten greifbare Gegenstände sein, die Sie sich leicht vorstellen können. Alle drei sollten sich in jeweils einem anderen Teil Ihrer Wohnung befinden, weit weg von dem Zimmer, in dem Sie diese außerkörperliche Übung durchführen. Das erste Ziel könnte zum Beispiel Ihr Lieblingssofa sein. Das zweite Ziel könnte Ihr Abschlussballkleid aus der Hochschule sein. Das dritte Ziel könnte ein visueller Anreiz sein, z. B. die Vase, die Sie sich mal aus dem Urlaub in Japan mitgebracht haben. Stellen Sie sicher, dass sich diese drei Ziele alle in einem Raum befinden.
- Nachdem Sie sich Ihre Ziele ausgesucht haben, gehen Sie mit Ihrem physischen Körper in das Zimmer, in dem sich auch die Zielgegenstände befinden. Nehmen Sie jedes einzelne Ziel sorgfältig und genau unter die Lupe und betrachten Sie jedes Detail mit akribischer Achtsamkeit. Betrachten Sie alle drei nacheinander und von verschiedenen Blickwinkeln aus. Stellen Sie fest, ob es irgendwelche Unregelmäßigkeiten oder Unvollkommenheiten gibt, die Ihnen ins Auge springen. Nehmen Sie sich ausreichend Zeit, um das Aussehen und das Gefühl, das mit jedem Ziel verbunden ist, zu verinnerlichen.
- Stimmen Sie sich auf Ihre fünf Sinne ein, während Sie zu dem Objekt gehen, um es gründlich zu untersuchen, aber konzentriert Sie sich zunächst mehr auf das Sehen und Tasten. Wie fühlt sich jeder Gegenstand an, wie sehen die Gegenstände aus? Gehen Sie mehrmals in den Raum, bis Sie sich an die wichtigsten Merkmale aller Gegenstände gut erinnern können, einschließlich deren Gewicht, Beschaffenheit, Farbe und Dichte. Achten Sie auch auf die Gefühle, die Ihren Gang von einem Objekt zum nächsten begleiten.

Diese Übung soll Ihnen dabei helfen, Ihr Bewusstsein aktiv aufrechtzuerhalten, während Sie den geistigen Fokus von Ihrem physischen Körper fernhalten. Wenn Sie sich voll und ganz auf die Ziele konzentrieren, driftet Ihr physischer Körper in den Schlaf. Wenn Sie beharrlich bleiben, können Sie durch diese Strategie dramatische Erfolge erzielen. Um den Erfolg beim Gebrauch dieser Methode zu verstärken, müssen Sie einen ganzen Monat lang nur die visuelle und physische

Begehung des Raumes üben. Für jede Übung brauchen Sie dabei nur dreißig Minuten. Achten Sie darauf, dass Sie sich Ziele aussuchen, die Sie sich leicht vorstellen können, wenn es soweit ist. Durch diese Strategie lässt sich der hypnogische Zustand schneller erreichen als mit einigen anderen Methoden. Sie ist praktisch. Sobald Sie den hypnogischen Zustand erreicht haben, folgen Sie den anderen Schritten, die in Kapitel Sieben erklärt werden.

Tonfrequenzstrategie

Die tibetischen Schamanen verwenden schon seit Jahren Klänge, um außerkörperliche Erfahrungen zu machen. Sie verwenden Gesänge, Glocken und Glockenspiele, um ihren meditativen Erfolg zu steigern. Es ist erwiesen, dass sich wiederholende Klänge bei der Verbesserung der Konzentration und der Schärfung des Bewusstseins von Menschen nützlich sein können. Bei der Klangfrequenzstrategie handelt es sich um eine Methode, die von Mönchen seit Jahrhunderten angewendet wird. Es handelt sich um eine klassische Methode, die recht einfach durchführbar ist.

Atmen Sie sehr tief ein und aus und lassen Sie Ihren Körper dabei vollständig entspannt. Machen Sie es sich an dem von Ihnen gewählten AKE-Ort bequem. Schließen Sie die Augen und konzentrieren Sie sich genau auf den Punkt über Ihrem Kronenchakra. Richten Sie Ihr ganzes Bewusstsein dorthin, bis Sie langsam die bewussten Empfindungen in Ihrem Körper verlieren.

- Wenn die Empfindungen aus Ihrem physischen Körper verschwinden, stimmen Sie sanft sieben Mal das Wort *OM* an. Achten Sie auf die Resonanz des Klangs in Ihrem Geist; erlauben Sie ihm, zum Scheitel Ihres Kopfes zu wandern.

  Konzentrieren Sie sich auf den Punkt, an dem die Töne erklingen, und erlauben Sie dem Klang, sich allmählich durch die Decke zu bewegen und zur Oberfläche darüber aufzusteigen. Spüren Sie, wie sich Ihr Bewusstsein mit dem Klang verbindet und wie beide eins werden. Werden Sie ein Teil des Klangs und lassen Sie ihn gleichzeitig zum einem Teil Ihrer Selbst werden. Wenn Ihr Körper sich entspannt und in einen traumähnlichen Zustand verfällt, verschmelzen Sie mit dem aufsteigenden Klang.

- Spüren Sie, wie Ihr Bewusstsein mit dem Klang im Zimmer aufsteigt. Genießen Sie den Klang und lassen Sie ihn durch sich hindurchfließen - als ob Sie mit ihm vereint wären. Erlauben Sie Ihrem Körper, sich zu entspannen und zu schlafen, während sich Ihr Geist auf den Klang des OMs konzentriert. Lenken Sie Ihre Aufmerksamkeit nicht von dem Klang ab, bis Ihr physischer Körper eingeschlafen ist und spüren Sie, wie sich die Astralebene für Sie öffnet.

Diese außerkörperliche Methode funktioniert effektiver, wenn Sie sie mit einem AKE-Induktions-Tonband kombinieren.

Strategie zur Verbindung mit dem höheren Selbst

Das ultimative Ziel von AKEs und Astralreisen ist es, Ihnen dabei zu helfen, Ihrer spirituellen Essenz, also Ihrem höheren Selbst, näher zu kommen. Nur wenn Sie sich auf Ihr höheres Selbst fokussieren, werden Sie einen Zustand der ultimativen Erleuchtung und des Bewusstseins erreichen. Wenn Sie mit Ihrem höheren Selbst verbunden sind, wird der Eintritt in die Astralebene für eine außerkörperliche Erfahrung sehr viel angenehmer. Die folgenden Schritte werden Ihnen helfen, mit Ihrem höheren Selbst in Kontakt zu kommen.

- *Setzen Sie sich bequem hin und schließen Sie die Augen.* Konzentrieren Sie sich auf das Gefühl und den Rhythmus Ihres Atems und erlauben Sie all Ihren Gedanken, sich langsam aufzulösen. Konzentrieren Sie sich so lange auf Ihren Atem, bis alle Gedanken an den heutigen Tag gänzlich verschwunden sind.
- *Bitten Sie Ihr Herz aufrichtig, Ihnen ein visuelles Symbol Ihres höheren Selbst zu schenken.* Öffnen Sie Ihren Geist für alle Eindrücke, die auf Sie zukommen. Urteilen Sie nicht, sondern konzentrieren Sie sich einfach nur.
- *Stellen Sie sich vor Ihrem geistigen Auge vor, dass Ihr höheres Selbst von einer gewissen Entfernung aus auf Sie zukommt.* Dies kann auf jede Art und Weise erscheinen, die für Sie eine wichtige Bedeutung hat. Schließlich steht Ihr höheres Selbst-Symbol vor Ihnen. Sie können seinen strahlenden Lichtschein und die widerhallende Energie, die ihn umgibt, deutlich spüren. Nehmen Sie sich so viel Zeit wie möglich, um sich Ihr höheres Selbst vorzustellen, sich der Vorstellung zu öffnen und mit ihm eins zu sein.

- *Stellen Sie sich deutlich vor, wie Sie mit dem spirituellen Symbol verschmelzen und schließlich eins werden.* Geben Sie sich seiner Energie und seinem Licht hin, denn nichts sollte Ihre Verbindung zum höheren Selbst behindern. Erkennen Sie an, dass es keine Trennung zwischen Ihrem bewussten Selbst und dem höheren Selbst geben muss.
- *Lassen Sie Ihre Gedanken abschweifen und mit Ihrer Absicht verschmelzen, um Ihr höheres Selbst zu verkörpern.* Lassen Sie alle nötigen Verschiebungen in Ihrem Inneren zu, während Ihr Bewusstsein mit Ihrem mächtigen höheren Selbst verschmilzt.

Eine etablierte Verbindung mit dem höheren Selbst macht die Astralprojektion viel einfacher. Darüber hinaus kann Ihnen die regelmäßige AKE-Praxis helfen, diese Verbindung zu stärken, sobald sie einmal hergestellt wurde.

Die Spiegelmethode

Diese Visualisierungsstrategie dient dazu, eine außerkörperliche Erfahrung herbeizuführen. Sie kann Ihre Visualisierungsfähigkeiten erheblich verbessern und Sie auf die Erkundung der Astralebene vorbereiten.

- Stellen Sie sich einen Ganzkörperspiegel in Ihren AKE-Übungsraum. Der Spiegel sollte sich an einer Stelle befinden, die es Ihnen ermöglicht, Ihr Spiegelbild zu sehen, ohne dass Sie Ihren Körper bewegen müssen.
- Schauen Sie in den Spiegel und betrachten Sie Ihr Spiegelbild. Untersuchen Sie das Abbild vor Ihnen sorgfältig und beginnen Sie damit, sich dessen Details einzuprägen. Versuchen Sie dabei so objektiv und distanziert wie möglich vorzugehen. Stellen Sie sich Ihr Spiegelbild als ein Motiv vor, das Sie in Ihrem Geiste malen wollen. Achten Sie auch auf die kleinsten Details. Achten Sie auf die Art und Weise, wie Ihre Kleidung sitzt und auf Ihre Körperhaltung. Nehmen Sie sich so viel Zeit wie nötig, um sich jedes Merkmal, das Sie sehen, in Ruhe einzuprägen.
- Schließen Sie nun die Augen und beginnen Sie, sich selbst in so vielen Details wie möglich vorzustellen, je nachdem, wie Sie sich am besten erinnern können. Wiederholen Sie diesen Vorgang so lange, bis Sie sich mental auf der gegenüberliegenden Seite Ihres Zimmers visualisieren können.

- Lassen Sie die Augen geschlossen und stellen Sie sich vor, dass Sie auf der anderen Seite Ihres Zimmers stehen. Fangen Sie dann an, sich Ihr geistiges Abbild dabei vorzustellen, wie es sich von einem Teil des Zimmers zum anderen bewegt.
- Als Nächstes stellen Sie sich vor, wie Ihr imaginäres Ich langsam Ihre Finger und Hände bewegt, bevor es damit beginnt, Ihre Atemzüge zu kontrollieren. Stellen Sie sich vor, wie Ihr Spiegelbild seine Füße und Beine bewegt. Erlauben Sie sich, soweit es Ihnen möglich ist, die Handlungen Ihres Spiegelbildes emotional und geistig zuzulassen.
- Achten Sie darauf, wie Sie diese Bewegungen langsam zu spüren beginnen. Genießen Sie es, wenn Sie die Empfindungen ohne Ihren physischen Körper spüren. Tauchen Sie ein in die Bewegungen und die Empfindungen, die sie bei Ihnen hervorrufen.
- Stellen Sie sich selbst beim Eintauchen vor, stehen Sie dann langsam auf und gehen Sie durch den Raum. Achten Sie beim Gehen auf die Empfindungen, die Ihre Bewegungen begleiten.
- Spüren Sie, wie Sie Ihre imaginären Augen öffnen. Stellen Sie sich mit so viel Klarheit wie möglich vor, wie Ihr Spiegelbild sich im Raum umsieht. Es sollte sich so anfühlen, als würden Sie den Raum aus einer neuen Perspektive betrachten, falls das geschieht, müssen Sie sich keine Sorgen machen. Lassen Sie sich einfach auf den Eindruck ein. Je mehr Sie diese Methode üben, desto besser werden Sie dazu in der Lage sein, die Welt jenseits der Grenzen der physischen Form zu sehen.
- Übertragen Sie nach und nach Ihre Sinne - vom Sehen bis zum Tasten - auf Ihr Abbild, das in Ihrem Zimmer herumläuft. Wenn die meisten Ihrer Wahrnehmungsfähigkeiten auf das imaginäre Selbst übergehen, verlieren Sie jegliches Bewusstsein für Ihren physischen Körper. Konzentrieren Sie sich ganz auf Ihr imaginäres Selbst mit den neuen Empfindungen und der entsprechenden Perspektive.
- Entspannen Sie sich und lassen Sie Ihren physischen Körper einschlafen. Während Ihr Körper allmählich in den Schlaf gleitet, werden Sie eine Verschiebung Ihres Bewusstseins von Ihrem physischen Körper aus in den Astralkörper spüren. Achten Sie darauf, dass Sie ruhig bleiben, während dies

geschieht.

Die Spiegelstrategie basiert vollständig auf der Visualisierungsfähigkeit. Sie gilt als eine der schnellsten Möglichkeiten, eine außerkörperliche Erfahrung herbeizuführen. Sie ist leicht zu erlernen und noch leichter zu praktizieren. Mit Beständigkeit und Anstrengung wird die Spiegelmethode Ihnen zuverlässig dabei helfen, die Kunst der Astralprojektion zu erlernen. Aber noch wichtiger ist, dass Sie mithilfe der Spiegelstrategie für außerkörperliche Erfahrungen Ihre Visualisierungsfähigkeiten auch für andere Zwecke erheblich verbessern können. Achten Sie darauf, dass Sie das Üben genießen.

REM-Strategie

Diese Methode wird REM-Strategie genannt, weil man sie nur am frühen Morgen anwenden kann, nachdem zwei REM-Schlafsitzungen vergangen sind. Wenn man schläft, tritt man alle 90 bis 100 Minuten in eine Traumsitzung ein, die als „Rapid Eye Movement"-Phase (rasche Augenbewegungsphase) oder REM bekannt ist. Während dieses Zeitraums dienen die Augenbewegungen als physischer Beweis dafür, dass man sich in einem Traum oder in einem anderen Zustand befindet, in dem das Bewusstsein verändert wurde. Die Wissenschaft konnte noch keine eindeutige Erklärung für Verbindung zwischen außerkörperlichen Erfahrungen und REM liefern. Es besteht jedoch trotzdem kein Zweifel daran, dass die beiden Phasen irgendwie miteinander verbunden sind. Die REM-Strategie erfordert ein hohes Maß an Selbstdisziplin, aber sie ist gleichzeitig sehr nützlich und sicher.

- Stellen Sie Ihren Wecker auf drei Stunden Schlaf ein. Sobald er klingelt und Sie aufwachen, müssen Sie sich in Ihr übliches Zimmer für Ihre AKE-Übungen begeben.
- Machen Sie es sich bequem und wenden Sie eine der bisher besprochenen Astralprojektionsmethoden an. Beginnen Sie damit, Ihre Affirmationen verbal zu wiederholen, und sagen Sie sie dann leise zu sich selbst.
- Während sich Ihr Körper in diesem Zustand entspannt, konzentrieren Sie sich ganz auf die Affirmationen und lenken Sie Ihren Geist von Ihrem physischen Körper weg. Wenn Sie in den hypnogischen Zustand eintreten, sollten Sie versuchen, die Wirkung Ihrer Affirmationen auf Ihre Psyche zu verstärken. Steigern Sie die Intensität der Affirmationen. Die letzte

Affirmation sollte entschlossen, persönlich und klar formuliert sein - sie sollte bei Ihnen eine sofortige außerkörperliche Erfahrung auslösen. Ihr letzter Gedanke, bevor Ihr Körper vollständig in den Schlaf abdriftet, muss eine außerkörperliche Affirmation sein.

- Vergessen Sie nicht, Ihr ganzes Bewusstsein auf die Affirmationen zu konzentrieren. Die Intensität der Affirmationen und das Maß an Engagement, das Sie für sie empfinden, sind dabei ebenfalls sehr wichtig. Die Methode funktioniert bei vielen Menschen und ist im Allgemeinen für die meisten ausreichend. Wenn Sie alles richtig machen, werden Sie eine außerkörperliche Erfahrung erleben, und zwar unmittelbar nachdem Ihr Körper eingeschlafen ist.

Nun haben Sie einige der Astralprojektionsstrategien für Fortgeschrittene kennengelernt. Sie alle sind im Allgemeinen leicht zu befolgen; allerdings müssen Sie gegebenenfalls Ihre Visualisierungsfähigkeiten schärfen, bevor Sie einige von ihnen ausprobieren. Unabhängig davon ist es hilfreich, wenn Sie mit den grundlegenden Methoden zu beginnen. Die grundlegenden Astralprojektionsstrategien sind einfach und erfordern nicht wirklich starke Visualisierungsfähigkeiten. Letztendlich ist die Wahl Ihre Entscheidung. Wenn Sie sich herausfordern wollen, können Sie sich auch an die schwierigeren Strategien wagen, und zum Beispiel die Zielstrategie ausprobieren.

Kapitel Neun: Was Sie bei der Astralprojektion zu erwarten haben

Um wirklich zu verstehen, wie sich die Astralprojektion anfühlt, muss man sie tatsächlich erleben. Auch das Gefühl, wenn sich die Astralform vom physischen Körper ablöst, ist für jeden Menschen einzigartig. Vielleicht erleben Sie die Astralprojektion nicht auf dieselbe Weise wie jemand anderes, aber es gibt einige vertraute Empfindungen, von denen jeder berichtet, der schon einmal eine außerkörperliche Erfahrung erlebt hat. Wenn Sie diese Empfindungen schon vor Ihrer außerkörperlichen Erfahrung kennen, wissen Sie, was Sie erwartet, wenn Ihre Seele Ihren Körper verlässt. Wenn Sie sich auf diese Gefühle einlassen, kann Ihre Astralprojektion sogar noch heilsamer werden. So heilsam diese Empfindungen auch sind, so schwierig ist es oft trotzdem, das Phänomen Menschen zu erklären, die sie noch nie erlebt haben. Aber wenn Sie die Erfahrung erst einmal gemacht haben, können Sie die erstaunliche Erfahrung der Astralprojektion voll und ganz begreifen. Doch egal, wie ungewohnt sich die Empfindungen, während Ihrer Astralprojektion auch anfühlen, Sie müssen sie annehmen. Wenn Sie aus Angst vor dem Gefühl zurückschrecken, wird das nur dazu führen, dass Ihre Astralreiseversuche fehlschlagen. Im Folgenden finden Sie einige der zu erwartenden Empfindungen, die Sie im Astralmodus erleben können, und Hinweise dazu, wie Sie am besten auf diese reagieren.

Lähmung

Die Schlaflähmung tritt bei den meisten Menschen während einer Astralreise auf, und zwar in der Regel während der Vorbereitung auf die Astralprojektion. Lähmung und Steifheit entstehen durch den hypnogischen Zustand, währenddessen der gesamte Körper erstarrt und nur der Geist aktiv bleibt. Infolgedessen wird Ihr physischer Körper gelähmt, ähnlich dem Lähmungszustand, in den er eintritt, wenn Sie sich im Schlafmodus befinden. In diesem Fall brauchen Sie keine Angst zu haben, denn Sie können Ihren Körper bei Bedarf wieder aufwecken. Wenn Sie Astralreisen zum ersten Mal ausprobieren, sind Sie vielleicht nicht auf die Erfahrung vorbereitet und fühlen sich unwohl, weil Sie Ihren Körper nicht bewegen können. Der beste Weg, um sich die Panik vom Leib zu halten, ist sich vorzustellen, dass Ihr Körper langsam in den Schlafzustand verfällt, während Ihr Geist in einem traumähnlichen Zustand bleibt. Wenn Sie sich so unwohl fühlen, dass Sie nicht mehr länger in diesem Zustand verharren können, brauchen Sie Ihren Körper nur wachzurütteln. Andernfalls müssen Sie die Lähmung in Kauf nehmen, um Ihre Astralreise fortsetzen zu können.

Vibrationen

Vibrationen sind bei jeder AKE-Erfahrung zu erwarten, da man den Vibrationszustand durchlaufen muss, bevor man seinen Astralkörper vom physischen Körper trennt. Es wird berichtet, dass sich die Schwingungen wie ein Stromstoß anfühlen können. Die Intensität des Gefühls kann jedoch von Person zu Person unterschiedlich sein. Während Sie das Gefühl vielleicht nur minimal spüren, kann es sich für jemand anderen so anfühlen, als ob sein ganzer Körper sich verkrampft – oder es kann genau andersherum sein. Das Spannende daran ist, dass die Wirkung der Schwingungen auf Ihren Körper für niemanden sichtbar ist. Der Schwingungszustand wird erst dann erreicht, wenn Ihre Energiezentren - die Chakren - eine einvernehmliche Resonanz erreichen. Wenn die Energiepunkte synchronisiert werden, kann es sich so anfühlen, als würden sich mehrere Portale gleichzeitig öffnen. An diesem Punkt können Sie sich öffnen und in die Astralebene projizieren. Erfahrene Astralprojektoren können die Schwingungsstufe herbeiführen und die Intensität nach Belieben erhöhen oder verringern. Mit etwas Übung können auch Sie diese Stufe der Fähigkeit erreichen.

Erhöhte Herzfrequenz

Astralprojektionen können sehr intensiv sein, unabhängig davon, ob Sie ein Anfänger oder als erfahrener Projektor agieren. Bei Anfängern ist die Intensität der Erfahrung in der Regel höher, weshalb Sie vielleicht spüren, wie sich Ihr Puls wahnsinnig beschleunigt. Sie können, wenn das passiert, Ihr Herz buchstäblich in Ihren Ohren klopfen hören. Erinnern Sie sich zum Beispiel an Ihre ersten Versuche beim Joggen und daran, wie atemlos Sie sich anfangs fühlten. Wenn Sie also still liegen und in einen traumähnlichen Zustand eintreten, in dem nur noch Ihr Geist aktiv ist, sollten Sie nicht allzu überrascht sein, wenn Ihr Herz durch die Erfahrung schneller schlägt als sonst. Sie brauchen viel Selbstvertrauen und Willenskraft, um eine Astralprojektion erfolgreich zu erleben. Emotionen wie Angst und Aufregung können ebenfalls zu Ihrem Herzklopfen beitragen. Das liegt daran, dass diese Emotionen die Ausschüttung von Adrenalin auslösen, was Ihren Herzschlag ungewollt erhöht. Versuchen Sie, sich nicht auf Ihr Herzrasen zu konzentrieren, sondern fokussieren Sie sich stattdessen auf das, was wirklich wichtig ist, nämlich auf die Erfahrung, die Sie machen wollen.

Summen

Der Schwingungszustand geht mit bestimmten Klängen einher, die sehr ausgeprägt und laut sind. Diese Klänge können allmählich in Ihr Bewusstsein sickern oder als plötzliches Echo auftreten. Astralprojektoren berichten meist davon, dass sie Geräusche hören, wenn sie den Schwingungszustand erreichen. Der Klang kann schwach und süß in Ihren Ohren klingen und sie zum Kribbeln bringen. Für eine andere Person mag das Geräusch laut und überwältigend klingen - ähnlich wie das Geräusch, das man beim Fliegen in einem Privatjet hört. Sie können auch ein *zischendes* Geräusch wahrnehmen, als würde die Luft an einem windigen Tag durch Ihre Ohren wehen. Andere Geräusche, die auftreten können, sind ein *Dröhnen*, *Knallen* oder *Rauschen*. Diese Geräusche sind wichtig, weil sie die Öffnung der Astralwelt beschleunigen können. Deshalb können Sie lernen, wie Sie sie erzeugen können, wenn Sie die Astralebene betreten wollen. Eine der effektivsten Möglichkeiten, um dies zu erreichen, ist das Hören „binauraler Beats" (regelmäßige tiefe Klänge zur Entspannung und Konzentration).

Kribbeln/Taubheit

Das Kribbeln ist normalerweise ein Teil der außerkörperlichen Erfahrung eines jeden Astralprojektors. In manchen Fällen können Sie jedoch auch das genaue Gegenteil von Kribbeln erleben. Die beiden Empfindungen sind wie die beiden Enden einer Skala. Wenn Sie auf die Astralprojektion reagieren, indem Sie sich der Empfindungen übermäßig bewusstwerden, wird Ihr Körper ein leichtes oder intensives Kribbelgefühl erleben. Das kann ein schnelles und sanftes Stechen auf der Haut sein oder ein juckendes Gefühl, das Sie sehr unangenehm berührt. Für manche kann es sich anfühlen, als ob Elektrizität mit sehr hohen Frequenzen durch den Körper jagt.

Reagieren Sie dagegen unterempfindlich auf die Empfindungen, wird Ihr Körper taub, und Sie spüren nichts mehr. Sie sind einfach nur da, wie als wären Sie in einem gelähmten Zustand. Die Taubheit bedeutet, dass Ihr bewusster Geist das einzige ist, was wach und aktiv bleibt.

Versenkung

Ein Gefühl des Versinkens gilt als ein weiteres weit verbreitetes Gefühl, von dem die meisten Astralprojektoren berichten. Sie werden wahrscheinlich eine Art Druck auf Ihrem Körper spüren. Je nach Intensität des Drucks kann das Gefühl leicht sein oder sich verstärken. Dieses Gefühl des Versinkens ist darauf zurückzuführen, dass sich Ihr Körper schwer anfühlt und nach unten gedrückt wird. Das ist normal. Dieser Eindruck geht dem Zustand unmittelbar vor der Projektion voraus. Die erhöhte Aktivität in Ihrem Kronenchakra ist für das Druckgefühl verantwortlich. Das Gefühl hält nur einen kurzen Moment lang an. Was Sie also tun können, ist, geduldig bleiben, bis es vorübergeht. Lenken Sie Ihren Geist von den Gefühlen des Unbehagens ab, die zu diesem Zeitpunkt entstehen können. Atmen Sie einfach weiter und bleiben Sie in dem ursprünglichen, ruhigen Zustand, bis sich Ihre Astralform von Ihrem physischen Körper trennt.

Schweben

Nachdem sich Ihr Astralkörper erfolgreich von Ihrem physischen Selbst getrennt hat, spüren Sie vielleicht, wie Sie schweben. Dies ist der wahrscheinlich aufregendste Teil der Astralprojektion – wenn man etwas tut, was man nur von Schauspielern im Film kennt. In der

Vorbereitungsphase der Astralreisen werden Sie ein Schwebegefühl erleben. Im Grunde spüren Sie, wie Ihr Körper von einer nichtphysischen Kraft aus dem Bett herauf zur Decke gezogen wird. Diese Kraft ist Ihr Geist. Vielleicht können Sie die Geschwindigkeit, mit der Sie schweben, und die Distanz, die Sie erreichen, kontrollieren, aber das ist bei Ihrem ersten erfolgreichen Versuch eher unwahrscheinlich. Leider empfinden manche Menschen dieses Schwebegefühl als unangenehm. Sie haben das Gefühl, dass ihr Magen aufgrund des Höhenunterschieds auf den Boden sinkt. All diese Gefühle können immer noch auftreten, weil Sie noch mit Ihrem physischen Körper verbunden sind. Sobald Sie sich von Ihrem physischen Körper trennen, werden alle Sinneswahrnehmungen, die mit der physischen Form verbunden sind, verschwinden. Denken Sie daran, dass die Astralform im Gegensatz zum physischen Körper nicht durch Begrenzungen eingeschränkt ist. Daher gibt es in der Astralform keine physischen Behinderungen. Ihr Astralkörper kann das Universum nach Belieben erforschen, ohne durch physische Unfähigkeit behindert zu werden oder physischen Schaden zu erleiden. Ihr Verstand ist die einzige Einschränkung, die Sie in der Astralwelt haben, und die Kontrolle darüber liegt bei Ihnen.

Lauter Lärm

Abgesehen von dem *Summen,* das Sie in Ihrem Schwingungszustand hören, haben Astralprojektoren auch von anderen Geräuschen berichtet. Wenn Sie eine Affinität für Musik haben, sind Sie für diese Geräusche vielleicht empfindlicher als für andere Geräuscheindrücke. Bereiten Sie sich auf die möglichen Geräusche vor, damit sie Ihren Ruhezustand nicht unterbrechen. Eine Besonderheit von Geräuschwahrnehmung in der Astralform ist, dass sie immer lauter werden können, fast so, als ob jemand den Lautstärkeregler bedient. Die Geräusche reichen von Klingeltönen über Glockengeläut bis hin zu einem Hauch von echter Musik. Geraten Sie nicht in Panik, wenn Sie eines dieser Geräusche wahrnehmen. Es ist unvermeidlich, dass Sie im Astralzustand Geräusche wahrnehmen. Alles, was Sie tun können, ist, Ihren Geist auf diese Erfahrung vorzubereiten.

Wenn Sie sich schließlich astral projizieren, werden Sie wahrscheinlich mindestens eine oder mehrere dieser Empfindungen wahrnehmen. Da Sie nun wissen, was Sie erwartet, sollte es kein Problem sein für Sie sein, weiterhin entspannt zu bleiben, wenn die Geräusche schließlich auftreten.

Drei häufig gestellte Fragen über die Reisen auf der Astralebene

Drei Fragen tauchen bei Diskussionen über Astralprojektion immer wieder auf, und die Antworten auf diese Fragen helfen Ihnen, die richtigen Erwartungen zu wecken. Noch wichtiger ist, dass sie Ihnen helfen, die Angst zu lindern, die mit dem Gedanken an ein so ernstes Thema wie Astralreisen einhergeht.

„*Kann jemand anderes die Kontrolle über meinen Körper auf der Astralebene übernehmen?*"

Wenn es etwas gibt, das das Wort „unmöglich" präzise beschreibt, dann ist es die Antwort auf diese Frage: Ihr Körper kann selbstverständlich von keinem anderen Geist außer dem Ihren besetzt werden. Die Astralprojektion ist zwar etwas anders, aber hat fast dieselben Folgen wie der Schlaf. Wenn eine andere Person Ihren Körper nicht im Schlaf übernehmen kann, dann ist es auch auf der Astralebene nicht anders. Ihr physischer Körper ist in keiner Weise gefährdet.

„*Kommuniziere ich mit Menschen auf der Astralebene?*"

Natürlich können Sie mit Menschen auf der Astralebene kommunizieren - seien Sie dabei nur vorsichtig, wenn es darum geht, mit wem Sie sprechen. Auf der Astralebene gibt es verschiedene Ebenen der Existenz. Die Kommunikation kann also davon abhängen, auf welcher Ebene Sie sich befinden, wenn Sie in Ihre Astralform übergegangen sind. Es kann sein, dass Sie Menschen treffen, die in ihren Träumen astral unterwegs sind. Jeder Versuch, mit diesen Menschen zu kommunizieren, gilt als vergeblich, da die meisten unbewusst und mit sich selbst beschäftigt sind. Kümmern Sie sich am besten um Ihre eigenen Angelegenheiten. Versuchen Sie nicht, gleich als erstes mit den anderen Menschen zu sprechen. Selbst wenn sie mit Ihnen sprechen, sollten Sie die Situation in Ruhe einschätzen, bevor Sie antworten. Das Astralreich ist ein Ort, an dem Sie sehr verletzlich sein können, daher ist es am sichersten, wenn Sie Ihre Gefühle und Empfindungen nicht mit den falschen Wesenheiten teilen.

„*Wie sieht die Astralebene aus?*"

Auf diese Frage lässt sich schlecht eine endgültige Antwort geben. Die Astralebene hat nicht für jeden ein einheitliches Erscheinungsbild. Wie sie für Sie persönlich aussieht, hängt weitgehend von Ihrem aurischen

Feld und von der Synchronisation Ihrer Energiepunkte ab. Sie werden jedoch feststellen, dass Ihre Umgebung ein neues Aussehen annimmt, sobald Sie sich auf Ihre astrale Form projizieren. Zum Beispiel können Ihr Schlafzimmer oder Ihr Übungsraum eine Art astrales Aussehen annehmen - was bedeutet, dass sie nicht mehr genau wie Ihr Zimmer aussehen werden.

Es werden noch viele weitere Fragen zur Astralprojektion gestellt, aber diese drei sind die wichtigsten für Ihre Reise auf der Astralebene.

Im nächsten Kapitel erfahren Sie, wie Sie sich vor gefährlichen Wesenheiten auf der Astralebene schützen können.

Kapitel Zehn: Mie man sich selbst auf der Astralebene schützt

Immaterielle Wesenheiten leben auf der Astralebene. Einige dieser Wesen leben dort nicht einmal, sondern besuchen sie, genau wie Sie auch. Sie werden dort zwar netten und wohlwollenden Wesen wie Engeln und Geistführern begegnen, aber auch böswillige Kreaturen können auf Sie zukommen. Daher ist es wichtig, dass Sie sich während der Astralreise gut schützen und bewaffnen. Ohne die richtigen Schutzmaßnahmen und Gegenstände können Sie einem bösartigen Geist begegnen, der Sie entweder austrickst, Ihnen Angst macht oder Ihren Verstand durcheinanderbringt. Geister auf der Astralebene können Sie zwar nicht physisch verletzen, aber sie können Ihren Energiekern durch Ihre Fähigkeiten schädigen. Die Astralebene setzt sich aus verschiedenen Ebenen auseinander. Mehrere Wesenheiten und Geister wohnen auf dieser Ebene. Sie wird in zwei Ebenen unterteilt: die niedere Astralebene und die höhere Astralebene.

Die untere Astralebene ist das Lagerhaus für alles Böse und für alles, was die Menschen fürchten. Dies ist die erste Ebene, die Sie erreichen werden. Um in die höheren Bereiche des Astralreichs zu gelangen, müssen Sie die untere Ebene durchqueren, auf der Sie am ehesten Gefahren in jeglicher Form begegnen könnten. Wenn Ihre Astralform sehr mächtig ist und ein immer leuchtendes Licht in sich trägt, können Ihnen bösartige Geister aus der unteren Ebene trotzdem in die höhere Ebene folgen. Sie müssen einfach nur dem Leuchten Ihrer Astralform folgen.

Sie können Ihre tiefsten Ängste auf der unteren Astralebene antreffen. Einige der Wesenheiten, die Sie in Filmen sehen, sind real, und können Ihnen in der unteren Ebene begegnen. Von Dämonen über Phantomen bis hin zu bösen Geistern finden Sie all die Wesen, die Ihre Knie zum Zittern bringen, in der unteren Astralebene. Das ist nicht weiter verwunderlich, denn Sie wissen ja bereits, dass die untere Astralebene der Hort des Bösen ist. Die niedrig schwingenden Wesenheiten in der unteren Ebene folgen Ihnen vielleicht, um das Licht und die Energie aus Ihrer Astralform zu stehlen und es Ihnen zu entziehen. Dabei bewegen Sie sich wie Ameisen zum Zucker. Noch schlimmer wird es, wenn Sie ihnen erlauben, Angst und Unsicherheit in Ihnen festzustellen. Mit den folgenden fünf hilfreichen Tipps können Sie sich in Ihrer neuen Rolle als Astralprojektor schützen.

Erhöhen Sie Ihre Vibration

Wesenheiten in der unteren Astralebene werden von Ihren Ängsten und Zweifeln mehr als alles andere angezogen. Sie werden von Emotionen angezogen, die eine negative Schwingungsenergie ausstrahlen. Daher ist die Anhebung Ihrer Schwingungen auf ein möglichst hohes Niveau ein wirksames Mittel, um sie von sich fernzuhalten. Wenn Ihre Schwingungen auf dem höchsten Niveau sind, ist es für Wesenheiten niedrigerer Ebenen schwierig, Sie zu sehen oder sich auf Sie zuzubewegen. Genauer gesagt, lädt eine höhere Schwingung auch andere höher schwingende Wesen zu Ihnen ein, und Sie können mit diesen Wesen interagieren. Unabhängig davon bedeutet die erhöhte Schwingung, dass Ihr Licht sehr hell leuchtet, was die Wesenheiten der niedrigeren Schwingung weiterhin anziehen kann. Seien Sie also trotz der erhöhten Schwingungen weiterhin vorsichtig.

Vermeiden Sie Probleme

Das Vorbeugen vor Problemen ist aus guten Gründen immer besser als wenn man Sie im Nachhinein beheben muss. Eine der wirksamsten Möglichkeiten, sich vor den Wesenheiten der niederen Astralebene zu schützen, besteht darin, jeden Kontakt mit ihnen zu vermeiden. Meiden Sie also, wenn Sie können, die niederen Wesenheiten ganz. Wenn Sie sich auf einen Besuch der Astralebene vorbereiten, gibt Ihnen Ihre Intuition in den meisten Fällen einen Hinweis darauf, was Sie zu diesem Zeitpunkt in der Astralebene erwarten könnte. Wenn Ihr Körper das

Gefühl hat, dass etwas nicht stimmt, ist es besser, den Termin auf einen anderen Tag zu verschieben. Manchmal bekommen Sie aber auch keine Vorwarnung. Wenn Sie jedoch die Astralebene erreichen und spüren, dass ein niederes reales Wesen auf Sie zukommt oder Ihnen auflauert, sollten Sie versuchen, einen anderen Weg einzuschlagen oder einfach in die materielle Ebene oder Ihren physischen Körper zurückzukehren. Sie können in Ihren Körper zurückkehren, aufwachen und erstmal eine Weile abwarten, bevor Sie versuchen, erneut auf die Astralebene zurückzukehren. Gehen Sie nicht zurück, wenn Sie nicht sicher sind, dass das Wesen wirklich weg ist. Normalerweise bleiben die immateriellen Wesenheiten nicht allzu lange an einem Ort, da sie immer den nächsten ahnungslosen Astralbesucher finden, um ihre Energie abzusaugen.

Wenn ein Wesen von Ihrem Licht angezogen wird und sich in Ihre Richtung bewegt, laufen Sie vorsichtshalber weg. Gehen Sie auf eine andere Ebene oder betreten Sie die primäre materielle Ebene. Wenn es sein muss, begeben Sie sich zurück in Ihren physischen Körper. Lassen Sie dem Wesen keinen Raum, um Sie zu überholen oder einzuholen. Je schneller Sie aus seinem Blickfeld verschwinden können, desto besser ist es für Sie. Wenn Sie sich beeilen und ihnen weit voraus sind, werden die bösen Geister höchstwahrscheinlich aufhören, Sie zu verfolgen. Dann können Sie Ihre Reise in Ruhe fortsetzen.

Kämpfen und sich Hilfe suchen

Wenn die oben genannten Schritte fehlschlagen, müssen Sie möglicherweise gegen jedes Wesen kämpfen, das versucht, Ihnen Ihr Licht zu entziehen. Ein Kampf in der Astralform unterscheidet sich von dem, was Sie sich üblicherweise von einem Kampf aus der physischen Ebene vorstellen. Hier geht es darum, dass Sie Ihren Geist schützen, der auch das Einzige ist, was Sie als Waffe auf der Astralebene haben. Visualisieren Sie mithilfe Ihres Geistes einen Panzer aus Licht, der Sie umgibt und erzeugen Sie ihn entschlossen. Um noch einen Schritt weiterzugehen, erschaffen Sie sich auch noch ein Astralschwert, wenn Sie schon dabei sind. Auf der Astralebene kann ein Panzer aus Licht nur aus Ihren eigenen Energieressourcen heraus erschaffen werden, indem Sie die Kraft des Glücks, der Liebe und des Mitgefühls nutzen. Diese soll Ihnen als Schutzschild dienen. Um einen Lichtpanzer geistig zu beschwören, müssen Sie sich auf Gedanken der Liebe, des Glücks und der Gelassenheit konzentrieren. Gleichzeitig müssen Sie positive Affirmationen einsetzen, um sich zu versichern, dass Sie wirklich von einem Schild aus Licht umgeben sind. Dies ist derselbe Prozess, den Sie benutzen können, um Ihre eigene astrale Liebe zu erschaffen. Der entscheidende Unterschied besteht darin, dass Sie aus der inneren Liebe schöpfen müssen, um ein Schwert des Lichts zu beschwören, das stark genug ist, um niedere Schwingungswesen aus der unteren Astralebene zu bekämpfen.

Wenn ein Wesen sich Ihnen nähert oder Sie angreift, haben Sie keine Angst davor, es ebenfalls anzugreifen. Befreien Sie sich von der Angst und konzentrieren Sie sich auf Ihr Bedürfnis nach Frieden und Ruhe. Sollten Sie das Wesen mit Ihrem Astralschwert erstechen, wird es die volle Wirkung Ihrer Liebe spüren und schließlich verschwinden oder sich allmählich zurückziehen. Wenn die Wesen versuchen, Sie anzugreifen, wird Ihre Astralform durch Ihren Lichtpanzer abgeschirmt, wodurch Sie weiterhin in Sicherheit sind.

Allerdings kann es vorkommen, dass die Geister Sie unvorbereitet antreffen, was bedeutet, dass Sie Schwierigkeiten haben werden, die Rüstung des Lichts und Ihr Astralschwert schnell genug zu erschaffen. In diesem Fall besteht Ihre andere Möglichkeit darin, höher schwingende Wesenheiten um Hilfe zu bitten. Engel und Geistführer stehen bereit, um Ihnen im Bedarfsfall zu helfen. Sie können Ihnen dabei helfen, bösartige Geister fernzuhalten. Da sie mit der Astralebene besser vertraut sind und die Wesenheiten kennen, mit denen sie diese Ebene teilen, können Engel und Geistführer die Situation wahrscheinlich besser meistern als Sie.

Fünf Dinge, die Ihnen dabei helfen können, Ihre Vibrationen zu erhöhen

Wenn Sie mit regelmäßiger Astralprojektion beginnen, werden Sie mehr und mehr damit vertraut, was Schwingungen sind. Selbst wenn Sie nicht verstehen können, was Schwingungen sind, werden Sie sie jedes Mal spüren, wenn Sie sich auf der Astralebene befinden. Sie brauchen ein hohes Maß an Schwingungen, um in der Astralebene bestehen bleiben zu können. Schwingungen sind jedoch keinesfalls etwas, das Sie einfach nach Belieben erhöhen können. Um Ihr Schwingungsniveau zu erhöhen, müssen Sie auch in Ihrer physischen Form geübt werden und Sie müssen sich angestrengt haben. Andernfalls werden Sie Ihre Schwingungen nicht als Schutz nutzen können, wenn der Moment kommt, in dem Sie sich vor einem bösen Geist auf der Astralebene schützen müssen. Um Ihren Geist und Körper auf eine heilsame Astralerfahrung vorzubereiten, finden Sie im Folgenden Tipps, die Ihnen helfen sollen, Ihre Schwingungen auf der physischen und astralen Ebene zu erhöhen.

1. *Seien Sie dankbar.* Die Dankbarkeit ist ein sehr wichtiges Gefühl, das die meisten Menschen leider unterschätzen. Dankbarkeit ist einer der schnellsten Wege, um Ihre Schwingungen zu erhöhen. Außerdem ist es etwas, das Sie sofort tun können - sogar während Sie dieses Buch lesen. Schauen Sie sich um und finden Sie etwas, für das Sie dankbar sind. Das mag Ihnen zwar schwerfallen, aber Sie werden überrascht davon sein, für wie viele Dinge Sie in einem einzigen Moment dankbar sein können. Sei es der Atem, die Unterkunft oder das Bett, in dem Sie liegen - seien Sie dankbar für Dinge, die Ihnen wichtig sind. Schauen Sie sich die schönen Wolken an und seien Sie dankbar für sie. Die Dankbarkeit ist eine hochenergetische Emotion, weshalb sie als Quelle für die Erhöhung Ihrer Schwingung dienen kann. Wann immer Sie spüren, dass Sie eine niedere Emotion erleben, lenken Sie einfach Ihren Fokus von dieser Emotion ab, indem Sie etwas finden, wofür Sie dankbar sind. Machen Sie sich Dankbarkeit zur Gewohnheit, und Ihr spirituelles Bewusstsein wird sich erweitern.

2. *Lieben.* Denken Sie an jemanden in Ihrem Leben, der leicht zu lieben ist. Stellen Sie sich diese Person dabei vor, wie sie bei Ihnen sitzt, und beobachten Sie, wie Sie sich dabei fühlen. Wenn Sie an sie denken, sollten Sie ein Gefühl der Leichtigkeit und des Glücks in Ihrer Seele breit machen, und Sie haben vielleicht das Gefühl, dass sich Ihr Herz ausdehnt. So bekommen Sie die Veränderung, die Sie sich so sehr wünschen. Die Liebe ist eine der grundlegenden menschlichen Emotionen und eines der Gefühle, die Sie in den höchstschwingenden Zustand versetzen können. Sie kann Sie aus den dunkelsten Tiefen herausziehen. Bringen Sie Ihrer Seele die Liebe bei, nähren Sie sie mit Liebe, und Sie werden mit einer hohen Schwingung aufgeladen.

3. *Seien Sie großzügig.* Die Großzügigkeit ist ein weiteres starkes Gefühl, das Ihre Schwingung erhöhen kann. Habgier oder Geiz sind niedere schwingende Gefühle, die dazu führen, dass Sie sich schlecht fühlen. Mit diesen tun Sie sich keinen Gefallen. Wenn Sie Ihr Glück an etwas Äußeres wie Geld, Aufmerksamkeit oder Liebe knüpfen, bewirken Sie dadurch das Gegenteil von dem, was Sie wirklich wollen und sich wünschen. Der Schlüssel zu einem guten Selbstwertgefühl ist die Großzügigkeit. Wenn Sie fühlen, wie Sie gerne leben möchten, versetzt das Ihren Körper in einen konstanten Schwingungszustand, der in der Astralebene hilfreich sein kann. Wenn Sie das Gefühl haben, dass Sie sich mehr im Leben wünschen, geben Sie diesen Eindruck an jemand anderen weiter. Wenn Sie das Gefühl haben, dass Sie kein Geld haben, ist das der beste Zeitpunkt, um etwas von ihrem Geld an andere zu spenden. Wenn Sie sich einsam fühlen, ist es der richtige Zeitpunkt, einer anderen Person das Gefühl zu geben, dass Sie ihre Gesellschaft genießen, indem Sie sie zum Lächeln bringen. Wenn Sie das Gefühl haben, dass die Zeit zu knapp ist, investieren Sie einige Stunden in eine gute Sache. Wenn man solche Dinge tut, lernt man, dass es mehr im Leben gibt als das, wovon man glaubt, nicht genug zu haben.

4. *Vergeben Sie.* Schuld ist eine der Emotionen, die niedrig schwingende Energie ausstrahlen. Die Vergebung ist das direkte Gegenteil von Schuldgefühlen. Wenn Sie immer auf Vergebung hinarbeiten, werden Sie von der niederen Energie der Schuld befreit, und Ihre Schwingungen steigen an. Lernen Sie auch, wie Sie Menschen vergeben und deren Fehler vergessen können, wenn Sie es schaffen. Wenn Sie Menschen vergeben, wird sich das Gefühl der Schuld, das Sie belastet, langsam auflösen, und Ihr Herz und Ihr Körper werden sich leichter als sonst anfühlen. Beginnen Sie also damit, anderen zu vergeben, anstatt ihnen die Schuld für Ihre eigenen Probleme zu geben. Die Vergebung bietet Ihnen eine Möglichkeit, sowohl sich selbst als auch den Menschen zu helfen, denen Sie vergeben.

5. *Meditieren Sie regelmäßig.* Je ausgeglichener Sie sind, desto höher ist Ihr Schwingungsniveau. Die Meditation ist eine Möglichkeit, mit der Sie sich darin üben können, im Moment zu leben und präsent zu sein. Je mehr Sie sich in der Kunst der Meditation üben, insbesondere in der Achtsamkeitsmeditation, desto höher wird Ihr Bewusstseinszustand. Die Vergangenheit ist ein Hirngespinst, ebenso wie die Zukunft. Die Gegenwart jedoch ist das Hier und Jetzt, und sie sagt Ihnen nur die Wahrheit. Die Meditation hilft Ihnen sehr, Ihr Schwingungsniveau schnell so weit zu erhöhen, dass Sie immaterielle Astralwesen bekämpfen können, wenn sie Ihnen begegnen.

Wenn Sie diese Emotionen in Ihr Leben mit einbeziehen, wird sich jeder Aspekt Ihres Lebens verbessern, nicht nur Ihr spirituelles Selbst. Machen Sie sich die Meditation also zur Gewohnheit und betrachten Sie sie nicht nur als Mittel zum Zweck.

Kapitel Elf: Begegnung mit Geistführern und andere Astralreiseabenteuer für Fortgeschrittene

Wie Sie nun wissen, beherbergt die Astralebene auch viele wohlwollende Geister. Einige dieser Geister sind da, um Ihnen zu helfen, wenn Sie sie brauchen, und dienen als Ihre Lehrer, um Ihren Geist den wahren Realitäten des Universums zu öffnen. Normalerweise bekommt jeder Astralprojektor einen bestimmten Geistführer - einen, der mit Ihrem Geist verbunden ist. Die Geistführer sind jedoch in der Regel nicht nur einzelne Wesen; Sie können beispielsweise mehr als drei Geistführer gleichzeitig haben. Der eine Führer, den Sie am häufigsten sehen, ist Ihr Hauptgeistführer. Manche Geistführer sind nur für einen kurzen Moment in Ihrem Leben da, um Ihnen zu helfen, während andere Sie bis zum Ende der Zeit begleiten werden. Manche Geistführer kommen nur, um Sie eine oder zwei Lebenslektionen zu lehren und Ihnen bei einer Aufgabe zu helfen, insbesondere bei spirituellen Aufgaben. Es wurden bereits mehrere Bücher darüber geschrieben, wie Sie Ihre Geistführer kontaktieren können, wann immer Sie sie brauchen, aber das ist nicht der Schwerpunkt dieses Buches. Wenn Sie die astrale Dimension besuchen, treffen Sie Ihre Geistführer. Aber was passiert, wenn man seinen Geistführern begegnet? Und wie sind Geistführer wirklich? Dies sind einige der Fragen, die sich Menschen immer wieder stellen, bevor Sie ihre Geistführern auf der Astralebene antreffen.

Zunächst einmal sollten Sie wissen, dass Ihr Geistführer viele Erscheinungsformen haben kann, aber dass er kein Engel ist. Viele Menschen nehmen an, dass Geistführer und Engel dasselbe sind. Geistführer sind nicht automatisch Engel. Der Hauptunterschied zwischen Engeln und Geistführern besteht darin, dass Geistführer inkarnierte Wesen sind, während Engel sich nie inkarniert haben. Geistführer werden auch in verschiedene Kategorien eingeteilt, wie z. B. Heilungsführer, Lehrführer und Meisterführer. Manche Menschen glauben, dass Engel wichtigere Dinge zu tun haben, als jemanden zu heilen oder Weisheiten über das Leben zu lehren. Diejenigen, die so denken, haben teilweise recht, aber die Sache ist nicht ganz so einfach. Beispielsweise gibt es Menschen, die davon berichtet haben, dass Ihre Geistführer Engel sind, und das ist in Ordnung.

Es geht in diesem Kapitel darum, Ihnen zu helfen, den Unterschied zwischen den verschiedenen Arten von Führern auf der Astralebene und deren Rolle in Ihrem Leben zu verstehen.

Es ist nicht ungewöhnlich, dass Sie auf der Astralebene verstorbenen geliebten Menschen begegnen, die Ihnen als Geistführer dienen können. Wenn Sie auf der Astralebene einem verstorbenen geliebten Menschen begegnen, seien Sie nicht überrascht, denn die Person könnte sich entschieden haben, über Sie zu wachen und Sie von der anderen Seite zu beschützen. Bei vielen Menschen handelt es sich dabei in der Regel um ihre Großeltern. Manchmal können Ihre Vorfahren - Menschen, die Sie noch nie in Ihrem Leben getroffen haben - Ihre Geistführer werden. Sie haben sich vor vielen Generationen dazu entschlossen, als Geistführer für Menschen aus ihrer Blutlinie zu dienen. Auch wenn Sie sie nicht kennen, sollten Sie keine Angst davor haben, sich von ihnen helfen zu lassen, denn solche Wesen haben keine bösen Absichten. Auch Freunde aus Ihrem früheren Leben können als Geistführer dienen. Sie haben sich vielleicht dafür entschieden, sich zu inkarnieren, um dieses eine Leben zu leben und den Rest ihres Lebens auf der Astralebene zu genießen. Dadurch erhalten sie die Macht, Ihnen von der anderen Seite aus zu helfen. Auf der Astralebene gibt es keine zeitlichen Begrenzungen oder Einschränkungen. Deshalb kann es sein, dass Sie jemandem aus Ihrem früheren Leben begegnen, das 3.000 Jahre zurückliegt. Vielleicht sehen Sie sogar jemanden, den Sie zum Beispiel im alten Camelot kannten. Das passiert vielen Menschen. Eine Person hat sogar schonmal davon erzählt, dass sie einen alten Freund aus einem früheren Leben im alten Rom getroffen habe.

Vielleicht begegnen Sie auch allgemeinen geistigen Helfern - Menschen, die weder in der Vergangenheit noch in der Gegenwart mit Ihnen verbunden sind. Sie kennen sie also nicht, aber sie haben sich trotzdem entschieden, über Sie zu wachen und Ihnen zu helfen, das Universum in die richtige Richtung zu navigieren. Manchmal erscheinen sie auch nur, um Ihnen bei einer Aufgabe zu helfen, an der Sie bereits arbeiten, weil sie über ein tiefes Wissen zu diesem Thema verfügen. Engel dienen manchmal auch als Geistführer. Offensichtlich sind sie nicht zu beschäftigt, um Menschen zu helfen, die ihre Hilfe brauchen. Aufgestiegene Meister sind ebenfalls Geistführer. Sie sind höhere Wesen, die schon einmal inkarniert haben. Aufgestiegene Meister sind diejenigen, die den Gipfel der Erleuchtung erreicht haben. Ein Beispiel für einen aufgestiegenen Meister ist der Buddha. Ja, Sie können den Buddha auf der Astralebene treffen, wenn er zufällig in der Nähe ist. Andere Wesenheiten, denen Sie in der höheren Astralebene begegnen können, sind elementare Wesen, Gottheiten, Außerirdische und Geisttiere.

Die Faktoren, die bestimmen, wer Ihr Geistführer ist

Es ist schwer zu sagen, wen Sie als Geistführer bekommen werden, da dies von mehreren ausschlaggebenden Faktoren abhängt. Zum Beispiel ist es sehr unwahrscheinlich, dass ein Experte für esoterische Heilfähigkeiten und spirituelle Aufgaben eines seiner Familienmitglieder als Geistführer bekommt. Das liegt daran, dass solche Personen bereits über ein umfangreiches Wissen verfügen und jemanden mit höherem Wissen als Geistführer benötigen. Die vier Faktoren, die bei der Auswahl des Geistführers eine Rolle spielen, sind:

- Energetischer Fingerabdruck
- Wissensstand
- Beziehungsbasierte Bindungen
- Vor-Inkarnationsvertrag

Energetischer Fingerabdruck

Ein energetischer Fingerabdruck enthält alles, was Sie über sich selbst als Energiewesen wissen wollen. Er ist die Blaupause Ihres Wesens, die alles Wissen über Ihre energetische Beschaffenheit enthält. Der energetische Fingerabdruck enthält Informationen über Ihren Seelenarchetyp, Ihre Chakren, Aurafarben und Elemente. Jeder Mensch hat einen energetischen Fingerabdruck, der für ihn einzigartig ist. In der Astralwelt erkennen die Geister Sie an Ihrem energetischen Fingerabdruck. Nicht alle Wesen in den höheren Sphären haben Namen. Manche wissen nicht einmal, was Namen sind. Sie müssen eine Möglichkeit finden, um sich mit ihnen zu identifizieren. Wenn Sie einen Geistführer bekommen, der nicht aus Ihrem früheren oder jetzigen Leben stammt, dann liegt das daran, dass Ihr Energiewert mit dem Energiewert dieses Führers übereinstimmt. In der Astralwelt ziehen sich ähnliche Wesen an. Vielleicht haben Sie vergleichbare Gemeinsamkeiten mit dem Geistführer, den Sie bekommen, oder es könnte sein, dass Ihre Aurafarben einfach zueinander passen.

Wissensstand

Sie erhalten Führer, die Ihrem Wissensstand über die Astralebenen und das Universum entsprechen. Wenn Sie noch ein Anfänger in Sachen Astralreisen sind, können Sie nicht erwarten, einen fortgeschrittenen Führer zu bekommen, der Ihnen unendliche Weisheit über das Universum vermitteln kann. Der/die Führer, den/die Sie bekommen, ist/sind in der Lage, Ihnen etwas auf der Ebene Ihres spirituellen Wissens beizubringen, um Ihr Wachstum zu erleichtern. Die Schwingung kann in dieser Hinsicht auch ein Faktor sein. Sie bekommen auch Führer, die mit Ihrer Schwingungsebene übereinstimmen. Wenn Sie ein Amateur-Astralreisender sind, können Sie keinen Professor als Ihren Geistführer verlangen. Sie bekommen stattdessen jemanden, der zu Ihrem Niveau passt.

Beziehungsbasierte Bindungen

Das bedeutet natürlich, dass Sie Menschen suchen, zu denen Sie eine Bindung oder ein Band haben. Sie müssen nicht unbedingt blutsverwandt sein; es kann sich auch einfach um jemanden handeln, mit dem Sie früher schonmal emotional verbunden waren. Ihre verstorbenen Angehörigen, frühere Leben, Freunde und Vorfahren sind alles Menschen, die Sie aufgrund der Beziehung, die Sie zu ihnen haben, antreffen können.

Vor-Inkarnationsvertrag

Das ist ganz einfach. Wenn man inkarniert, bekommt man nicht gleich eine ganze Seelengruppe zugewiesen. Einige Wesen beschließen, in den spirituellen Welten zurückzubleiben, um anderen zu helfen. Einige der Menschen, denen man als Geistführer begegnet, sind also manchmal Menschen, die vor ihrer Inkarnation einen Vertrag geschlossen haben, um über Sie zu wachen, während Sie auf der Erde sind. Es handelt sich um eine Art Vereinbarung, die mit Ihrer Seele getroffen wurde, und sie haben keine andere Wahl, als die Bedingungen dieser Vereinbarung zu erfüllen.

Abgesehen von der Begegnung mit Ihren Geistführern gibt es noch andere Abenteuer, die Sie in der Astralebene erleben können. Eines davon ist der Zugang zu den Akasha-Aufzeichnungen.

Zugang zu den Akasha-Aufzeichnungen

Die Akasha-Aufzeichnungen enthalten Informationen über alles, was jemals war und jemals sein wird. Jeder Mensch hat sein eigenes Buch in den Akasha-Aufzeichnungen: eine Summe seiner gesamten menschlichen Erfahrung. Die Aufzeichnungen werden als eine unendliche Bibliothek beschrieben. Von der materiellen Ebene oder der physischen Welt aus kann man nicht auf die Akasha zugreifen, aber es wird angenommen, dass man es kann, wenn man sich in seiner Astralform befindet. Die Akasha befindet sich auf der ätherischen Ebene. Der Besuch der Akasha-Aufzeichnungen, um Informationen über Ihre Vergangenheit - und möglicherweise Ihre Zukunft - herauszufinden, ist eines der Abenteuer, die Sie erleben könnten, wenn Sie sich in Ihrer Astralform befinden. Aus der Vergangenheit wissen wir, dass nur Menschen, die für würdig befunden wurden, Zugang zu den Akasha-Aufzeichnungen haben. Daher ist dies nichts, was Sie bei Ihren ersten Besuchen in der Astralwelt tun können.

Der Zugang zu den Akasha-Aufzeichnungen in Astralform ist möglich, weil die Astralebene ein Ort des Willens ist, an dem Sie Ihren Verstand benutzen, um die Dinge zu bitten, die Sie sich wünschen. Wenn Sie es wünschen, können Sie sich selbst von der Astralebene zu den Akasha-Aufzeichnungen bringen. Bevor Sie dies versuchen, sollten Sie Ihre Absicht für die Astralreisen festgelegt haben. Denken Sie daran, dass Sie immer ein Ziel haben müssen, wenn Sie astral projizieren, also setzen Sie sich das Ziel „die Halle der Aufzeichnungen" zu erreichen, und zwar immer, wenn Sie eine Astralreise planen. Dadurch könnten Sie eines Tages die Akasha-Aufzeichnungen erreichen. Dieses Vorhaben sollte als spezifisches Ziel in Ihrem Geist verankert sein, und es sollte nichts anderes geben, an das Sie denken. Nun, da Sie dies wissen, müssen Sie erfahren, wie Sie die Akasha-Aufzeichnungen erreichen können?

Wie üblich, müssen Sie die Astralprojektionstechnik anwenden, die für Sie am besten funktioniert, um sich in Ihre Astralform zu projizieren. Sobald sich das Astralwesen von Ihrem physischen Körper getrennt hat, können Sie sich selbst in die Halle der Aufzeichnungen projizieren, indem Sie sich die folgende Formulierung in den Geist rufen: „Ich möchte zu den Akasha-Aufzeichnungen/der Halle der Aufzeichnungen gehen." Sie müssen es nicht genau so sagen, aber der Inhalt des Satzes sollte etwa in diese Richtung gehen. Sobald Sie es wollen, werden Sie sich in der Halle wiederfinden, mit einem Gefühl, als ob Sie träumen. Da die Hauptkommunikationsform in der Astralform der Verstand ist, muss alles, was Sie in der Halle der Aufzeichnungen finden wollen, von Ihrem Verstand gewollt werden.

Tipps für den Zugriff auf die Akasha-Aufzeichnung

- *Formulieren Sie in Gedanken Ihre Absicht, zu den Akasha-Aufzeichnungen zu kommen.* Natürlich sollten Sie schon darüber nachgedacht haben, bevor Sie überhaupt in der Halle ankommen. Versuchen Sie nicht, die Halle zu betreten, bevor Sie einen eindeutigen Grund für den Besuch haben. Was wollen Sie wissen? Wobei könnte Ihnen das Wissen um diese Sache helfen? Wenn Sie nicht genau wissen, wonach Sie in den Akasha-Aufzeichnungen suchen, kann das zu einer schlecht organisierten Suche führen - was bedeutet, dass Sie vielleicht keine hilfreichen Informationen finden werden. Ein Beispiel für einen möglichen Grund dafür, die Akasha-Aufzeichnungen zu durchsuchen, könnte der sein, herauszufinden, wohin sich Ihre derzeitige Beziehung zu Ihrem Partner entwickeln wird.

- *Bevor Sie Ihre Astralform annehmen, können Sie sich bestimmte Fragen aufschreiben, auf die Sie in den Akasha-Aufzeichnungen nach Antworten suchen wollen.* Schreiben Sie eine Liste mit den Dingen, die Sie wissen wollen, und mit den Fragen, die Sie stellen wollen. Formuliere sie alles so spezifisch wie möglich. Sie könnten zum Beispiel fragen: „Was war meine Aufgabe in meinem letzten Leben? Besteht ein Zusammenhang mit meinem derzeitigen Beruf in meinem jetzigen Leben?" Sie können sich auch Fragen stellen, die sich darauf beziehen, wo Sie früher gelebt oder welchen Beruf Sie früher ausgeübt haben.

- *Stellen Sie keine vagen oder irrelevanten Fragen, wenn Sie in der Halle der Aufzeichnungen sind.* Stellen Sie Fragen, die Ihnen helfen können, Lösungen für Probleme zu finden, die Sie in Ihrem jetzigen Leben haben. Stellen Sie Fragen, die Ihnen helfen können, Entscheidungen zu treffen, die Ihr ganzes Leben beeinflussen könnten. Wenn Sie mit einem bestimmten Problem konfrontiert werden und keine Lösung in Sicht ist, fragen Sie nach der besten Lösung. Sie könnten zum Beispiel fragen: „Ich überlege gerade, ob ich meinen Job kündigen sollte, um mich meiner Leidenschaft zu widmen, aber ich weiß nicht, ob das eine gute Entscheidung wäre."

- *Stellen Sie nicht mehr als eine Frage auf einmal.* Denken Sie daran, dass Ihr Verstand Ihr Kommunikationsmittel in der Halle der Aufzeichnungen ist. Sprechen Sie also nicht laut, sondern denken Sie nur über Ihre Frage nach. Wenn Sie jeweils nur eine Frage stellen, ist es einfacher, klare Antworten zu erhalten. Konzentrieren Sie sich jeweils auf ein Thema, das Sie wirklich interessiert. Stellen Sie zum Beispiel Fragen zu Ihrer Beziehung, bevor Sie zu Fragen über Ihre Karriere, Ihre Gesundheit oder andere Themen übergehen, die Sie ebenfalls interessieren könnten.

- *Entspannen Sie sich, während Sie sich in den Akasha-Aufzeichnungen befinden, damit Sie nicht aus Ihrer Astralform herausgerissen werden, bevor Sie die Antworten auf Ihre Fragen erhalten haben.* Atmen Sie gelegentlich tief durch, während Sie in der Halle sind. Bleiben Sie ruhig und halten Sie Ihre Gefühle im Zaum. Seien Sie nicht zu aufgeregt oder ängstlich, um die Antworten zu bekommen, die Sie suchen.

Wie finden Sie dann die Informationen, die Sie brauchen, wenn Sie Zugang zu den Akasha-Aufzeichnungen erhalten haben?

- *Denken Sie laut nach und bitten Sie darum, Ihr Buch in der Halle der Aufzeichnungen einsehen zu dürfen.* Wenn Sie möchten, können Sie laut darum bitten, indem Sie etwas in der

Art von „Ich suche Informationen über meine Vergangenheit" sagen. „Darf ich bitte auf mein Buch zugreifen, um die Informationen zu finden, die ich suche?" Nachdem Sie diese Frage gestellt haben, atmen Sie tief ein und machen Sie Ihren Geist ganz frei. Seien Sie nicht überrascht, wenn Sie nicht sofort eine Antwort erhalten. Es kann sein, dass Sie mehr als einmal fragen müssen, bevor Sie Zugang zu Ihren Aufzeichnungen erhalten.

- *Warten Sie.* Sie können nichts anderes tun, als darauf zu warten, dass die Informationen, die Sie suchen, Ihnen gewährt werden. Im Gegensatz zu dem, was Sie in Filmen gesehen haben, kommen höhere Wesen nicht einfach zwischen den Regalen hervorgeschwebt und reichen Ihnen Ihr Buch! Stattdessen werden die Informationen in Ihrem Bewusstsein erscheinen. Atmen Sie weiterhin tief durch, während Sie auf das warten, was Sie suchen. Beachten Sie dabei, dass die Informationen auf unterschiedliche Weise über Ihre fünf Sinne kommen können. Sie könnten beispielsweise etwas sehen, schmecken, riechen, fühlen oder hören. In der Akasha-Halle werden die Botschaften über die Sinne übermittelt. Wenn Sie zum Beispiel fragen, wohin Ihre gegenwärtige Beziehung führen wird, sehen Sie vielleicht die Form eines Rings vor Ihrem geistigen Auge, was wahrscheinlich bedeutet, dass sie in einer Ehe enden wird. Oder Sie schmecken etwas Süßes wie Kuchen, was das Gleiche bedeuten könnte.
- *In manchen Fällen können Sie die Anwesenheit eines höheren Wesens sofort spüren.* Je nach dem Grad Ihrer hellseherischen Fähigkeiten können Sie dieses Wesen vielleicht sogar sehen. Wenn Sie jemanden in Ihrer Nähe spüren, stellen Sie sich noch einmal laut vor und stellen Sie Ihre Frage erneut. Das höhere Wesen könnte der Hüter Ihrer Aufzeichnungen sein oder jemand, der nur da ist, um eine andere Aufgabe zu erfüllen. Wie auch immer, stellen Sie einfach Ihre Frage, und das Wesen wird Ihnen vielleicht weiterhelfen.
- *Wenn es Ihnen gelungen ist, auf Ihre Aufzeichnungen zuzugreifen, können Sie sich wieder nach Hause zurückbeamen.* Sobald Sie wieder in Ihrer physischen Körperform gelandet sind, müssen Sie die Informationen, die Sie erhalten haben, interpretieren. Nehmen Sie sich dazu einen Stift und ein Blatt

Papier und beginnen Sie, die Informationen zu entziffern, die man Ihnen mitgeteilt hat. Manchmal müssen Sie die Akasha-Aufzeichnungen mehrere Male besuchen, bevor Sie die vollständige Antwort auf eine Frage erhalten.

Sie können die oben genannten Schritte jederzeit wiederholen, um Ihre Vergangenheit in der Ahnengalerie weiter zu erforschen. Sie können Ihre Besuche wöchentlich oder alle zwei Wochen machen. Denken Sie daran, immer nur ein Thema auf einmal zu behandeln, wenn Sie die Akasha-Aufzeichnungen aufrufen.

Kann man Sex auf der Astralebene haben?

Astralsex ist zu einer Art Trend geworden, von dem immer mehr Menschen berichten. Wahrscheinlich sind Sie bereits mit den Gefühlen und Empfindungen, die bei körperlichem Sex entstehen vertraut. Dennoch wussten Sie wahrscheinlich nicht, dass Sie auch außerhalb Ihres Körpers Geschlechtsverkehr haben können - und dass es Menschen gibt, die sagen, dass diese Art von Sex sogar besser ist als körperlicher Sex. Ob das stimmt, können Sie aber erst wissen, wenn Sie es selbst ausprobiert haben. Wenn Sie dazu in der Lage sind, gibt es einen ganzen Teil des Astralreichs, der denjenigen gewidmet ist, die sexuelles Vergnügen genießen wollen, ohne es auf die übliche Weise tun zu müssen.

Astralsex wird auch als nicht-körperlicher Sex bezeichnet, und es gibt mehrere Möglichkeiten, auf die Sie ihn ausüben können. Sie können sich für Traumsex entscheiden, wobei Sie Sex mit einer Traumfigur Ihrer Wahl haben. Sie können Ihre Astralform annehmen und mit einer anderen Person Sex haben, während diese noch immer in ihrer körperlichen Form ist. Oder Sie können Ihren Partner dazu bringen, mit Ihnen auf die Astralebene zu gehen und dort gemeinsam Ihre ungezügelte Leidenschaft zu entfesseln. Alles hängt von der Wahl ab, die Sie treffen wollen.

Traumsex

Es ist sicher und völlig normal, dass Sie manchmal im Traum Sex haben. Und nur weil es im Traum geschieht, heißt das nicht, dass Sie sich dadurch nicht Vergnügen können. Es geht dabei nur um Sie und die Traumfigur, die Sie in Ihrem Unterbewusstsein entwickeln. Dies wird möglich, wenn Sie erfolgreich einen Zustand des luziden Träumens herbeiführen. So angenehm das Gefühl auch ist, Sie müssen es nicht tun, wenn es nicht etwas ist, das Sie wirklich wollen.

Astral und körperlicher Sex

Beim Astral und körperlichen Sex befindet sich eine Person in ihrer physischen Form und die andere Person befindet sich außerhalb des Körpers. Wenn Sie beide bereits zugestimmt haben, müssen Sie nur in Ihre Astralform eintreten und dann Ihre Astralform dorthin fokussieren, wo sich der physische Körper der anderen Person befindet, während sie schläft. Dann entsenden Sie Ihre Energie einfach auf die andere Person, da Sie ihre Astralform wahrnehmen können, und senden Sie sexuelle Gedanken in ihr Energiefeld. Das wird dazu führen, dass Sie ein sexuelles Gefühl der Glückseligkeit erleben, die einem Orgasmus ähnelt, aber nicht von einem bestimmten Körperteil ausgeht. Ihr Sexualpartner wird dadurch einen feuchten Traum haben, in dem Sie vorkommen, oder er wird sich sexuell erregt fühlen, bevor es wieder wach ist. Wenn Ihr Partner gute luzide Traumfähigkeiten hat, kann durch diese Erfahrung auch ein luzider Traum ausgelöst werden. Andernfalls wird er am nächsten Tag aufwachen und sich daran erinnern, von Ihnen geträumt zu haben.

Astral-Astral Sex

Wenn Ihr Partner ebenfalls ein Astralprojektor ist, können Sie die Einigung auch gemeinsam erreichen. Sie müssen dazu nur beide Ihre astralen Körperformen herbeiführen, tief in die Astralebene reisen und den Geschlechtsverkehr dort bewusst vollziehen. Das könnte allerdings etwas schwierig werden, da die Bewegungen auf der Astralebene nicht immer vorhersehbar sind. Wenn möglich, wählen Sie einen Ort und eine Zeit an einem von Ihnen bevorzugten Tag. Vergewissern Sie sich am besten auch, dass Sie beide auf der gleichen astralen Frequenz sind. Je näher Sie beide sich emotional stehen, desto größer sind die Chancen, dass Ihnen der nichtkörperliche Sex auf der Astralebene gelingt.

Außerdem gibt es Berichte von Menschen, die sagen, dass sie Sex mit Wesenheiten hatten, denen sie auf der Astralebene begegnet sind. Derartige Aktivitäten sind nicht sicher, und Sie sollten es niemals versuchen, da einige dieser Wesenheiten nur dazu da sind, um Ihnen Ihre Energie zu entziehen.

Kapitel Zwölf: Wie man in seinen physischen Körper zurückkehrt

Die falsche Vorstellung, dass die Seele während der Astralprojektion dauerhaft vom Körper getrennt werden kann, wurde in den Mainstream-Medien schon viel zu lange verbreitet. Man sieht solche Darstellungen zum Beispiel in Filmen, wo die Seele eines Gegners von seinem physischen Körper getrennt und dann tief in die untere Astralebene geschickt wird, um nie wieder zurückzukehren. Solange Sie nicht sterben, kann Ihre Seele nicht vollständig von Ihrem Körper getrennt werden. Die Rückkehr in die physische Form nach einer außerkörperlichen Erfahrung ist ein recht einfacher Prozess. Manche glauben jedoch, dass es möglich ist, auf die Astralebene zu gehen, ohne in den physischen Körper zurückkehren zu können. Es gibt sogar einen beliebten Mythos über Menschen, die in der Astralebene sterben. Menschen, die so etwas behaupten, haben noch nie eine außerkörperliche Erfahrung gemacht oder sich die Mühe gemacht, mehr darüber herauszufinden. Deshalb fürchten sich viele davor, Astralprojektionsversuche zu praktizieren. Die meisten Informationen, die Sie im Internet über diese falschen Vorstellungen finden können, kommen aus Filmen oder Märchenbüchern. Ebenso glauben manche Menschen, dass ein zu langer Aufenthalt in der Astralebene den Körper anfälliger für Angriffe durch feindliche Wesenheiten macht, die von ihm Besitz ergreifen können, so dass man selbst nie wieder in ihn zurückkehren kann. Auch bei diesen Behauptungen handelt es sich um eklatante Unwahrheiten.

Die Rückkehr in den physischen Körper nach einer Astralreise ist nicht besonders schwierig, solange man weiß, wie man dabei vorgehen muss. In manchen Fällen kann die Seele sogar selbstständig in Ihren Körper zurückkehren, wenn sie das Gefühl hat, dass Sie in irgendeiner Form in Gefahr sind und dass Sie damit nicht umgehen können. Um in Ihren physischen Körper zurückzukehren, müssen Sie wissen, was die sogenannte Silberschnur ist. Die Silberschnur verbindet Ihre Seele mit Ihrem physischen Körper und führt Sie in Ihre Astralform und wieder zurück, wenn Sie mit der Reise fertig sind. Dank der Silberschnur bleibt Ihre Seele immer mit dem physischen Körper verbunden, auch wenn Sie sich in Ihrer Astralform befinden. Die Silberschnur ist stark und haltbar; sie kann nicht einfach reißen oder zerschnitten werden. Außerdem kann sie sich über die Grenzen hinaus dehnen. Selbst wenn Sie es versuchen wollten, könnten Sie die Silberschnur nicht durchschneiden. Dadurch kann Sie auch niemand vollständig von Ihrem physischen Körper trennen.

Die Silberschnur hat eine sehr glatte Struktur, wodurch sie sich nicht verheddern oder verknoten kann. Sie kann auch nicht entfernt werden, aber sie kann sich bei Bedarf dehnen. Wenn Sie Ihre Astralform annehmen und zu den höheren Astralebenen hinauffliegen, folgt Ihnen die Silberschnur, ohne sich von Ihrem Körper zu lösen. Diese Schnur besteht dabei nicht aus einem materiellen Gegenstand, sondern aus reiner Energie - deshalb kann sie nicht durchtrennt oder entfernt werden. Sie können sich also sicher sein, dass niemand die Verbindung zwischen Ihrem physischen und astralen Körper trennen kann. Auch kann diese Verbindung nicht schwächer werden. Die Verbindung zwischen Ihrer Seele und Ihrem Körper bleibt also auch in ihrer Astralform intakt.

Nun kehren Sie in Ihren physischen Körper zurück: Wie Sie gelesen haben, ist der Vorgang ganz einfach. Sie folgen dabei einfach Ihrer Silberschnur, bis Sie in Ihren Körper zurückkehren. Wenn Sie in einen astralen Zustand eintreten, weist Ihnen Ihre Silberschnur den Weg, den Sie entlang reisen. Wenn Sie mit der Erkundung der Astralebene fertig sind, können Sie zu Ihrem Körper zurückkehren, indem Sie das Band zurückverfolgen. Wenn Sie Ihre Astralform annehmen, sind Zeit und Materie nicht existent. Auch physische Entfernungen gibt es nicht. Wenn Sie wollen, können Sie mit der Geschwindigkeit eines Jets fliegen. Oder Sie können mit Lichtgeschwindigkeit rennen. Die Rückkehr in Ihren Körper dauert vielleicht nicht einmal eine Sekunde; es geht dabei mehr ohnehin mehr um Ihren Geist als um Ihren Körper. Wenn Sie bedenken, dass die Astralwelt ein Ort des Willens ist, brauchen Sie folglich nur den Willen haben, in Ihren Körper zurückzukehren.

Es ist verständlich, dass Sie gegebenenfalls Schwierigkeiten dabei haben könnten, in Ihren Körper zurückzukehren, aber das ist normalerweise kein Grund zur Sorge. Wenn Sie Schwierigkeiten haben, gehen Sie einfach zurück in die Astralwelt, erkunden Sie sie weiter und versuchen Sie es dann erneut. Wenn Sie auf einer Astralreise sind und dort etwas Bedrohliches passiert, kehrt die Seele sofort in Ihren physischen Körper zurück. Das Beste, was Sie in einem solchen Fall tun können, ist, eine Schutzmöglichkeit für Ihr persönliches Energiefeld vorzubereiten.

Kapitel Dreizehn: Nachwirkungen und Integration

Sobald Ihre Seele sich wieder mit Ihrem Körper verbunden hat, fühlen Sie sich sofort hellwach. In diesem Moment haben Sie ein erhöhtes Bewusstsein, das Sie für Ihre weitere Erleuchtung nutzen können. Das Beste, was Sie nach der Rückkehr in die physische Welt und in Ihren physischen Körper tun können, ist zu meditieren und Ihren Geist wieder auf die Realität einzustimmen. So wie die Meditation hervorragend geeignet ist, um den Geist auf der Astralreise zu beruhigen, ist sie ebenso effektiv, um den Geist und den Körper wieder in Ihren Normalzustand zurückzuversetzen. Es gibt dabei keine negativen Nachwirkungen, die Ihnen durch die Rückkehr aus der Astralwelt entstehen. Etwaige Auswirkungen sind in der Regel rein positiv. Ihr Geist kann alleine durch nur eine Astralerfahrung bereits entscheidend erleuchtet werden. Sie werden mit Sicherheit feststellen, dass sich Ihre Sichtweise auf die Welt und die Probleme, die mit Ihnen und den Menschen um Sie herum zu tun haben, stark verändert hat. Durch Meditation kann dieser Effekt noch verstärkt werden. Achtsamkeitsmeditation öffnet Ihren Geist und steigert Ihre Fähigkeit, sich des gegenwärtigen Augenblicks bewusst zu werden und aufmerksam zu bleiben. Wenn Sie also direkt nach einer Astralprojektion Achtsamkeitsmeditation praktizieren, hilft Ihnen dies nach allem, was Sie erlebt haben, geerdet zu bleiben. Das bedeutet, dass Sie das Gefühl in der Astralwelt zu sein, so lange beibehalten können, wie Sie wollen, wahrscheinlich also bis zu Ihrem nächsten Besuch in der Astralwelt.

Die Meditation direkt nach der Rückkehr in den Körper bietet Ihnen außerdem eine Möglichkeit, das Beste aus Ihrer Astralerfahrung herauszuholen. Wenn Sie zum Beispiel über Ihre Astralform auf die Akasha-Aufzeichnungen zugreifen, kann Ihnen die Meditation direkt nach der Rückkehr in Ihre physische Form dabei helfen, Ihren Geist zu öffnen, damit Sie die Botschaften, die Ihnen in der Halle der Aufzeichnungen übermittelt werden, erfolgreich entschlüsseln können. Die Meditation, insbesondere die Achtsamkeitsmeditation, kann das Gefühl von Klarheit und Gelassenheit über die erstaunliche Erfahrung, die Sie gerade gemacht haben, erhöhen.

Außerkörperliche Meditation

Die außerkörperliche Meditation kann nach der Rückkehr von der Astralebene und unmittelbar vor der Integration zurück in den Körper praktiziert werden. Die Meditation direkt nach einer außerkörperlichen Erfahrung hilft Ihnen, die Nachwirkungen des Besuchs auf den höheren Ebenen zu verstärken. Befolgen Sie die folgenden Anweisungen, während Sie sich noch außerhalb des Körpers befinden:

Setzen Sie sich mit Ihrem Astralkörper in die Luft, direkt über Ihren physischen Körper. Dabei fühlt sich Ihr Geist sehr aufgeregt, angesichts der Welt, aus der er gerade zurückgekommen ist. Beruhigen Sie Ihren Geist und veranlassen Sie Ihren Körper dazu, sich zu entspannen.

Bleiben Sie so lange in dieser Position sitzen, wie Sie möchten. Bleiben Sie ruhig. Ihr Unterbewusstsein kann Ihre Erfahrungen im Astralbereich auf diese Weise besser aufnehmen.

Konzentrieren Sie sich und lassen Sie den Geist durch seine Reise auf der Astralebene erleuchten.

Kehren Sie nach einiger Zeit in Ihren physischen Körper zurück.

Meditieren Sie nicht zu lange, um das Einschlafen bei der Meditation während Sie sich noch in Ihrem Astralzustand befinden, zu vermeiden.

Tagebuchführung

Neben der Meditation sollten Sie nach jeder außerkörperlichen Erfahrung auch ein Tagebuch über Ihre Erfahrungen führen. Es ist erwiesen, dass das Dokumentieren und Messen jedes derartigen Versuchs, den Sie machen, Ihren Fortschritt viel einfacher und schneller voranbringen kann. Das gilt auch für Astralprojektionen, Astralreisen und außerkörperliche

Erfahrungen. Um Ihre AKE-Versuche zu dokumentieren, verwenden Sie ein Tagebuch mit einer Seite zur Ansicht. Sie müssen dabei nicht immer etwas Ausführliches schreiben - schreiben Sie einfach auf, wie Sie sich unmittelbar nach Ihrer Erfahrung fühlen. Warten Sie nicht solange, dass Sie vergessen, wie Sie sich nach der Erfahrung gefühlt haben. Das Schreiben eines Tagebuchs bietet Ihnen eine hervorragende Möglichkeit, Ihre Astralprojektion zu überwachen und herauszufinden, in welchen Bereichen Sie sich noch verbessern können. Wenn Sie ein Tagebuch über Ihre Astralreisen führen, erhalten Sie einen Einblick in das, was für Sie wirklich effektiv ist, es dient als Erinnerung an Ihre Erfolge und Misserfolge und, was am wichtigsten ist, es hilft Ihnen dabei, motiviert zu bleiben, um in kürzester Zeit zu einem erfahrenen Astralprojektor und -reisenden zu werden.

- *Einen Übungsplan festlegen*

Ohne die notwendige Routine fällt es Ihnen vielleicht schwer, etwas in Bezug auf Astralreisen zu erreichen. Es erfordert viel Disziplin, mit der Astralprojektion Schritt zu halten, vor allem, wenn Sie noch nicht viele erfolgreiche Versuche durchgeführt haben. Besorgen Sie sich ein gutes Tagebuch, in dem Sie etwas mit Tinte aufschreiben können - führen Sie Ihr Tagebuch bitte nicht auf Ihrem Handy. Wenn Sie Ihre Erlebnisse mit Stift und Papier niederschreiben, können Sie die Ganzheitlichkeit Ihrer Astralreisen schätzen lernen. Wenn Sie möchten, können Sie jedoch Ihr Telefon oder Ihren Computer benutzen, um sich Notizen über alles was in der Astralwelt geschieht zu machen. Nachdem Sie etwa einen Monat lang in Ihr Tagebuch geschrieben haben, sollten Sie erfolgreich eine Routine entwickelt und sich die Astralprojektion zur Gewohnheit gemacht haben.

- *Fortschritte bewerten, Erfolge überwachen und Misserfolge untersuchen*

Manche Menschen erzielen gleich gute Ergebnisse, wenn sie zum ersten Mal eine Astralprojektion versuchen. Schon die Annäherung an eine tatsächliche AKE ist ein Erfolg. Manche Menschen geben jedoch auf, wenn sie nach mehreren Versuchen weiterhin erfolglos geblieben sind. In der Regel geschieht dies aufgrund von Vergesslichkeit - sie vergessen, inwieweit sie erfolgreich waren und was Ihnen noch fehlt, um den Versuch zu einem vollständigen Erfolg zu machen. Das Aufzeichnen Ihrer Erfahrungen kann Ihnen dabei helfen, derartige Situationen zu vermeiden. Wenn Sie Ihre Fortschritte, Erfolge und Misserfolge bei der

AKE-Praxis aufzeichnen, werden Sie sich mit größerer Wahrscheinlichkeit schnell verbessern. Und warum? Weil Sie Ihre Fortschritte sorgfältig überwachen. Dadurch wissen Sie, was Sie richtig machen und was Sie nicht richtig zu machen scheinen. Führen Sie also ein Tagebuch und suchen Sie aktiv nach Möglichkeiten, um sich zu verbessern. So können Sie die Methode finden, die Ihnen am meisten zusagt. Nur dann können Sie die gewünschten Ergebnisse erzielen.

- *Verbessern Sie die Realitätsnähe*

Die Astralprojektion ist eine Aktivität, die sich nicht unbedingt greifbar anfühlt, aber wenn man sich deren Details aufschreibt, fühlen sich die Erfahrungen *realer* an. Selbst wenn Sie ein paar Mal danebenschießen, werden sich die Fehlschüsse für Sie ebenso real anfühlen, wenn Sie sie aufschreiben. Wenn Sie schon einmal ein Traumtagebuch geführt haben, werden Sie wissen, wie sich das anfühlt. Wenn Sie Ihre Träume sofort nach dem Aufwachen aufschreiben, bleiben sie in der Regel besser in Ihrem Unterbewusstsein erhalten. Aber die Träume, die Sie nicht aufschreiben, verschwinden schnell wieder. Fangen Sie also damit an, Ihre Erlebnisse aufzuschreiben, damit sie sich für Sie realer anfühlen. Und was noch wichtiger ist: Ihre Erfolge werden dadurch deutlicher sichtbar, und das wird Sie wiederum dazu motivieren, mit der Übung fortzufahren.

Stellen Sie sicher, dass Sie sich einen Zeitplan für Ihre AKE-Übungen aufstellen. Suchen Sie sich einen Tag in der Woche aus, an dem Sie üben wollen, und achten Sie darauf, dass Sie diesen Tag nie verpassen. Wenn Sie sich verbessern, können Sie die Anzahl der wöchentlichen Übungstage erhöhen. Das regelmäßige Üben ist in der Regel der Schlüssel zur vollen Entfaltung Ihrer Fähigkeiten zur Astralprojektion. Üben Sie diszipliniert weiter und erforschen Sie die Astralwelt, um dadurch ein tieferes Gefühl der Erleuchtung und des Bewusstseins zu erlangen. Nach einer Weile werden Sie dabei vielleicht sogar Ihre übersinnlichen Fähigkeiten aktivieren.

Kapitel Vierzehn: Energieheilung

Wenn Sie vorhaben, bald ein erfahrener Astralprojektor zu werden, müssen Sie wissen, wie Sie bei Bedarf notwendige Energieheilung möglich machen können. Sie müssen keine Fähigkeiten zur Reiki-Heilung beherrschen, bevor Sie sich selbst heilen können. Im ersten Kapitel haben Sie gelernt, dass das aurische Feld sich falsch verhalten kann, wenn die Energiezentren nicht synchron sind. Das kann Ihre Fähigkeit, Ihre Astralform anzunehmen, beeinträchtigen. Wann immer Sie das Gefühl haben, dass Ihre Energiezentren falsch ausgerichtet sind, haben die Meister der Heilung vier wesentliche Techniken erprobt, die Ihnen helfen sollen, Ihr Energieniveau zu heilen und wiederanzuheben - genau so, wie ein Energieheiler Ihnen auch dabei helfen würde, Ihre Kräfte wiederherzustellen.

• **Eine Verbindung zum kosmischen Energiefluss**

Wann immer sich Ihre Energiepunkte nicht synchronisiert anfühlen, können Sie sich mit dem universellen Energiepunkt verbinden, um die unendliche Energiequelle anzuzapfen und sich dadurch zu heilen. Sobald Sie dies tun, werden Sie einen Schub von Energie erfahren und Ihre Schwingungen erhöhen, um dadurch kraftvoller zu werden. Die einfachste Möglichkeit, den kosmischen Energiefluss anzuzapfen, besteht darin, dass Sie sich eine Erdungsschnur vorstellen, die von Ihrem Sitz aus bis zum Boden reicht und Sie mit dem Energiezentrum der Erde verbindet. Wenn Sie diese Verbindung spüren, atmen Sie sie ein und erlauben Sie der Energie, durch dieselbe Schnur zu fließen, die Sie mit dem Energiezentrum der Erde verbindet. Spüren Sie, wie die Energie Ihren

Körper hinaufließt, von den Füßen in die Beine, in den Bauch, die Brust, den Hals, das Herz und den Kopf. Lassen Sie die Energie über Ihren Kopf fließen, als ob Sie sich unter einem Wasserfall befinden. Stellen Sie sich dann vor, wie der Energieregen wieder in den Boden zurückfließt und erneut in seinem vorherigen Zentrum ankommt. Mit dieser Visualisierungsübung können Sie Ihren Körper ganz einfach mit der Energie aus der universellen Energiequelle verbinden und aufladen.

- **Reinigen Sie regelmäßig Ihre Aura**

Wenn Ihr Energiefeld verunreinigt, ausgelaugt oder aus dem Gleichgewicht geraten ist, wirkt sich das auf Ihre Aura aus. Externe Energie kann Ihre Aura aufgrund eines Mangels am richtigem Energiefluss neblig machen. Wenn dann auch noch die Farben in der Aura trübe sind, sind Sie bei Ihrem nächsten Versuch, die Astralebene zu betreten, verwundbar. Daher ist es wichtig, dass Sie Ihr Aura-Feld regelmäßig reinigen, damit es sein lebendiges Aussehen behält. Trübe Farben in der Aura können eine niedrige und statische Schwingung erzeugen, die es Ihnen unmöglich macht, auf der Astralebene mit einem klaren Geist zu arbeiten. Um Ihr Aura-Feld zu reinigen und seine Farben wiederherzustellen, setzen Sie sich an einen ruhigen Ort und verbinden Sie die Finger Ihrer linken Hand zu einer Kegelform. Legen Sie dann die kegelförmigen Finger auf die rechte Seite Ihres Kopfes, ein wenig oberhalb der Stirn. Wiederholen Sie das Gleiche mit der rechten Hand, aber lege sie diese auf die linke Seite Ihres Haaransatzes. Verharren Sie etwa fünfzehn Sekunden in dieser Position und tauschen Sie dann die Hände aus. Warten Sie weitere fünfzehn Sekunden. Jedes Chakra – also jeder Ihrer Energiepunkte - kann mit einem Weihnachtslicht verglichen werden. Wenn Sie diese Methode anwenden, verbinden Sie jedes Zentrum mit dem nächsten, um so Ihr gesamtes aurisches Feld zu erleuchten.

- **Bauen Sie ein Schild um Ihr Energiefeld herum auf**

Wenn Sie sich mit anderen Menschen unterhalten oder so etwas Einfaches wie einen Gruß im Vorbeigehen austauschen, nehmen Sie unbewusst an einem Energieaustausch teil. Vielleicht haben Sie bereits bemerkt, dass manche Menschen Ihre Stimmung verderben, während andere sie aufhellen. Das liegt daran, dass jeder Mensch, mit dem Sie Zeit verbringen, auf seine eigene Weise Ihr Energiefeld beeinflusst. Die wissen aber vielleicht nicht, dass sie das tun. Manchmal gerät man ahnungslos in einen ungünstigen Energieaustausch mit den falschen Menschen. Das wirkt sich dann auf Ihr aurisches Feld und auf alles andere aus, was damit verbunden ist, einschließlich Ihres Geistes, Ihres Astralgeistes und Ihres physischen Körpers. Deshalb ist es wichtig, dass Sie sich vor Negativität abschirmen. Indem Sie Ihr Energiefeld abschirmen, wenn Sie sich mit anderen Menschen austauschen, verhindern Sie, dass Ihr Energiefeld durch negative Energie gesättigt oder übersättigt wird. Das hilft Ihnen dabei, sich Ihre Energie zu bewahren und sogenannte Energievampire von sich fernzuhalten.

Um einen Schutzschild um Ihr aurisches Feld herum aufzubauen, setzen Sie sich in einen ruhigen Raum und stellen Sie sich ein sehr helles Licht in einer beliebigen Farbe vor. Lassen Sie das Licht von Ihrem Oberbauch aus zu jedem Teil Ihres Körpers strahlen, so dass es Ihr aurisches Feld sättigt. Das ist dann so, als würden Sie eine dicke, weiche Decke über Ihren Körper legen, um ihn warm und zentriert zu halten. Diese Methode schützt Sie vor potenziellen Energievampiren.

Kapitel Fünfzehn: Die Verbesserung Ihrer hellseherischen Fähigkeiten durch Astralprojektion

Die Hellsichtigkeit ist eine primäre übersinnliche Fähigkeit, die so viel wie „klares Sehen" für den Praktizierenden bedeutet. Dies deutet auf die Fähigkeit hin, innerhalb und jenseits aller Dinge zu sehen. Die Hellsichtigkeit ermöglicht es Ihnen, in das Wissen Ihrer Seele und anderer Seelen im Universum zu blicken, einschließlich jener aus der Vergangenheit und jener, die sich in Zukunft noch manifestieren werden. Experten gehen davon aus, dass jeder Mensch über hellseherische Fähigkeiten verfügt, auch wenn der Grad von Person zu Person unterschiedlich ist. Das Gute daran ist, dass die Astralprojektion und die Astralreisen sehr effektiv dabei helfen können, Ihre hellseherischen Fähigkeiten zu verbessern. Beim Besuch der Astralebene gibt es einige Schritte, die Sie unternehmen können, um Ihre Fähigkeiten zu erweitern. So wie Sie durch Sport Ihre körperlichen Muskeln aufbauen können, können Sie durch Übungen zur Astralprojektion Ihre hellseherischen Muskeln trainieren.

Die Praxis der Astralprojektion ist eine Zeit, in der Sie Ihre Ängste loslassen können, dazu gehören auch Ihre hellseherischen Ängste. Auf die eine oder andere Weise haben Sie vielleicht bereits erlebt, dass sich Ihre

Hellsichtigkeit auf seltsame Weise manifestiert hat. Ohne es zu ahnen, haben Sie diese Fähigkeit vielleicht in Ihrem Unterbewusstsein blockiert, weil Sie sie nicht als das erkannt haben, was es ist. Das Erste, was Sie tun müssen, ist, Ihre Ängste in Bezug auf Ihre Gabe loszulassen, während Sie sich auf der Astralebene befinden. Während Sie meditieren, um sich in die Astralebene zu projizieren, können Sie Ihre Intention einfach formulieren: „Ich werde meine Ängste in Bezug auf meine übersinnlichen Fähigkeiten in der Astralebene loslassen." Wenn Sie sich das vor der Abreise sagen, fällt es Ihnen viel leichter, der Intention zu folgen. Wie schaffen Sie es, diesem Plan Folge zu leisten, wenn Sie sich erst einmal auf der Astralebene befinden oder einfach in Ihre Astralform eintreten?

- *Suchen Sie sich einen ruhigen Ort auf der Astralebene.* Achten Sie darauf, dass Sie dies auf der höheren Astralebene tun, um zu vermeiden, dass Sie von einer niederen Astralentität angegriffen werden, während Sie in die Aufgabe vertieft sind. Wenn Sie sich nicht auf der höheren Ebene befinden, erschaffen Sie einen Panzer aus Licht um sich herum, um negative Wesenheiten von sich fernzuhalten.

- *Versuchen Sie als Nächstes, die Quelle Ihrer Angst zu lokalisieren.* Es wäre viel bequemer, dies in Ihrem Astralkörper zu tun als auf der physischen Ebene, da Ihr Bewusstsein das einzige aktive und bewusste Ding im Astralbereich ist. Daher sollte es für Sie einfacher sein, sich auf Ihrer Suche zu orientieren. Identifizieren Sie zunächst die Quelle der Angst.

- *Sobald Sie die Quelle kennen, verwenden Sie eine positive Affirmation, um die Angst zu vertreiben.* Sagen Sie so etwas wie: „Ich lasse die Angst los, die mich daran hindert, meine hellseherischen Fähigkeiten voll zu realisieren."

- *Wiederholen Sie diese Affirmation so oft wie Sie wollen.*

Machen Sie dies dreimal hintereinander, wenn Sie sich auf der Astralebene befinden, und Sie werden Ihre Angst vor dem Hellsehen in kürzester Zeit verlieren.

Sobald Sie Ihre Ängste losgeworden sind, besteht der nächste Schritt darin, dass Sie sich auf das Chakra des dritten Auges einstimmen. Dieses Chakra ist einer Ihrer Energiepunkte und der Grund, warum Sie hellseherische Fähigkeiten haben. Da das Chakra des dritten Auges ein Energiepunkt ist und der Astralkörper eine der Energieebenen ist, fällt Ihnen die Einstimmung auf das dritte Auge auf der Astralebene normalerweise leichter.

Wenn Sie Ihre Astralform angenommen haben:
- Schließen Sie die Augen und konzentrieren Sie sich auf die Stelle zwischen Ihren beiden Augenbrauen. Stellen Sie sich diese Stelle als eine horizontale ovale Form zwischen Ihren Augen vor.
- Versuchen Sie festzustellen, ob das Augenlid dieses dritten Auges geschlossen oder geöffnet ist. Wenn es geschlossen ist, bitten Sie es sanft, sich zu öffnen und wiederholen Sie die Bitte, bis Sie spüren, dass das Auge offen ist.
- Wenn sich das dritte Auge öffnet, spüren Sie sofort ein Gefühl von Wärme in Ihrem Körper. Dies geschieht, weil Sie auf einen Teil von sich zugreifen können, der zuvor blockiert war.
- Wenn Sie es nicht beim ersten Mal schaffen, üben Sie so lange, bis es schließlich klappt.

Denken Sie daran, dass Sie diese Übung auch in Ihrer physischen Form durchführen können. Allerdings ist sie in dem Fall gegebenenfalls nicht so effektiv, weil Sie in Ihrer Astralform näher an den Energiepunkten sind.

Nachdem Sie Ihr drittes Auge geöffnet haben, können Sie damit anfangen, schwebende Objekte, wie Schatten, Lichter und Bilder zu sehen. Diese werden Ihnen in der Regel in verschiedenen Formen erscheinen: vollfarbig, schwarz, weiß, grau, lebensecht oder Cartoon artig. Am Anfang werden Sie die Bilder wahrscheinlich nicht verstehen. Damit sie Ihnen klarer werden, sollten Sie sich in der Visualisierung üben, bevor Sie Ihre Kraft nutzen, um bestimmte Fragen zu stellen und anschließend zu beantworten. Stellen Sie die Bilder in Ihrem Geist visuell nach und machen Sie sie deutlicher und heller, damit Sie sie klarsehen und interpretieren können. Das erfordert ein erhebliches Maß an Willenskraft und bewusster Absicht, vor allem, wenn Sie in Ihrer Astralform üben. Die Astralebene ist ein Energiepunkt, was bedeutet, dass sie natürlich mehr Energie benötigt, um auf der Ebene zu existieren. Wenn Sie die im vorigen Kapitel besprochenen Energieheilungsmethoden regelmäßig praktizieren, werden Sie sich nie wieder Sorgen machen, dass Ihre Energiequelle auf der Astralebene erschöpft sein könnte.

Beginnen Sie damit, Ihre hellseherischen Fähigkeiten einzusetzen, um wichtige Fragen zu beantworten. Achten Sie darauf, dass Sie die Fragen so spezifisch wie möglich formulieren. Stellen Sie keine offenen Fragen wie „Wie sieht meine Zukunft aus?". Stellen Sie stattdessen konkrete Fragen wie zum Beispiel: „Werde ich diese Fähigkeit in den nächsten fünfzehn Jahren immer noch haben?" Die Fragen, die Sie stellen, sollten so formuliert sein, dass die Antworten, die Sie erhalten, leicht entschlüsselt werden können. Meiden Sie allgemeine Fragen, bis Sie Ihre Fähigkeiten weiterentwickelt haben. Sobald Sie mentale Bilder empfangen, versuchen Sie, diese zu interpretieren, damit Sie wissen, was sie Ihnen mitteilen sollen. Wenn Ihnen einige der Bilder nichts sagen, nutzen Sie Ihre Zeit auf der Astralebene, um sich mit Ihren Geistführern und anderen höheren Wesenheiten zu beraten, um die Bedeutung der Bilder und Symbole zu klären. Die Antworten Ihres Geistführers können durch Gefühle, Ihren Geschmackssinn, Ihre Gedanken oder durch Klänge zu Ihnen kommen - genau wie in der Akasha-Halle der Aufzeichnungen. Verzweifeln Sie nicht, wenn die Antwort, die Sie erhalten, Ihnen zunächst vage oder zufällig erscheint; das ist normal. Sie müssen nur Ihre Fragen an die höheren Wesen wiederholen, damit sie Ihnen auf verschiedene Arten wiederholt antworten können, bis Sie sie schließlich verstehen.

Führen Sie in der Zwischenzeit ein Tagebuch über Ihre hellseherischen Erfahrungen. Sie sollten diese Erfahrungen nicht in dasselbe Tagebuch schreiben, das Sie für Ihre AKE-Reisen benutzen - suchen Sie sich stattdessen ein anderes Tagebuch. Wie Sie bereits wissen, hilft Ihnen das Führen eines Tagebuchs dabei, Ihre persönlichen Fortschritte zu überwachen. In diesem Fall wird es Ihnen einen besseren Einblick in andere übersinnliche Fähigkeiten geben, die Sie möglicherweise ebenfalls besitzen. Wenn möglich, sollten Sie sich jemanden suchen, der ebenfalls übersinnliche Fähigkeiten hat und sich mit Astralprojektion beschäftigt. Sie können sich dann gegenseitig helfen, Ihre Fähigkeiten zu entwickeln und stärker zu werden.

Vergessen Sie nicht, regelmäßig zu meditieren und Visualisierung zu üben, denn beides kann Ihre hellseherischen Fähigkeiten weiter verbessern. Außerdem sollten Sie Ihre Erfahrungen mit Ihrem Geistführer und anderen höheren Wesen auf der Astralebene teilen.

Fazit

Herzlichen Glückwunsch, Sie sind auf dem besten Weg, zu einem erfolgreichen Astralprojektor zu werden. Das Erlernen der Astralprojektion setzt zwei Hauptkriterien voraus: 1) Sie müssen die richtigen Ressourcen haben, um Zugang zu allen Informationen zu bekommen, die Sie brauchen, und 2) Sie müssen in der Lage sein, die Informationen in die Praxis umzusetzen.

Dieses Buch hat so ziemlich alle nötigen Informationen über die Astralprojektion abgedeckt. Sie haben die grundlegenden und fortgeschrittenen Techniken der Astralprojektion kennengelernt und wissen, wie man sie richtig anwendet. Und was noch wichtiger ist: Sie haben gelernt, wie Sie sich in der Astralwelt richtig schützen können. Jetzt müssen Sie nur noch fleißig üben und sich auf den Weg zur spirituellen Erleuchtung und einem erweiterten Bewusstsein machen.

Viel Spaß auf Ihrer Reise!

Teil 2: Luzides Träumen für Anfänger

Alles, was Sie über die Traumkontrolle wissen müssen, um Ihren Schlaf und Ihre Kreativität zu verbessern

Einleitung

Wir alle haben Träume, und unsere Träume können glücklich, lustig, aufregend, beängstigend oder faszinierend sein. Die einzigartige Fähigkeit des Träumens ist ein faszinierender Aspekt des menschlichen Lebens, den die Wissenschaft seit den Anfängen der menschlichen Zivilisation zu erforschen versucht. Träume sind wie Spielfilme, die eine tiefere Bedeutung für unser Leben verbergen. Im Traum ist der Fluss der Gedanken grenzenlos, und es gibt nichts, was Sie nicht ausprobieren oder tun können. Wenn Sie wollten, könnten Sie zum Zauberer werden, Ihre wildesten Ideen erforschen und tief in Ihr Unterbewusstsein eintauchen.

Erinnern Sie sich üblicherweise nach dem Aufwachen an Ihre Träume? Wahrscheinlich vergessen Sie sie wie die meisten Menschen oft, sobald Sie Ihre Augen öffnen.

Durch das luzide Träumen können Sie sich an Ihre Träume erinnern und diese sogar kontrollieren. Das luzide Träumen ist ein faszinierendes Konzept, das Ihnen dazu verhilft, sich Ihrer selbst bewusst zu werden, während Sie sich im Land der Träume befinden. Dadurch werden Sie zum Erzähler, zum Regisseur, zum Schauspieler und zum Produzenten Ihres eigenen Traumabenteuers. Wenn Sie sich jemals danach gesehnt haben, einige Ihrer Ideen auszuprobieren, wenn es Ihnen aber immer an Selbstvertrauen fehlte, wird Ihnen das luzide Träumen dabei helfen, diese Zweifel zu überwinden. Das luzide Träumen verbirgt den Schlüssel zur Entdeckung Ihres inneren Selbst - der Welt in Ihrem Inneren - und Ihres Unterbewusstseins. Durch das luzide Träumen sind Sie in der Lage, Ihre Ziele zu verfolgen und Ihre Fantasien im Traum auszuleben – Sie haben grenzenlose Möglichkeiten.

In diesem Buch erfahren Sie mehr über Träume und Traumdeutung, und natürlich über das luzide Träumen und die verschiedenen Vorteile, die es Ihnen bieten kann. Sie erfahren auch etwas über die Verbindung zwischen der Kunst der Astralprojektion, dem schamanischen Reisen und luziden Träumen, sowie einige Tipps dazu, wie Sie sich auf Ihre Erfahrungen mit dem luziden Träumen vorbereiten können. Dadurch erfahren Sie Schritt für Schritt, wie Sie Ihre Fähigkeiten zum luziden Träumen optimal weiterentwickeln können.

Außerdem werden Sie verschiedene Methoden zum luziden Träumen entdecken, die ideal für Anfänger geeignet sind, aber auch einige fortgeschrittene Strategien kennenlernen. In diesem Buch finden Sie praktische und einfache Tipps zur Erkundung der luziden Traumwelt, zur Begegnung mit Geistführern und dazu, wie Sie sich während Ihrer luziden Träume schützen können. In diesem Buch finden Sie außerdem einige hilfreiche Tipps dazu, wie Sie bestimmte Fehler beim luziden Träumen vermeiden können.

Sind Sie bereit, mehr über all das zu erfahren? Freuen Sie sich darauf, Ihre persönliche Reise in die Welt der luziden Träume zu beginnen? Wenn ja, dann lassen Sie uns ohne Umschweife loslegen!

Kapitel Eins: Was sind Träume?

Träume sind für uns noch immer ein Rätsel. Wissenschaftler und Psychologen erforschen sie schon seit langem, um mehr über das Träumen zu verstehen. Ihre Träume können Ihnen merkwürdig, seltsam oder sogar erschreckend erscheinen, aber sie haben oft eine verborgene Bedeutung. Wissenschaftler glauben, dass unsere Träume zu unserer physischen und psychischen Gesundheit beitragen. Es gibt viele Theorien über Traumdeutung, die besagen, dass unsere Träume einem bestimmten Zweck dienen, aber es gibt gleichzeitig auch widersprüchliche Theorien, die besagen, dass Träume vielleicht gänzlich zwecklos sind. Feststeht, dass sich Ihre eigene Wahrnehmung des Träumens ändern wird, wenn Sie erst einmal mehr über das luzide Träumen gelernt haben.

Psychologen beschäftigen sich schon seit langem mit der Erforschung von Träumen. Ihre Recherchen reichen bis in das frühe 20. Jahrhundert zurück, und sie haben viele Jahre lang detaillierte psychologische Analysen zu den Träumen verschiedener Menschen durchgeführt. Dabei wurden die Träume der Patienten in Traumlabors analysiert und die dadurch gewonnenen Informationen wurden dazu genutzt, Theorien über die Bedeutung der Träume zu entwickeln. Sigmund Freud hatte eine der ersten einflussreichen Theorien zur Traumdeutung. Er behauptete, dass Träume dem Träumenden lediglich dabei helfen, nachts besser zu schlafen. Freud glaubte auch, dass Menschen nur dann träumten, wenn sie hungrig waren, einen sexuellen Drang hatten oder auf die Toilette mussten. Seine Theorie wurde später widerlegt, als eine neue Theorie, die besagte, dass ein Mensch mindestens fünfmal träume, während er sich in der REM-Phase (Rapid Eye Movement - Rasche Augenbewegungen) seines Schlafzyklus befinde, verbreitet wurde.

Die zweite berühmte Hypothese zur Traumbedeutung stammt von Carl Jung. Er war ein leidenschaftlicher Anhänger Freuds, glaubte aber, dass sich noch ein anderer Zweck hinter den Träumen verbarg, und distanzierte sich von der Freud'schen Theorie, um stattdessen eine eigene, neue Theorie zu entwickeln. Er behauptete, dass der Mensch Träume habe, um die Aspekte seiner Persönlichkeit oder Psyche auszugleichen, die sich im Wachzustand unterentwickelt zeigten.

Calvin Hall widersprach dieser neuen Theorie wiederum mit seiner eigenen Alternativinterpretation. Er bat seine Studenten, zwei Wochen lang ein Traumtagebuch zu führen, um seine Hypothese zu belegen. Er glaubte, dass ein Mensch sich in seinem Traum immer selbst darstellte. Das bedeutete beispielsweise, dass eine Person, die im Wachzustand eher introvertiert ist, auch im Traum introvertiert bleibt.

Wieder andere Traumtheoretiker glauben, dass Träume die Lösungen für all unsere Probleme bereithalten. Sie sind der Ansicht, dass Träume nur dann auftreten, wenn sich ein Mensch mit einem unlösbaren Problem in seinem Leben konfrontiert sieht. Viele Psychologen haben bereits versucht, Beweise für diese Theorie zu finden. Im Laufe Ihrer Forschungsanstellungen konnten sie schließlich feststellen, dass Träume auf unterschiedlichen kulturellen Überzeugungen beruhen.

Warum träumen wir?

Freud hat gerne behauptet, dass jeder Mensch ein Dichter sei, ob absichtlich oder nicht, und dass unsere Träume der Poesie sehr ähnlich seien. So nutzen Dichter Musen oder Erlebnisse in ihrem Leben als Inspiration für ihre Schriften, und drücken ihre Gefühle in ihren Gedichten aus. Auf ähnliche Weise erschufen Menschen seiner Meinung nach im Traum Bilder und Situationen, und wenn diese mit verschiedenen Ereignissen in Ihrem Leben in Verbindung brachten, wurde eine emotionale Reaktion ausgelöst. Träume sind Geschichten, die in unserem Unterbewusstsein ablaufen, und Freud glaubte, dass diese nicht auf Logik beruhen. Stattdessen seien Träume wie bewegte Bilder, die unsere Emotionen, Ängste, Wünsche und alles andere, was im Unterbewusstsein verborgen wird, zum Vorschein bringen.

Nehmen wir beispielsweise an, Sie haben sich heute Morgen mit Ihrem Freund gestritten und waren dabei nicht in der Lage, Ihre Meinung richtig durchzusetzen. Wenn Sie später in der Nacht träumen, befinden Sie sich vielleicht erneut in der gleichen Situation, argumentieren aber anders und bringen Ihren Standpunkt diesmal vielleicht erfolgreicher rüber. Träume helfen Ihnen dabei, den Ausgang von Situationen zu ändern, nachdem Sie bereits eingetreten sind. Die Ereignisse in Ihrem Traum beruhen auf den Gedanken und Gefühlen in Ihrem Unterbewusstsein.

Ein weiteres gutes Beispiel ist eine Prüfung, an der Sie teilnehmen müssen. Bevor die Klausurphase beginnt, haben Sie vielleicht viele Träume, in denen Sie die Prüfung entweder mit Bravour bestehen oder durchfallen. Es kann sein, dass Sie solche Träume haben, weil Sie gerne als Abschiedsredner gewählt werden wollen oder weil Sie große Angst vor Prüfungen haben. Wenn Sie hellwach sind, können Sie nicht richtig für die Prüfung lernen, weil Sie sich permanent Sorgen darüber machen, wie Sie abschneiden werden. Diese Zusammenhänge helfen uns aber immer noch nicht dabei, den Grund für unsere Träume zu verstehen, aber es gibt fünf Theorien, die diese Frage vielleicht beantworten können.

Theorie Eins: Antworten aus der Praxis

Haben Sie jemals davon geträumt, von einer Klippe zu fallen, gegen einen Feind zu kämpfen oder von einem Hund gejagt zu werden? Nun, Sie sind nicht der erste Mensch, der schon mal einen solchen Traum hatte. Wir Menschen neigen dazu, solche Träume während unseres REM-Schlafs zu haben, weil unsere Amygdala, der Teil unseres Gehirns, der unsere Kampf-oder-Flucht-Reaktion stimuliert, auf Hochtouren arbeitet. Antti Revonsuo, ein finnischer Kognitionswissenschaftler, hat festgestellt, dass Menschen nur während des REM-Schlafs träumen.

Während des REM-Schlafs verhält sich Ihr Gehirn so, als würde es Gefahr wahrnehmen, weil die Amygdala intensiv arbeitet. Der Teil Ihres Gehirns, der Ihre motorischen Fähigkeiten steuert, arbeitet ebenfalls auf Hochtouren. Auch wenn Sie im Schlaf Ihre Gliedmaßen nicht bewegen, können Sie dennoch einen Traum haben, in dem Sie am Strand spazieren gehen oder um Ihr Leben kämpfen müssen. Antti hat bewiesen, dass Träume wie eine Art Bühne sind, auf der Ihr Gehirn eine Reaktion auf eine mögliche Bedrohung proben kann. Sie üben also Ihre Reaktionen auf Stresssituationen - sowohl körperliche als auch emotionale - während Sie Träumen. Aus diesem Grund treten manche Menschen im Schlaf um sich oder wachen plötzlich weinend auf.

Theorie Zwei: Erinnerungen durchforsten

Ihr Gehirn begrenzt die Anzahl der Bilder, die es in Ihrem bewussten Gedächtnis speichert. Wenn Sie sich aktiv an jedes Bild, das mit jedem

Ereignis in Ihrem Leben zusammenhängt, erinnern würden, wäre Ihr Gehirn mit irrelevanten Informationen völlig verstopft. Stattdessen sortiert Ihr Gehirn Ihre Erinnerungen in Ihr Unterbewusstsein und versucht zu erkennen, welche Erinnerungen es speichern und welche es loswerden sollte. Wenn Sie das besser verstehen wollen, informieren Sie sich dazu, wie der Verstand in dem Film *Alles steht Kopf* funktioniert. In diesem Film „lebt" eine Gruppe von Menschen im Inneren des Gehirns, sieht sich die unterbewussten Erinnerungen an und wirft sie weg, wenn sie grau werden. Genau so funktioniert auch Ihr Geist. Es gibt keine kleinen Arbeiter, aber Ihr Gehirn spült alle unerwünschten Erinnerungen und Bilder hinab in das Unterbewusstsein.

Das Gehirn nutzt Träume auf ähnliche Art und Weise, um Erinnerungen zu verarbeiten. Matt Wilson, ein Professor am MIT Center for Learning and Memory (amerikanische Eliteuniversität), unterstützt diese Theorie nachdrücklich. In seinen Experimenten setzt er Ratten den ganzen Tag über in ein Labyrinth und beobachtete die Neuronenmuster in ihren Gehirnen. Wilson beobachtete die Neuronenmuster der Ratten ebenfalls während des REM-Schlafs und stellte fest, dass die Traummuster die gleichen waren wie die, die beim Laufen im Labyrinth aktiviert wurden. Er behauptete daraufhin, dass das Gehirn Träume nutzt, um die Wertigkeit einer Erinnerung festzustellen. Im Schlaf verwandeln Sie demnach alle Informationen, die Sie während des Tages wahrgenommen haben, in Erinnerungen, die Ihnen dabei helfen, zukünftigen Entscheidungen zu treffen.

Theorie Drei: Das Träumen ist eine Art Defragmentierung

Wenn Sie sich einen neuen Laptop oder Desktop kaufen, trennen Sie als Erstes die Verbindung zwischen den Laufwerken. Sie legen die Anzahl der Laufwerke fest, die Sie in dem vom Gerät bereitgestellten Platz unterbringen möchten. Auf die gleiche Art und Weise versucht auch Ihr Gehirn, die Bedeutung all Ihrer Erinnerungen zu erkennen. Francis Crick und Graeme Mitchison behaupteten, dass der Mensch träumt, um zu vergessen. Damit ist gemeint, dass Ihr Gehirn erkennen möchte, ob die Daten, die es in Form von Erinnerungen festhält, nützlich sind oder nicht. Es versucht, eine Verbindung zwischen Ihren Erinnerungen herzustellen und diejenigen zu identifizieren, die es im aktiven Gedächtnis behalten sollte, von denen, die es in Ihr Unterbewusstsein verschieben sollte, zu trennen. Mit diesem Vorhaben durchforstet Ihr Gehirn Ihre Erinnerungen, um die Verbindungen zu identifizieren, die wichtig sind und sie von denen, die nicht wichtig sind, zu trennen.

Theorie Vier: Ihr persönlicher Psychotherapeut

Ernest Hartmann, ein Arzt an der Tufts University, schlug vor, dass Träume uns möglicherweise dabei helfen, uns mit Emotionen auseinanderzusetzen, die wir uns eigentlich nicht eingestehen wollen. Er konzentrierte sich mit seiner Theorie auf das, was Menschen beim Träumen über sich lernen. Er vermutete, dass Ihr Gehirn Bilder und eine Abfolge von Ereignissen einsetzt, um Ihnen zu helfen, sich jenen Emotionen zu stellen, vor denen Ihr bewusster Verstand Angst hat. Wenn Sie träumen, setzen Sie sich mit all Ihren schwierigen Emotionen an einem sicheren Ort auseinander, was einer Psychotherapiesitzung ähnelt. Sie können die Traumwelt also als eine Art Therapeut betrachten und Ihr Bett als die therapeutische Couch. Sie beobachten im Traum alle Ihre Emotionen und Gedanken und lassen sich von Ihrem Gehirn sagen, was Sie tun können, um ein emotionales Ungleichgewicht zu vermeiden. Durch Ihre Träume lernen Sie, bestimmte Wahrheiten zu akzeptieren, die Sie im Wachzustand nie hätten akzeptieren können.

Theorie Fünf: Überhaupt keine Bedeutung

Wir haben bereits erwähnt, dass einige Menschen glauben, dass unsere Träume keine Bedeutung haben. Moderne Theoretiker argumentieren, dass das Gehirn Bilder im Schlaf nach dem Zufallsprinzip abfeuert und dass viele der Situationen in Ihren Träumen möglicherweise nichts mit dem zu tun haben, das Sie im Wachzustand erlebt haben. Ihre Träume sind demnach wie ein Film, in dem Sie der Held sind, und die Geschichte von Ihrem Leben unabhängig.

Einige Fakten

Haben Sie schon einmal erschreckende, seltsame, faszinierende, spannende und lustige Träume gehabt? Nun, wir alle haben in unserem Leben eine Vielzahl von Träumen gehabt, haben aber in der Regel einen Großteil dieser Träume wieder vergessen. Aber bevor wir uns damit befassen, wie Sie sich an Ihre Träume erinnern können, sollten wir uns einige interessante Traumfakten genauer ansehen.

Jeder Mensch träumt

Ja, jeder Mensch, einschließlich aller Männer, Frauen, Babys und Kinder - sogar Tiere träumen, wie wir Menschen auch. Jeder, der behauptet, er hätte einen traumlosen Schlaf, irrt sich. Auch diese Menschen träumen, aber sie erinnern sich nach dem Aufwachen nicht mehr daran. Psychologen glauben, dass es genügend Beweise dafür gibt, dass jeder Mensch träumt und dass ein Mensch pro Nacht mehr als zehn Träume haben kann. Forscher haben aber auch herausgefunden, dass jeder Traum nur zehn Minuten lang dauert - einige Träume sind aber auch bis zu fünfundvierzig Minuten lang. Der durchschnittliche Mensch verbringt insgesamt ungefähr sechs Jahre seines Lebens mit Träumen.

Sie können sich nicht an alle Ihre Träume erinnern

Hatten Sie schon einmal einen wunderbaren Traum und wollten sich am Morgen an alle Details erinnern? Vielleicht haben Sie sich sogar schon mal während eines Traums oder in einem halbwachen Moment unmittelbar danach gesagt, dass Sie sich an den Traum erinnern wollen, aber Sie wachen am nächsten Morgen mit dem enttäuschenden Gefühl auf, dass Sie etwas Wunderbares vergessen haben. Der Traumforscher Allan Hobson hat festgestellt, dass Sie fast 95 Prozent Ihrer Träume wenige Minuten nach dem Aufwachen wieder vergessen. Er hat die Gehirne seiner Probanden im Schlaf gescannt und festgestellt, dass der Frontallappen des Gehirns, der für das Speichern von Erinnerungen wichtig ist, während des Träumens inaktiv war.

Sie können Farben in Ihren Träumen haben

Viele Psychologen glauben, dass mindestens achtzig Prozent Ihrer Träume viele Farben haben. Manche Menschen behaupten, sie würden nur in Schwarz und Weiß träumen. Aber wenn Sie jemanden während seines REM-Schlafs aufwecken und ihn bitten, beispielhaft eine Farbe zu wählen, die er gerade in seinem Traum gesehen hat, würde er höchstwahrscheinlich eine beliebige Farbe außer Schwarz oder Weiß nennen.

Sie können Ihre Träume kontrollieren

Das klingt doch faszinierend, nicht wahr? Menschen können verschiedene Methoden zum luziden Träumen anwenden, und dadurch ihre Träume kontrollieren. Wenn Sie diese Strategien beherrschen, werden Sie sich der Tatsache bewusst sein, dass Sie träumen, obwohl Sie schlafen. Psychologen glauben, dass mindestens fünf von zehn Menschen schon einmal in Ihrem Leben luzide Träume hatten, ohne sich dessen bewusst zu sein. Es gibt eine ganze Reihe von Menschen, die regelmäßig luzide Träume haben. Das Konzept des luziden Träumens wird später in diesem Buch noch ausführlicher behandelt.

Träume können Sie lähmen

Während des REM-Schlafs ist der Teil Ihres Gehirns, der für Ihre motorischen Funktionen zuständig ist, nur begrenzt aktiviert. Vielleicht hatten Sie einen Traum, in dem Sie von einem Hund gejagt wurden, und sind erschrocken aufgewacht. Vielleicht wollten Sie Ihre Muskeln bewegen, um sich aus der Situation in dem Traum zu befreien, aber es fiel Ihnen schwer oder war sogar unmöglich. Dieses Phänomen wird Schlaflähmung genannt, und hält nicht dauerhaft an. Sie können sich auch nach dem Aufwachen zeitweise wie gelähmt fühlen, aber dieses Gefühl hält üblicherweise nicht länger als zehn Minuten an. Vielleicht haben Sie schon einmal geträumt, dass Sie mit den Armen herumfuchteln und schreien oder dass Ihnen der Atem im Hals stecken bleibt. Während der Schlaflähmung kann keine dieser Bewegungen tatsächlich stattfinden.

Traumdeutung

Carl Jung ist einer der Gründerväter der Traumdeutung. Er glaubte, dass Träume wie ein Fenster in das Unterbewusstsein sind. Jung behauptete, dass ein Mensch, der träumt, verschiedene Lösungen für Probleme findet, mit denen er sich in der Vergangenheit konfrontiert sah oder mit denen er konfrontiert werden könnte, wenn er bei Bewusstsein ist.

Jung war ein eifriger Anhänger Freuds, aber er war mit dessen Theorien zur Traumdeutung nicht einverstanden und begann mit seiner eigenen Forschung zu dem Thema. Er vermutete, dass nur der Träumer selbst seine Träume wirklich deuten könne. Seine Theorie besagte, dass bestimmte allgemeine Symbole, die in Träumen auftauchten, gedeutet werden könnten, aber nur der Träumer könne die anderen Symbole, die für jeden Menschen einzigartig sind, deuten. Es gibt Traumwörterbücher, in denen die Bedeutung der in Träumen häufig vorkommenden Objekte beschrieben wird. Der nächste Abschnitt dieses Kapitels hilft Ihnen dabei herauszufinden, wie Sie Ihre Träume ebenfalls deuten können!

Haben Ihre Träume eine verborgene Bedeutung?

Wenn Sie einen Traum hatten, fragen Sie sich oft zunächst, ob dieser Traum eine tiefere Bedeutung hat. Oft fragen Sie sich, was der Traum für Sie bedeuten könnte.

Hatten Sie zum Beispiel schon einmal einen Traum, in dem Sie von einer Klippe stürzten? Vielleicht haben Sie sich sogar zur gleichen Zeit versehentlich aus dem Bett gerollt. Ihr Unterbewusstsein übermittelt Ihnen in diesem Fall eine Botschaft in Form eines Traums, der Ihnen mitteilt, dass Sie aus dem Bett rollen sollen. Träume, die sich indirekt auf die physische Umgebung beziehen, in der Sie sich befinden, haben wenig oder keine versteckte Bedeutung. Wenn Sie zum Beispiel einen Traum haben, in dem ein lautes Geräusch gemacht wird, hat das vielleicht keine drastischen Auswirkungen auf Ihr Leben, weil es nur die Tatsache widerspiegelt, dass ein lauter Lastwagen an Ihrem Haus vorbeigefahren ist, oder dass es in der Ferne donnert. Ihr Unterbewusstsein bezieht die Geschehnisse in Ihrer unmittelbaren physischen Umgebung oft mit in Ihre Träume mit ein. Sie könnten zum Beispiel im Traum die Türklingel läuten hören. In Wirklichkeit hat in einem solchen Fall vielleicht das Babyfon im Zimmer gebrummt. Ihr Unterbewusstsein sendet Ihnen eine Nachricht, die besagt, dass Sie wegen des Lärms aufwachen sollen.

Hatten Sie schon einmal einen Albtraum, nachdem Sie einen Horrorfilm gesehen hatten? Die Emotionen und die Angst, die Sie beim Anschauen des Films erlebt haben, können sich in Ihren Träumen widerspiegeln. Deshalb haben äußere Umstände, die bei Ihnen eine bestimmte emotionale Reaktion hervorrufen, einen starken und tiefen Einfluss auf Ihre Träume.

Bestimmte Symbole und Traumelemente finden sich häufig in den Träumen der meisten Menschen. Diese Träume lösen eine Vielzahl verschiedener Emotionen aus und können leicht gedeutet werden.

Gewöhnliche Träume und ihre Deutung

Die häufigsten Träume, die jeder Mensch bereits bei zahlreichen Gelegenheiten hatte, werden hier besprochen. Ganz gleich, ob es darum geht, dass Sie sich verirrt haben, oder von etwas herunterfallen, jeder Traum hat eine bestimmte Bedeutung.

Träume vom Fallen

Träume vom Fallen kommen sehr häufig vor. Sie sind besonders einprägsam. Derartige Träume deuten darauf hin, dass Sie Angst haben, etwas zu verlieren oder loszulassen. Sie zeigen außerdem auch an, dass Sie Angst davor haben, nach einem Erfolg zu versagen.

Nackte Träume

Es gibt Zeiten, in denen Sie vielleicht Träume hatten, durch die es Ihnen schwerfiel, sich vollständig zu bekleiden oder Ihren nackten Körper anderweitig zu bedecken. Wenn Sie diesen Traum hatten, zeigt das, dass Sie Angst davor haben, sich jemandem zu nähern. Sie fühlen sich verletzlich, wenn Sie sich anderen gegenüber öffnen müssen.

Träume vom Schweben

In diesen Träumen werden Sie plötzlich schwerelos und fliegen durch die Welt, die Ihr Traum für Sie erschaffen hat. Solche Träume sind ein Ausdruck eines tiefen Wunsches nach Freiheit.

Gefahr

In diesen Träumen geht es in der Regel um eine Gefahr, die sich Ihnen nähern könnte. In der Regel sind Sie selbst dabei hilflos, da Sie sich nicht bewegen können. Solche Träume können ein Hinweis auf eine reelle Gefahr sein, die sich Ihnen in den Weg stellen könnte. Sie helfen Ihnen dabei, in der Traumwelt nach möglichen Auswegen zu suchen.

Verfolgungsjagden im Traum

Träume, in denen Sie von einem bekannten oder unbekannten Verfolger gejagt werden, deuten darauf hin, dass Sie sich in Ihrem Leben bedroht fühlen.

Prüfungsträume

Diese Art von Traum wird oft als ein Traum mit gespiegelter verborgener Bedeutung betrachtet. Sie träumen davon, dass Sie in irgendeiner Form geprüft werden. Diese Träume stehen für eine Selbsteinschätzung. Die Fragen in der Prüfung beziehen sich in der Regel auf verschiedene Aspekte Ihrer Persönlichkeit.

Die gemeinsamen Träume der Menschheit faszinieren Forscher. Man hat herausgefunden, dass jeder Mensch, sogar Menschen aus verschiedenen Kulturen, eine Vielzahl der gleichen Träume erlebt haben. Einige Psychologen vermuten, dass dies daran liegt, dass die Träumenden ähnliche Interaktionen mit Ihren Mitmenschen haben, die entsprechend ähnliche Träume zur Folge haben.

Wie Sie Ihre Träume analysieren

Der größte Mythos der Traumanalyse liegt daran, dass es Regeln gibt, die Wort für Wort befolgt werden müssen. Das ist jedoch falsch, denn jeder Mensch ist unterschiedlich. Jeffrey Sumber, ein klinischer Psychotherapeut, glaubte, dass ein Traum nur dann richtig verstanden werden kann, wenn der Mensch sich selbst besser zu verstehen lernt. Es gibt jedoch bestimmte Richtlinien, die Sie befolgen können, um Ihre Träume leichter zu verstehen und zu analysieren.

Führen Sie ein Protokoll über Ihre Traumerfahrungen

Der erste Schritt zur Analyse Ihrer Träume besteht darin, dass Sie sie notieren. Sumber sagte auch, dass Sie, wenn Sie Ihre Träume notieren, den Inhalt aus Ihrem Unbewussten herausholen müssen. Wenn Sie das Gefühl haben, dass Sie sich nicht richtig an einen Traum erinnern können, legen Sie ein Tagebuch neben Ihr Bett und notieren Sie darin den Satz: „Keine Träume aufzuzeichnen". Sie werden feststellen, dass Sie, wenn Sie dies regelmäßig machen, sich innerhalb von zwei Wochen an Ihre Träume zu erinnern beginnen werden!

Identifizieren Sie die Emotionen, die Sie in Ihrem Traum haben

Stellen Sie sich Fragen. Stellen Sie fest, ob Sie im Traum Angst, Reue oder Freude empfunden haben. Sind diese Gefühle nach dem Aufwachen am Morgen noch vorhanden oder aktiv? Als Letztes sollten Sie überlegen, ob sie sich bei Ihren Gefühlen wohl gefühlt haben oder nicht.

Identifizieren Sie die symbolischen Elemente aus Ihrem Traum

Symbolik kann in Ihren Träumen in mehrfacher Hinsicht auftreten. Sie werden klare Unterschiede zwischen sich selbst und anderen Figuren in Ihrem Traum bemerken. Sie müssen dabei auch Ihre Emotionen gegenüber aller Figuren in Ihren Träumen verstehen. Es kann sein, dass es sich um wiederkehrende Traumelemente handelt, die immer wieder auftauchen. Notieren Sie sich diese Details und achten Sie bei der Traumdeutung immer genau auf sie.

Sie sind ein Experte!

Sie haben sich mittlerweile den Inhalt von einer Reihe von Träumen aufgeschrieben. Wenn Sie gerade erst mit der Traumdeutung anfangen, können Sie sich ein Traumwörterbuch zur Hilfe nehmen, dass Ihnen dabei hilft, die verborgene Bedeutung hinter den Symbolen in Ihren Träumen zu erkennen. Aber Sie dürfen dabei nicht vergessen, dass Sie sich selbst besser kennen als jeder andere. Lassen Sie sich also von Ihrem Unterbewusstsein leiten, damit Sie Ihre Träume richtig verstehen und deuten können. Sie werden dadurch eine Menge Informationen über die in Ihrem Unterbewusstsein gespeicherten Erinnerungen erhalten.

Anhand der verschiedenen Leitlinien, die in diesem Abschnitt besprochenen wurden, können Sie sich selbst und die Gründe für Ihre Träume besser verstehen.

Kapitel Zwei: Luzides Träumen

Hatten Sie jemals einen Traum, in dem Sie ein Zauberer oder ein Vogel waren? Haben Sie davon geträumt, dass Sie durch die Wolken schweben und wie Superman durch die Luft sausen? Haben Sie sich schon einmal einen Urlaub auf einer karibischen Insel vorgestellt? Versuchen Sie sich an einen Ihrer Lieblingsträume zu erinnern. Fanden Sie den Traum weniger schön, weil er nur ein Traum war? Nein, natürlich nicht, Sie haben ihn in vollen Zügen genossen. Wie würden Sie sich jetzt fühlen, wenn Sie Ihre Träume kontrollieren könnten?

Das luzide Träumen ist, wie bereits in den vorherigen Kapiteln erwähnt, eine ausgezeichnete Methode, die es der träumenden Person ermöglicht, ein Bewusstsein dafür zu entwickeln, dass sie träumt. Wenn sich eine Person in einem luziden Traum befindet, kann sie Macht über den Traum ausüben. Dadurch kann die Richtung des Traums geändert werden und auch die Objekte und Wesen im Traum können manipuliert werden. Wenn Sie sich zum Beispiel in einem luziden Traum befinden und träumen, dass Sie in Ihrem Schlafzimmer sind, könnten Sie sich dazu entscheiden, Ihr Bett zum Fliegen zu bringen. Sie können auch ein völlig anderes Universum hinter der Tür zu Ihrem Schlafzimmer erschaffen. Es ist fast so, als könnten Sie Ihr eigenes Comicbuch ganz nach Belieben Ihrer Fantasie schreiben. Sie können sich in Ihren Träumen Ihre eigene Bühne erschaffen und darauf ein Theaterstück einüben oder sich auf eine Konfrontation, die am nächsten Tag auf Sie zukommt, vorbereiten.

Die Geschichte des luziden Träumens

Die uralte Praxis des Yoga Nidra hilft Träumern dabei, ein Bewusstsein dafür zu entwickeln, was sie träumen. Dies war eine gängige Praxis, die von verschiedenen Menschen geübt wurde, die buddhistischen Traditionen folgten. Einige Texte deuten auch daraufhin, dass das luzide Träumen auch im alten Griechenland praktiziert wurde. Aristoteles, der berühmte griechische Philosoph, sagte zum Beispiel: „Oft, wenn man schläft, gibt es etwas im Bewusstsein, das einem erklärt, dass das, was sich im Schlaf offenbart, nur ein Traum ist." Man glaubt auch, dass Galen, ein Arzt aus Pergamon, seine Patienten bat, diese Technik anzuwenden, um ihnen bei der Bewältigung verschiedener Probleme und Situationen in ihrem Leben zu helfen.

Das luzide Träumen geht bis auf das Jahr 415 n. Chr. zurück. Forscher fanden die Erwähnung des luziden Träumens in den Schriften von Doktor Gennadius, einem Träumer, in einem Brief des Heiligen Augustinus.

Sir Thomas Browne, ein berühmter Arzt und Philosoph, tat ebenfalls sein Bestes, um Träume zu verstehen, da sie ihn faszinierten. Er probierte die Methode des luziden Träumens aus und schrieb seine Erkenntnisse in einem Buch mit dem Titel Religio Medici nieder. Er stellte fest, dass „…ich in einem Traum eine ganze Komödie komponieren, die Handlung sehen, die Scherze verstehen und mich über die Einfälligkeit der Protagonisten wach lachen kann."

Ein anderer berühmter Philosoph, Samuel Pepys, schrieb in seinem Traumtagebuch: „Ich hatte meine Lady Castlemayne in meinen Armen und durfte mit ihr nach Herzenslust tändeln, und dann merkte ich, dass ich nicht wach war, sondern alles nur geträumt hatte."

Marie-Jean-Léon, der Marquis d'Hervey de Saint Denys, veröffentlichte sein Buch „Les Rêves et Les Moyens de Les Diriger, Observations Pratiques" („Träume und die Möglichkeiten, sie zu lenken; praktische Beobachtungen") anonym. In diesem Buch beschrieb er seine Traummethoden und auch Details dazu, wie er sich fühlte, wenn er diese Technik in seinen Träumen anwandte. Er erklärte auch, dass die Menschen in ihren Träumen aufwachen und lernen können, die Art und Weise, wie sie auf verschiedene Situationen im Traum reagieren, zu ändern. Er wurde als der Vater des luziden Träumens bekannt.

Frederik (Willem) van Eeden, ein niederländischer Schriftsteller und Psychiater, schrieb einen Artikel mit dem Titel „A Study of Dreams" („Eine Studie des Träumens"), in dem er über luzides Träumen sprach; in diesem Artikel prägte er den Begriff, den wir heute verwenden. Einige Psychologen halten die Bezeichnung „luzides Träumen" für unpassend, da sie glauben, dass van Eeden sich auf etwas anderes als einen luziden Traum bezog. Nach seinen anderen Werken zu urteilen, wollte van Eeden, dass die Menschen mehr Kontrolle über ihre Träume bekamen, und verwendete deshalb das Wort „luzide".

Die Vorteile des luziden Träumens

Da Sie nun wissen, was das luzide Träumen ist, können wir einen Blick auf die Vorteile dieser Methode werfen.

Sie werden selbstbewusster

Laut dem Wörterbuch von Merriam Webster bedeutet das Wort Luzidität eine Steigerung des Bewusstseins. Erst wenn Sie Ihr Bewusstsein auf Ihren Traumzustand ausdehnen, werden Sie sich aller Ereignisse oder Situationen bewusst, die sich in Ihrem Traum abspielen. Es ist wichtig zu verstehen, dass dieses Bewusstsein nur ein Spiegelbild Ihrer Sensibilität für die verschiedenen Erinnerungen und Gedanken in Ihrem Geist ist. Wenn Sie sich über das, was in Ihren Träumen geschieht, bewusst sind, werden Sie sich auch der verschiedenen Informationen bewusst, die in Ihrem Gehirn gespeichert sind. Luzides Träumen ist eine Methode, bei der Sie Ihr Bewusstsein sowohl in Ihrem Unterbewusstsein als auch in Ihrem bewussten Verstand manifestieren. Es gibt viele Dinge, die Sie verbessern können, wenn Sie sich dieser Randinformationen bewusster werden.

Die meisten Menschen sind den ganzen Tag über in ihren Gefühlen und Gedanken versunken und neigen dazu, auf Grundlage Ihrer Gedanken zu handeln. Das ist genau das, was passiert, wenn Sie sich in einem Traum verlieren. Wenn Sie während eines Traums luzide sind, beginnen Sie, sich auf verschiedene Aspekte Ihres Traums zu konzentrieren und sie mit den Gedanken und Emotionen in Verbindung zu bringen, die in Ihrem Unterbewusstsein gespeichert sind. Dies stellt eine bedeutende Veränderung in Ihrem Denkprozess dar, da Sie nicht mehr aufgrund Ihrer Emotionen oder Gedanken auf eine Situation reagieren, sondern aufgrund Ihrer Erkenntnisse direkt auf sie reagieren.

Sie haben deutlich bessere Kontrolle

Wenn Sie sich all dessen bewusst sind, was in Ihrem Geist geschieht, werden Sie nicht von Ihren Emotionen und Gedanken überwältigt. Bei dieser Methode geht es nicht nur darum, alles zu kontrollieren, was in Ihrem Traum passiert, sondern es geht tatsächlich darum, dass Sie lernen, wie Sie besser auf verschiedene Situationen reagieren können. Wenn Sie diese Kontrolle erlangt haben, können Sie Ihre Reaktionen steuern und verantwortungsbewusst auf Ihre Gedanken und Gefühle reagieren. Sie reagieren also nicht mehr sofort auf jede Situation, sondern können sich auf verschiedene Aspekte der Situation konzentrieren, bevor Sie auf sie reagieren. Auf diese Weise können Sie besser mit herausfordernden Situationen in Ihrem Leben umgehen.

Albträumen vorbeugen

Wenn Sie diese Methode während eines Albtraums anwenden, können Sie sich sagen, dass Sie nur einen schlechten Traum hatten und das nicht wirklich etwas in der Realität passiert ist. Sie können den Traum auch so verändern, dass er kein Albtraum mehr ist. Wenn Sie zu keinem dieser Dinge in der Lage sind, können Sie sich selbst herausfordern und Ihr Verhalten in verschiedenen Situationen, die in Ihrem Traum geschehen, verändern. Das können Sie aber nur tun, wenn Sie wissen, dass der Traum nicht real ist.

Sie werden kreativer

Wenn Sie luzide Träume haben, können Sie auch kontrollieren, wie der Traum verläuft. Wenn Sie sich eines Traums bewusster werden, können Sie nach verschiedenen Möglichkeiten suchen, den Traum zu verändern. So können Sie feststellen, wie mächtig Ihr Geist ist und wie Sie ihn nutzen können, um Ihre Situation zum Besseren zu wenden. Wenn Sie in Ihrem Traum von einem Hund verfolgt werden, können Sie ihn beispielsweise in einen Welpen verwandeln. Sie können auch die Situation so verändern, dass der Hund Sie nicht mehr verfolgt, sondern Sie nur noch beschnuppert, sodass Sie ihn streicheln können.

Luzides Träumen bietet Ihnen die Möglichkeit, Ihre Denkweise zu ändern. Sie können das, was Sie aus Ihren luziden Träumen lernen, auf Ihr tägliches Leben anwenden. Sie lernen bald, wie Sie negative Gefühle oder Gedanken in gute umwandeln können. Sie können außerdem auch lernen, Ihre Stimmung zu ändern, so dass Sie fröhlicher und glücklicher sind, da Sie endlich wissen, dass Sie Ihre Erfahrungen selbst erschaffen haben.

Sie haben die Qual der Wahl

Wenn Sie luzide Träume haben, lernen Sie, dass Sie die Wahl haben zu entscheiden, wie Sie mit Ihren Gedanken und Gefühlen umgehen wollen. Sie können sich dafür entscheiden, Ihren Träumen beizuwohnen, d.h. Sie erlauben es dem Traum sich zu entfalten, ohne irgendeinen Aspekt davon des Inhalts zu verändern, oder Sie können einige Teile des Traums gezielt verändern. Ersteres ist ein wenig wie das Ansehen eines Films, während Letzteres Ihnen die Möglichkeit gibt, das Ende des Films zu verändern. Unabhängig davon, wofür Sie sich entscheiden, werden Sie lernen, dass Sie üblicherweise eine Wahl haben. Sobald Sie das wissen, wissen Sie auch, dass Sie sich aussuchen können, wie Sie auf verschiedene Situationen reagieren. Ertappen Sie sich dabei, dass Sie sich bei der Arbeit oder zu Hause über jemanden ärgern? Nun, Sie haben sich dafür entschieden, sich so zu fühlen. Sie können Ihre Reaktionen auf schwierige Situationen aber auch bewusst verändern, und sich den Dingen gegenüber etwas anders verhalten, können zunächst Ihre Gedanken und Gefühle kontrollieren, und schließlich Ihr Leben.

Durch luzides Träumen können Sie feststellen, wie Sie mit Ihren Emotionen und Gedanken arbeiten müssen. Diese Strategie hilft Ihnen zu verstehen, dass Sie ständig aktiv mit Ihrem Geist arbeiten. Sie können die Art und Weise ändern, wie Sie auf verschiedene Situationen in Ihrem Leben reagieren, wenn Sie lernen, mit ähnlichen Situationen in Ihren Träumen besser umzugehen. Sie können die Erkenntnisse aus den luziden Träumen nutzen und sie auf Situationen aus Ihrem alltäglichen Leben anwenden. Nur wenn Sie lernen, sich richtig auf Ihre Träume zu konzentrieren, lernen Sie, in einem wacheren Zustand durch Ihr Leben zu gehen.

Kapitel Drei: Das Luzide Träumen und die Astralprojektion

Die meisten Menschen neigen dazu, Astralreisen und das luzide Träumen als Synonyme zu verwenden, da sie glauben, dass es sich bei beiden um ein und dieselbe Sache handelt. Es ist aber wichtig zu verstehen, dass es sich tatsächlich um zwei völlig unterschiedliche Phänomene oder Erfahrungen handelt. Der wichtigste Unterschied zwischen den beiden Dingen ist der, dass luzide Träumen nur im Traum stattfinden können, während die Astralprojektion in der Astralwelt stattfindet, einer Dimension, die nicht Teil unserer physischen Welt ist. Ein weiterer Unterschied ist der, dass die Astralprojektion als reale Erfahrung angesehen wird, das luzide Träumen hingegen nicht. Letzteres ist nur ein Phänomen, bei dem Sie sich der Geschehnisse im Traum bewusster werden, während Ersteres bedeutet, dass die Person ihr Bewusstsein durch die Projektion auf der Astralebene erlebt.

Bei einer Astralprojektion wird Ihr Bewusstsein von Ihrem physischen Körper getrennt. Ihr Bewusstsein reist dann auf eine andere Ebene, auf der sich Ihr Astralkörper befindet. So etwas ist eine echte Herausforderung, und aus diesem Grund verwenden die meisten Praktizierenden spezielle Beats, die auch als binaurale Beats bekannt sind, um ihnen die Projektion ihres Bewusstseins zu erleichtern.

Es ist wichtig zu verstehen, dass es die Astralebene bereits gibt. Ihr Bewusstsein besucht diese Ebene nur, und daher können Sie nichts in dieser Umgebung verändern oder manipulieren. Sie können auch nicht ändern, wie andere Menschen auf dieser Ebene auf Sie reagieren oder deren Verhalten beeinflussen. Die meisten Menschen glauben, dass Astralprojektionen mit Nahtoderfahrungen vergleichbar sind, da Ihre Seele bei beiden Erfahrungen den Körper verlässt, um in eine andere Dimension eintritt. Menschen, die die Astralprojektionen praktizieren, sehen bei der Erfahrung oft auf ihren physischen Körper herab. Manche Menschen erleben dieses Phänomen, wenn sie eine Nahtoderfahrung durchleben.

Wenn Sie derartige Erfahrungen besser verstehen wollen, ist es wichtig, dass Sie zunächst die grundlegenden Unterschiede zwischen den beiden Phänomenen kennenlernen.

Beim luziden Träumen
- erleben Sie nur einen Traum.
- sind Sie nicht bei Bewusstsein.
- können Sie sich entscheiden, wo Sie sein wollen (z. B. am Meer, in Ihrem Elternhaus, in der Wüste usw.).
- können Sie alles in Ihrem Traum ändern, auch die Figuren und die Umgebung.
- verlässt Ihre Seele oder Ihr Bewusstsein den Körper nicht.
- wachen Sie am Ende der Erfahrung auf.

Bei der Astralprojektion
- sind Sie hellwach und trennen Ihr Bewusstsein oder projizieren Ihre Seele von Ihrem physischen Körper in die Astralebene
- beginnt das Erlebnis dort, wo Sie sich gerade befinden (zum Beispiel in Ihrem Schlafzimmer, Büro, Wohnzimmer, im Park usw.)
- hat Ihr Körper während der Erfahrung kein Bewusstsein mehr, da Sie es vom Körper getrennt haben.
- können Sie niemals die Reaktionen andere Menschen oder Bewohner der Astralebene auf eine Situation ändern.
- ist es einfach, bestimmte Teile dieser Umgebung zu manipulieren.
- Wenn Sie die Astralprojektion beenden oder unterbrechen wollen, kehrt Ihr Bewusstsein in den physischen Körper zurück.

Muss man für eine Astralprojektion luzide Träumen können?

Sie müssen die Methoden zum luziden Träumen nicht lernen, wenn Sie Ihr Bewusstsein aus Ihrem physischen Körper projizieren wollen. Sie können stattdessen lernen, wie Sie Ihr Bewusstsein aus Ihrem Körper herausprojizieren, ohne zu lernen, wie Sie die Luzidität in einem Traum aufrechterhalten können. Viele Menschen können ihr Bewusstsein von ihrem Körper trennen, indem sie sich einfach auf ihr Bett legen. Wenn Sie die Astralprojektion erlernen, können Sie Ihr Bewusstsein im Kino, in einem Restaurant oder sogar bei der Arbeit aus Ihrem Körper herausprojizieren. Das heißt, wenn Sie die Luzidität in einem Traum aufrechterhalten können, wird es für Sie einfacher zu lernen, wie Sie Ihr Bewusstsein aus Ihrem Körper herausprojizieren können.

Wie bereits erwähnt, können manche Menschen ihr Bewusstsein einfach projizieren, indem sie sich auf das Bett legen und die Augen schließen. Andere haben vielleicht schon mal eine Projektion geschafft, ohne sich dessen bewusst zu sein und dadurch Angst bekommen, dass Sie verstorben seien. Sie stehen dadurch vielleicht plötzlich neben ihrem Körper und fragen sich, was mit ihnen passiert ist. Das ist eine seltsame Situation, aber zum Glück können Sie Ihr Bewusstsein dazu zwingen, in Ihren Körper zurückzukehren. Die Angst vor dem Tod wird Sie ganz natürlich dazu bringen, dies zu tun.

Luzides Träumen als Ausgangspunkt für Astralprojektionsversuche

Es ist sehr schwierig, die Kunst des luziden Träumens zu meistern. Wenn Sie das Bewusstsein oder die Luzidität in einem Traum aufrechterhalten wollen, müssen Sie dafür sorgen, dass Sie sich auch im Schlaf an Ihre Ziele erinnern können. Das ist eine Fähigkeit, die Sie entwickeln müssen, wenn Sie Ihr Bewusstsein bewusst in die Astralebene projizieren wollen. Wenn Sie Ihr Bewusstsein von Ihrem physischen Körper trennen wollen, müssen Sie lernen, Ihr Bewusstsein zu bewegen oder es aus Ihrem physischen Körper herauszustoßen. Nur wenn Sie es hinausstoßen, können Sie es in das Astralfahrzeug, auch Astralkörper genannt, bewegen. Wenn Sie Ihr Bewusstsein von Ihrem physischen Körper trennen, schieben Sie es in Ihren Astral- oder Geisterkörper hinein. Wenn Sie das luzide Träumen beherrschen, lernen Sie, Ihren Geist in einen aktiven und bewussten Zustand zu bringen, während Ihr Körper schläft.

Was ist Astralprojektion?

Die einfachste Möglichkeit, um Ihr Bewusstsein von Ihrem physischen Körper zu trennen, ist zu lernen, wie luzide Träumen funktionieren. Dieses Buch hilft Ihnen dabei, verschiedene Aspekte des luziden Träumens kennenzulernen und zeigt Ihnen, was Sie tun können, um sich den Einstieg zu erleichtern. Sobald Sie diese Methoden beherrschen, können Sie sie als Grundlage für die Astralprojektion nutzen. Wenn Sie beginnen, sich während des luziden Träumens auf die Astralprojektion zu konzentrieren, kann es sein, dass Sie nach dem Aufwachen einige Sekunden oder Minuten gelähmt sind. Ihr Körper versetzt sich in diesen Zustand, um Sie im Wachleben zu schützen und Ihrem Geist dabei zu helfen, festzustellen, ob Sie sich in einem Traum oder im Wachzustand befinden. Während sich Ihr Körper in diesem Zustand befindet, sollten Sie versuchen, Ihren Astralkörper zu dehnen oder von Ihrem physischen Körper wegzustoßen. Wenn Sie das tun, werden Sie das Gefühl haben, dass sich Ihr Bewusstsein oder Ihre Seele von Ihrem Körper entfernt. Wenn dies geschieht, brauchen Sie keine Angst haben, denn so sollte Ihr Körper reagieren.

Lassen Sie uns die Astralprojektion anhand einer Analogie besser verstehen. Im Winter verlassen Sie das Haus mit mehreren Schichten Kleidung und einem Thermoanzug, der sich an Ihren Körper anschmiegt, um Sie zu wärmen. Wenn Sie nach Hause kommen, ziehen Sie sich die Kleidungsschichten aus und ziehen schließlich auch den Thermoanzug aus. Wenn Sie die Astralprojektion ausprobieren, werden Sie feststellen, dass Ihr Bewusstsein versucht, sich von Ihrem physischen Körper zu entfernen, ähnlich wie der Thermoanzug.

Viele Menschen glauben, dass es für sie einfach wäre, ihr Bewusstsein aus ihrem Körper zu vertreiben. Sie denken, sie können eine Art duales Bewusstsein haben und einfach aus ihrem physischen Körper aussteigen oder ihn verlassen, aber das ist nicht das, was passiert. Wenn Sie Ihre Seele oder Ihr Bewusstsein erfolgreich aus Ihrem physischen Körper herausprojizieren und auf den Körper zurückblicken, wo Sie vor einigen Augenblicken noch waren, sehen Sie, dass Ihr Körper immer noch auf der Couch oder auf dem Bett liegt. Sie haben dabei nicht das Gefühl, dass Sie immer noch dort liegen oder dass Sie sich in einem Traum befinden. Sie sind endlich wach und stehen neben Ihrem Bett.

Wenn Sie sich in dieser Situation befinden, können Sie Ihren Kopf nicht mehr auf dem Kissen spüren. Sie sehen nur Ihren Körper, der in dieser Position liegt. Wenn jemand an Ihrem Arm ziehen oder zerren würde, könnten Sie das spüren, auch wenn Sie Ihr Bewusstsein aus Ihrem Körper herausprojiziert haben. Ihr Körper hat eine Schnur, die ihn mit Ihrer Seele oder der Astralprojektion verbindet und die er benutzt, um sicherzustellen, dass Sie sicher in Ihren Körper zurückkehren können. Ihr Körper wird Ihr Bewusstsein oder Ihre Seele schnell wieder in sich hineinziehen wollen, wenn Sie die ersten paar Male die Astralebene besuchen.

Daher können Sie im Astralzustand versuchen, Ihre Seele so weit wie möglich von Ihrem Körper wegzuschieben, so dass Ihr Körper die Seele nicht zu sich zurückziehen kann. Wenn Sie selbst für die Rückkehr in Ihren Körper bereit sind, sollten Sie sich nur auf diesen Gedanken konzentrieren, und Ihr Körper wird die Seele in sich zurückziehen. Wenn Sie sich auf der Astralebene in schwierigen Situationen befinden, können Sie auch die Hilfe von Geistern in Anspruch nehmen, die Sie zurück in Ihren Körper führen können.

Einige Dinge, die Sie beachten sollten

Es gibt Zeiten, zu denen Sie einen luziden Traum haben, der von dem Gefühl, dass sich Ihr Bewusstsein von Ihrem physischen Körper trennt, gefolgt wird. Sie müssen verstehen, dass es sich hierbei keinesfalls um eine Astralprojektion handelt. Alles ist nur ein Traum. Wenn George Clooney oder Julia Roberts in Ihrer Astralprojektion auftauchen, müssen Sie sich daran erinnern, dass Sie nur träumen. Es kann vorkommen, dass Sie auch bei der Astralprojektion Ihren Körper nicht vollständig verlassen können, und das kann sehr frustrierend sein. Wenn Ihre Gedanken nicht stark genug sind und Sie sich nicht darauf konzentrieren können, Ihr Bewusstsein aus Ihrem Körper zu schieben, können Sie sehr schnell in einen luziden Traum übergehen. Das ist dann keine Astralprojektion, auch wenn es für Sie eine großartige Erfahrung sein kann.

Manche Menschen haben das Gefühl, dass sie eine Astralprojektion erlebt haben, aber nicht, indem sie ihren Körper verlassen haben. In solchen Fällen können Sie Ihren Körper in einer anderen Frequenz schwingen lassen, die es Ihnen erleichtert, die Astralebene zu spüren, aber Ihr Astralkörper dehnt sich nicht aus. Das mag schon vielen Menschen passiert sein, die eine Astralprojektion versucht haben. Sie befinden sich auf der Astralebene, aber Ihr Bewusstsein geht nirgendwo hin; es ist weiterhin fest mit Ihrem physischen Körper verbunden. Wenn Sie sich in einer solchen Situation befinden, ziehen Sie möglicherweise negative Emotionen, Wesenheiten oder Gedanken an, die Ihnen die Energie entziehen wollen, und das ist etwas, was Sie vermeiden sollten.

In anderen Fällen kann es Ihnen leichtfallen, Ihre Seele oder Ihren Astralkörper von Ihrem physischen Körper zu trennen, indem Sie die Hilfe verschiedener Energien oder Wesenheiten in Anspruch nehmen. Wenn Sie jemanden kennen, der seine Seele oder sein Bewusstsein aus seinem Körper herausprojizieren kann, bitten Sie ihn, Ihnen bei diesem Vorhaben zu helfen. Es handelt sich um eine sehr fortgeschrittene Praxis, für die Sie ein gewisses Maß an Übung und Hilfe benötigen.

Kapitel Vier: Luzides Träumen und schamanisches Reisen

Die Definitionen des schamanischen Reisens und des luziden Träumens variieren je nach Kultur und manchmal auch aufgrund von Widerständen, die auf persönlichen Erfahrungen beruhen. Wie Sie bereits gelesen haben, gibt es die Konzepte und Techniken des luziden Träumens schon seit Tausenden von Jahren. Viele indigene Kulturen nutzen das Konzept des luziden Träumens noch immer als eine Form der Therapie und praktizieren es regelmäßig. Experten glauben, dass das luzide Träumen eine Form der schamanischen Therapie ist, eine Methode, die von Wahrsagern, Heilern und Medizinmännern verwendet wird, um Zugang zu Energien, Informationen und Einsichten zu erhalten. Das bedeutet, dass das luzide Träumen kein grundlegendes Konzept für sich ist, sondern eher einer Art Grundlage für verschiedene schamanische Methoden entspricht.

Die Eroberer des Bewusstseins

Die tatsächliche Bedeutung des Begriffs ist etwas ganz anderes als das, was die Menschen heute über das luzide Träumen lernen. Den Menschen wird heute gesagt, dass luzides Träumen nur eine Methode ist, die man benutzen kann, wenn man in seiner Fantasie schwelgen, nach Vergnügen suchen oder etwas Neues ausprobieren möchte. An dieser Definition des luziden Träumens ist nichts direkt auszusetzen, außer der Tatsache, dass es sich um eine sehr begrenzte Definition handelt. Viele Unternehmen, die Maschinen, die das luzide Träumen unterstützen herstellen, verwenden diese Definition, um Kunden zu gewinnen und ihren Umsatz zu steigern. Sie erzählen den Leuten, dass sie mit dem luziden Träumen viel Vergnügen finden können, und das bringt die Leute dazu, die kommerziell erwerblichen Hilfsmittel zu kaufen, um ihr Verlangen nach Vergnügen zu stillen.

Es ist bedauerlich, dass die Menschen glauben, sie könnten in ihren Träumen alles erreichen, was sie wollen, denn schließlich sind die Träume nicht real. Das Ziel eines jeden Unternehmens, das in dieser Branche tätig ist, ist es, das Ego des Käufers anzuzapfen. Gemäß den Werten der westlichen Zivilisation sehen wir es als unser gutes Recht an, uns alles zu nehmen, was wir wollen, denn unsere eigenen Präferenzen und Wünsche sind für uns das Wichtigste. Die Menschen sind egoistisch, und wenn sie durch ihre Träume fantasieren können, finden sie einen Weg, um ihr Ego zu besänftigen. Sie benutzen ihre Träume, um alles zu bekommen, was sie schon immer wollten, aber im wirklichen Leben nicht erreichen können.

Viele Menschen glauben, dass ein Traum wie ein üppiger Wald ist, der darauf wartet, geplündert und abgeholzt zu werden. Denjenigen, die glauben, dass ihre Träume eine Bedeutung haben, fällt es leichter, die Gewinne aus ihren Träumen auch in ihrem Wachleben zu nutzen. Sigmund Freud glaubte, dass die Menschen die Traumdeutung nur zur Befriedigung oder Beruhigung ihres Egos nutzen wollten. Carl Jung hingegen war der Meinung, dass die Menschen während ihrer Träume in ihr Unterbewusstsein eindringen können, auch wenn dies laut seiner Ansicht, das Bewusstsein beschädigen könnte.

Das Ziel des luziden Träumens ist es, den Traum zu erforschen, ihn zu manipulieren oder zu verändern und Ihre Gedanken und Emotionen zu überwinden. Beim luziden Träumen stehen Sie, der Träumer, im Mittelpunkt des Geschehens. Da Sie der Schöpfer Ihrer Landschaft sind, können Sie alles an ihr verändern. So erobern Sie Ihr Bewusstsein und schaffen ein Gleichgewicht zwischen Ihrem Unterbewusstsein und Ihrem bewussten Verstand.

Die negativen Auswirkungen des luziden Träumens

Der Film „Männer, die auf Ziegen starren" stellt einige der Prinzipien dar, die wir besprochen haben. Er schildert ein Szenario, in dem das US-

Militär versucht, psi-basiertes Remote Viewing zu entwickeln, um bestimmte Ziele zu identifizieren oder zu entdecken. Der Film „Inception" basiert auf einem Szenario, bei dem das Militär eine Task Force damit beauftragt, Orte, Ziele und Personen durch luzides Träumen zu identifizieren.

All diese Arbeiten wurden einst geheim gehalten, sind aber mittlerweile in der Datenbank des US-Militärs verfügbar. Im Jahr 1995 entschied das US-Militär, dass es keine Möglichkeit gab, durch das luzide Träumen die gewünschten Ziele zu erreichen. Verschiedene Programme, wie Gondala Wish, Sunstreak und Stargate, konnten aber kleinere Erfolge durch sogenanntes „Remote Viewing" verbuchen. Dale Graff, der frühere Leiter von Stargate, erläuterte das Verfahren in seinem Buch „Tracks in the Psychic Wilderness" (Spuren in der psychischen Wildnis) und erwähnte, wie sein Team mit Hilfe von Remote Viewing ein russisches Flugzeug lokalisieren konnte.

Das bedeutet, dass Sie, wenn Sie das luzide Träumen meistern wollen, konsequent üben müssen. Sie benötigen dazu eine fähige und aktive Vorstellungskraft, aber Sie müssen nicht mit einer höheren Macht oder Energie arbeiten. Beim Schamanismus handelt es sich um eine andere Methode, weil Heiler und Medizinmänner verschiedene Energien und Kräfte einsetzen, um miteinander zu konkurrieren. Sie verwenden dazu beispielsweise verschiedene Zaubersprüche und Kräuter. Trotzdem gibt es einige Parallelen zwischen dem luziden Träumen und dem Schamanismus. Robert Waggoner, ein Psychotherapeut, wies beispielsweise darauf hin, dass man das luzide Träumen nutzen kann, um in die Träume anderer einzudringen, und dass dazu keine Maschine oder anderweitiges Werkzeug erforderlich sei.

Das Aufkommen der Spiritualität

Die meisten Menschen glauben, dass luzide Träume dazu dienen können, den Halt des Träumers im Traum zu stabilisieren. Luzide Träume können jedoch auch den Halt des Träumers destabilisieren, und es gibt Zeiten, in denen der Traum sogar Türen zu anderen Welten öffnen kann. Sie können nur schwer verhindern, dass ein Albtraum unkontrollierbar schlecht ausgeht, selbst wenn Sie während des Traums luzide bleiben. Wenn Sie sich den dunklen Geistern stellen und sich auf Ihr Unterbewusstsein konzentrieren, können Sie Ihre Spiritualität entfesseln. Die American Psychiatric Association (Amerikanische Gemeinschaft für

Psychiatrie) hat das spirituelle Erwachen als diagnostische Kategorie identifiziert und behauptet, dass es sowohl zu spirituellen als auch zu existenziellen Krisen führen kann, wenn es nicht richtig überwacht wird. Sie können derartige Träume beispielsweise dann haben, wenn Sie unter Stress stehen oder Zwang ausgesetzt werden, und auch dann, wenn Sie sich nicht sicher sind, wohin das Leben Sie führen wird, wenn Sie größere Veränderungen planen. Scott Sparrow, ein Psychotherapeut, betont, dass die Angst, die manche Menschen beim luziden Träumen empfinden, ihnen bei der Traumkontrolle helfen kann, und daher als eine Art notwendiges Gegengewicht eingesetzt werden kann.

Viele Menschen erleiden nach dem luziden Träumen schreckliche Krämpfe und andere körperliche Beschwerden. Metaphorisch gesehen könnte man sagen, dass diese Menschen Probleme dabeihaben, den Inhalt ihrer luziden Träume zu verdauen, was ihnen wiederum Schmerzen bereitete. Ken Kelzer, ein Psychotherapeut und luzider Träumer, spricht ebenfalls über seine negativen psychologischen und körperlichen Symptome nach dem luziden Träumen. Er hat seine Erfahrungen in seinem Buch „The Sun and the Shadow" (Die Sonne und der Schatten) ausführlich beschrieben. Wenn Sie es mit dem luziden Träumen ernst meinen, sollten Sie Ihr Bestes tun, um sicherzustellen, dass Sie sich die richtige Umgebung für Ihre Traumsitzungen schaffen.

Stellen Sie sich die folgenden Fragen:
- Ist der Raum, in dem ich arbeite, sicher und für die Praxis des luziden Träumens geeignet?
- Gibt es eine bestimmte Zeit, zu der ich das luzide Träumen am besten praktizieren sollte?
- Kann ich jemanden bitten, mir bei dieser Übung zu helfen?

Wie Sie sich selbst initiieren

Inzwischen haben Sie vielleicht verstanden, dass das luzide Träumen keinesfalls einfach ist. Wenn Sie sich bewusstmachen, dass Sie sich in einem Traum befinden, müssen Sie lernen, ein Gleichgewicht zwischen der Kontrolle, die Sie ausüben können, und Ihrem Bewusstsein herzustellen. Nur so können Sie den verschiedenen Kräften und Wesenheiten in der Geisterwelt gut vorbereitet begegnen. Betrachten Sie Ihren Traum am besten wie eine private Einweihungsfeier.

Manche Menschen haben schreckliche Träume, bei denen sie luzide sind. Sie träumen beispielsweise von Tod, Schmerz und Trauer und sehen Leichen, Dämonen, Geister oder Feuer, die ihnen im Traum erscheinen. Diese Träume sind mit verschiedenen Initiationsträumen vergleichbar, die Menschen dann haben, wenn sie schamanische Rituale praktizieren. Ethnographen glauben, dass diese Träume dem Menschen helfen können, seine Essenz auszudrücken und sich mit verschiedenen anderen Energien in der Welt zu verbinden. Im Folgenden finden Sie ein Beispiel für einen luziden Traum aus dem Buch „Schlaflähmung: Ein Handbuch für den Träumer".

„Ich las gerade, als ich bemerkte, dass die Wand (die etwa 1,80 m vom Ende meines Bettes entfernt war) zu wackeln begann. Mein Körper war wie gelähmt, unfähig, sich zu bewegen. Meine Atmung war so gut wie nicht vorhanden, obwohl ich verzweifelt nach mehr Luft schnappen wollte. Plötzlich öffnete sich eine Art schwarze Leere, wie ein 2,75 m großes schwarzes Loch, das mich vage an die Gestalt einer Figur erinnerte. „Oh mein Gott", dachte ich, „ich muss träumen. Das kann nicht wahr sein." Das schwarze Loch breitete sich weiter im Raum aus. Ich war außer mir vor Schreck. Ich verstehe immer noch nicht, warum mein Herz nicht einfach zusammengebrochen ist. Die Schwärze begann, eine erkennbare Form anzunehmen. Sie wurde zu einem 1 Meter großen japanischen Teufel, einer Art teuflisch aussehenden Samurai. Er grinste bösartig und sagte: „Du träumst nicht. Du dachtest, Du könntest mich kontrollieren." Dann streckte er in einer einzigen schwungvollen Bewegung seine riesige schwarze Hand aus, packte mich, stopfte mich in seinen blutroten Mund und verschluckte mich. Dann fiel ich für einen Moment in die Bewusstlosigkeit; nun zog mich ein Strudel hinab in einen Abgrund ohne Dimensionen. Plötzlich wurde ich wieder in seine Hand ausgespuckt. Irgendwie hatte ich mich in einen roten Rubin, einen Kristall, verwandelt. Ich WAR der Rubin; ich fühlte mich wie ein Rubin. Da war ich also, in der großen Hand eines Riesen, und sah ihn an, und er sah mich an. In dem Moment, als wir uns ansahen, geschah etwas. Wir sahen uns an, wurden uns gegenseitig wahrhaftig bewusst und dann entstand plötzlich ein Gefühl der Liebe. Ich weiß nun, wovon die Mystiker sprechen und wozu sie sich nicht äußern können. Es gibt den Glauben und dann gibt es noch das Wissen."

Wenn Sie den Einweihungstraum aufmerksam lesen, wissen Sie, dass der Dämon im Traum die Person im Traumzustand verhöhnt. James Hillman, ein Psychologe, vermutete, dass die Traumfigur einer Person nicht nur eine Darstellung dessen ist, wer die Person ist. Es handelt sich außerdem um eine Reflektion des gesamten Wesens. In dem obigen

Traum hat sich die Träumerin dem Dämon ausgeliefert und ist schließlich gestorben. Sie stürzte in einen Abgrund und wurde mit einem neuen Verständnis des Lebens wiedergeboren.

Die Revolution des luziden Träumens

Menschen nutzen die Traumkontrolle oft als Mittel, um sich ihren Gedanken zu ergeben. So lernen sie, in der Gegenwart zu leben und mit dem Strom zu schwimmen. Die meisten Menschen nutzen die Spannung zwischen der Arbeit mit dem Unbekannten und der Aufrechterhaltung des eigenen Bewusstseins in einem Traum, um sich mit ihrem Unterbewusstsein zu verbinden. Dies hilft ihnen dabei, die Luzidität in ihren Träumen länger aufrechtzuerhalten. Für Träumer ist es von größter Bedeutung, die Energie und Weisheit unserer Vorfahren anzuzapfen, um die verschiedenen Ereignisse in der Welt wirklich zu verstehen. Diese Weisheit kann uns dabei helfen, unsere Gemeinschaften besser zu verstehen und die Auswirkungen der Wirtschaft auf die Umwelt und die Zivilisation zu beurteilen.

Lee Irwin, ein berühmter Anthropologe, sprach darüber, wie Wachvisionen und bedeutungsvolle Träume mit gegensätzlichen Weltanschauungen und widersprüchlichen Paradigmen während des Konflikts zwischen dem Westen und den amerikanischen Ureinwohnern im siebzehnten, achtzehnten und neunzehnten Jahrhundert zum Vorschein kamen. Dieser Konflikt führte zum Aufstieg von Anführern, die sowohl Heiler als auch Visionäre waren und ihre spirituellen Kräfte gegen den kolonialen Westen einsetzen konnten. Barbara Tedlock, eine Anthropologin, beschrieb den Einfluss von Träumen auf die Maya-Zivilisation während des Bürgerkriegs in Guatemala in den 1980er Jahren. Die Menschen in diesen Gemeinschaften wurden von Träumern und Visionären geführt, die einen Weg fanden, um ihre Traditionen zu bewahren, während sie gleichzeitig neue Kulturen akzeptierten. Diese Gemeinschaften nahmen erfolgreich an der modernen Wirtschaft teil, während sie weiterhin ihrer Kultur und ihrem Glauben folgten.

Das heißt, Ihr Erfolg kann nicht durch die Existenz eines Traumes garantiert werden – aber Sie können die Kraft Ihrer Träume nutzen, um sich eine Vorlage zu schaffen, die es Ihnen leichter macht, sich allen Widrigkeiten zu widersetzen. Die Menschen der heutigen Welt kennen ihre Grenzen, aber sie sind sich der zerstörerischen Kraft der Welt, die sie umgibt, immer noch nicht bewusst. Wir können die Macht unserer

Träume nutzen, um derartige Zerstörung zu verhindern, aber dazu müssen wir bereit sein, uns an deren Inhalt zu erinnern, unsere Einsichten mit der Welt zu teilen und mit offenem Herzen und offenen Augen den Weisungen in unseren Träumen zu folgen.

Kapitel Fünf: Die Vorbereitung auf das Erlernen des luziden Träumens

Die meisten Anfänger haben viele Fragen zum luziden Träumen, und dieses Kapitel versucht, einige dieser Fragen zu beantworten. Sie können die Informationen in diesem Kapitel nutzen, um sich auf eine luzide Traumerfahrung vorzubereiten.

Wann kann ich meinen ersten luziden Traum haben?

Experten glauben, dass Anfänger ihren ersten luziden Traum zwischen drei und dreißig Tagen nach Beginn eines Programms zur Förderung des luziden Träumens erreichen können. Das hängt unter anderem davon ab, wie sehr sie sich konzentrieren und wie gut sie alle Anweisungen befolgen, die ihnen dabei helfen sollen, ihre Achtsamkeit zu verbessern. Dieses Buch ist nur ein Leitfaden, und tatsächlich gibt es auch Menschen, die bereits bei ihrem ersten Versuch über die notwendigen Fähigkeiten verfügen, um sich ihrer Träume aktiv bewusst zu werden. Andere brauchen wiederum Monate oder Jahre, um diese Fähigkeit zu entwickeln, und wenn Sie sich anfangs nicht mit ganzem Herzen auf dieses Vorhaben einlassen, brauchen Sie gegebenenfalls sogar noch länger. Stellen Sie sich die folgenden Fragen, wenn Sie Schwierigkeiten dabeihaben, das luzide Träumen zu meistern:

- Nehme ich mir jeden Morgen genügend Zeit, um meine Träume aufzuschreiben?

- Meditiere ich jeden Tag mindestens zehn Minuten lang? Tue ich alles, was in meiner Macht steht, um mein Selbstbewusstsein jeden Tag zu verbessern?
- Führe ich jeden Tag genügend Realitätschecks durch? Wie häufig nutze ich diese Methode zur Reflektion?
- Habe ich einen Plan dafür entwickelt, was ich in meinem ersten luziden Traum gerne tun möchte? Pflanzte ich die verschiedenen Ideen für meine luziden Träume in mein Unterbewusstsein ein?
- Habe ich die richtigen Strategien gelernt?

Können mir luzide Träume schaden?

Sie werden durch die luziden Träume keiner körperlichen Gefahr ausgesetzt, aber Sie sollten darauf vorbereitet sein, dass Sie sich anders fühlen. Sie müssen gleichzeitig auch sicherstellen, dass Sie offen für neue Erfahrungen sind. Keine dieser Erfahrungen kann Ihnen schaden, aber Sie werden einige von ihnen vielleicht etwas seltsam finden.

Kann ich als Anfänger einen luziden Zustand erreichen?

Übung macht den Meister, aber die meisten Menschen erleben schon nach wenigen Versuchen einen luziden Traum. Sie können die verschiedenen Methoden anwenden, die in diesem Buch beschrieben werden, um in einem Ihrer Träume einen Zustand der Luzidität zu erreichen.

Kann ich in bei klarem Geisteszustand Albträume haben?

Sie können entweder einen guten oder einen schlechten Traum haben, während Sie schlafen, und Sie können in beiden Träumen luzide sein. Der einzige Unterschied ist der, dass Sie sich auch in einem unangenehmen Traum wiederfinden können. Wenn Sie es schaffen, die Luzidität aufrechtzuerhalten, können Sie diese Situation aktiv mitkontrollieren, da Sie ein klares Verständnis für die prekäre Lage, in der Sie sich befinden, haben. Nur wenn Ihnen dies gelingt, können Sie sich den Gedanken und Bildern aktiv entgegenstellen, die Ihnen diesen Albtraum bescheren.

Gibt es Anzeichen, an denen ich erkennen kann, dass ich im Traum bei klarem Verstand bin?

Wenn Sie Träume nutzen, um luzides Träumen zu initiieren, werden Sie bewusst oder luzide, wenn Sie im Schlaf merken, dass Sie träumen. Sie haben vielleicht schon einmal Filme über das luzide Träumen gesehen, in denen manche Figuren zwar wissen, dass sie träumen, aber nicht wissen, wie sie verschiedene Aspekte ihres Traums durch ihren Willen kontrollieren können. In solchen Situationen schreien die Betroffenen vielleicht, oder wachen ruckartig auf und können sich nicht einmal daran erinnern, wovon sie geträumt haben. Es ist wichtig zu verstehen, dass es sich bei derartigen Beispielen nicht um luzide Träume handelt.

Luzide Träume haben sehr unterschiedliche Auswirkungen auf Ihr Leben. Wenn Sie sich bewusst sind, dass Sie träumen und dieses Bewusstsein laut aussprechen, strömt eine gewisse Gedankenklarheit in Ihren Geist. Sie beginnen, sich auf jeden Aspekt Ihres Traums zu konzentrieren und sind sich Ihres Körpers zunehmend bewusster. Das luzide Träumen gleicht einer Wacherfahrung und nur, wenn Sie sich so fühlen, können Sie viele Informationen aus Ihrer Umgebung aufnehmen.

Ihre Träume haben oft unterschiedliche Merkmale, und es ist leicht möglich, dass sich diese Merkmale ändern, selbst wenn Sie luzide Träume haben. Sie können zum Beispiel mit Welpen spielen und diese Welpen könnten sich plötzlich in Schachteln oder Kleidungsstücke verwandeln. Sie können sich jedoch entscheiden, dass Sie wieder zum Spiel mit den Welpen zurückkehren wollen, solange Sie in der Lage sind, die Luzidität beizubehalten. Diese subtilen Veränderungen können nicht kontrolliert werden, selbst wenn Sie während eines Traums luzide bleiben. Ihr Unterbewusstsein spielt dabei eine wichtige Rolle.

Kann ich länger bei klarem Verstand bleiben?

Die meisten luziden Träumer, insbesondere Anfänger, können die Länge ihrer luziden Träume nicht kontrollieren. Es kann beispielsweise sein, dass sie in ihrem Traum zu aufgeregt sind und dadurch ihren physischen Körper versehentlich aufwecken. Manchmal vergessen Sie, dass Sie in einem Traum luzide sind, und Ihr Unterbewusstsein übernimmt die Kontrolle über alles in Ihrem Traum. Wenn dies geschieht, wird der Traum zu einem normalen Traum, da Sie keine Kontrolle mehr haben. Wenn Sie länger träumen möchten, sollten Sie lernen, konzentriert und ruhig zu bleiben, während Sie träumen. Sie müssen die Kunst der geistigen Erdung erlernen und sich wiederholt daran erinnern, dass Sie nur träumen.

Eine der einfachsten Methoden, die Sie nutzen können, um in Ihren Träumen länger luzide zu bleiben, ist die Durchführung von Realitätschecks. Sie können dazu entweder laut sagen: „Ich träume", oder bewusst im Traum umhergehen. Beide Traumaktivitäten helfen Ihnen dabei, Ihren Geist zu stimulieren und aktiv zu halten. Sie können Ihr Bewusstsein auch dazu bringen, sich auf Ihren Traumkörper zu konzentrieren und dabei das Anschauen Ihres eigenen physischen Körpers möglichst vermeiden. Wenn Sie diese Strategien befolgen, können Sie einen luziden Traum erleben, der bis zu 60 Minuten lang dauert.

Kann ich weitere Elemente und Farben zu meiner Traumszenerie hinzufügen?

Dieses Vorhaben ist vergleichsweise schwierig, besonders wenn Sie ein Anfänger sind, der seine Traumumwelt noch nie verändert hat. Einer der Hauptgründe dafür ist, dass Sie sich vermutlich nicht sicher sind, dass dieses in Ihrem Traum erfolgreich umgesetzt werden kann. Da Sie ein Anfänger sind, wissen Sie noch nicht, wie Sie Ihre Träume kontrollieren können, was es Ihnen schwerer macht, etwas an Ihrem Traum zu ändern.

Die beste Möglichkeit, die Ihnen dabei helfen kann, die Grenzen Ihrer Kontrolle zu verstehen, besteht darin, mit Ihrem Unterbewusstsein zusammen zu arbeiten, um die Logik Ihres Traums zu verstehen. Sie können Folgendes tun, um einige Aspekte der Traumwelt gezielt zu verändern:

Laufen Sie in Ihrem Traum herum und finden Sie eine Tür. Stellen Sie sich vor, dass Sie, wenn Sie durch die Tür gehen, in eine andere Welt gelangen.

- Wenn es in Ihrer Traumlandschaft Seen oder andere Gewässer gibt, können Sie diese als eine Art Portal nutzen und in sie hineinspringen.
- Sie können alternativ auch ein Spiegelportal benutzen, um von Ihrer aktuellen Traumwelt aus in eine andere zu gelangen.
- Wenn Sie einen Film oder eine Fernsehserie sehen, wechseln Sie das Bild und springen Sie hinein. Sie werden sehen, dass die Welt um Sie herum dadurch drei-dimensional wird.
- Schauen Sie von der aktuellen Traumszene weg und stellen Sie sich eine Veränderung der Szene vor. Wenn Sie sich schließlich umdrehen, werden Sie eine ganz neue Welt vor Ihren Augen sehen.

Es gibt viele Dinge, die Sie tun können, wenn das einzige Hindernis Ihre eigene Kreativität ist. Sie müssen bedenken, dass Ihr Bewusstsein eine wichtige Rolle spielt, wenn es um Ihre Träume geht. Wenn Sie sich

Ihrer Stärken nicht sicher sind und sich ständig fragen, ob Sie die verschiedenen Aspekte Ihrer Träume wirklich ändern können, kann Ihr Selbstvertrauen ins Wanken geraten. Wenn Sie aber aus Ihren Fehlern und Erfahrungen lernen und zuversichtlich bleiben, werden Sie auch lernen, dass es viele Dinge gibt, die Sie tun können, wenn Sie träumen.

Kann ich träumen, dass ich fliege?

Die meisten Menschen wollen lernen, wie man fliegt, wenn sie luzide Träume haben. Oft wollen sie diese Kunst beherrschen können, bevor sie irgendetwas anderes tun. Wenn Sie jedoch gerade erst mit dem luziden Träumen anfangen, sollten Sie dies vermeiden, denn das Konzept ist etwas schwierig zu verstehen. Manche Menschen haben Glück und heben sofort ab, wie Superman, während andere gegen Gebäude stoßen, andere aufgrund der Schwerkraft nicht vom Boden abheben können und wieder andere an Wäscheleinen hängen bleiben.

Wir können dieses Phänomen anhand des Beispiels des Films „Die Matrix" beschreiben. Als Neo und Morpheus in der virtuellen Welt kämpfen, besiegt Ersterer Letzteren mit Leichtigkeit. Warum glauben Sie, dass Neo Morpheus überlegen war? Lag es daran, dass er klüger, fitter oder stärker war? Nein, denn alles, was er brauchte, war ein wenig Selbstvertrauen. Er glaubte, er sei besser als Morpheus, und dieser Glaube half ihm dabei, den Kampf zu gewinnen.

Das gleiche Prinzip funktioniert auch beim luziden Träumen. Sie müssen die Kunst des Fliegens bewusst erlernen wollen, während Sie luzide Träume haben. Das macht es Ihnen leichter zu fliegen, solange Sie es schaffen, die Luzidität in späteren Träumen weiterhin aufrechtzuerhalten.

Können luzide Träume Müdigkeit verursachen?

Bei dieser Sorge handelt es sich um einen weiteren Mythos. Menschen träumen während ihres REM-Schlafs, und sie können über neunzig Minuten am Stück lang träumen. Ein erfahrener luzider Träumer kann mindestens drei luzide Träume in einer Woche haben, und jeder Traum kann mindestens fünfzehn Minuten lang dauern. Manche Menschen glauben, diese luziden Träume seien wie verlorener Schlaf, weil ihr Geist dabei nicht ganz zur Ruhe kommt, aber tatsächlich handelt es sich bei den luziden Intervallen um vergleichsweise kurze Zeit. Luzide Träume können Ihnen ein natürliches Hochgefühl verleihen, das Sie mit zusätzlicher Energie versorgt und gut durch den nächsten Tag bringt. Manche Menschen erleben jede Nacht luzide Träume, in jedem ihrer

Schlafzyklen. Das bedeutet, dass die luziden Träume nicht nur auf ihren REM-Schlaf beschränkt sind. Sie haben also in ihrem Leben fast nur luzide Träume gehabt und sich nie über einen Mangel an Energie beklagt.

Manche Menschen ziehen es vor, normale Träume zu haben und geben ihre Luzidität auf, wenn sie ihrem Traum nichts mehr hinzufügen können. Andere wiederum entscheiden sich dafür, aus ihrem luziden Zustand zu erwachen. Sie wachen auf und öffnen kurz ihre Augen, bevor sie wieder einschlafen. Eine sehr kleine Anzahl von Menschen hat Probleme durch die luziden Träume und kann schwer wieder ungestört einschlafen. Das führt dazu, dass sie sich den ganzen nächsten Tag über ein wenig erschöpft fühlen.

Wenn Sie auf natürliche Weise regelmäßig luzide Träume erleben, aber Angst vor der Intensität Ihrer Träume haben, sollten Sie einen Arzt oder Spezialisten aufsuchen. Denken Sie daran, dass alles, was in übermäßigem Ausmaß geschieht, schlecht für Ihren Körper und Ihren Geist ist, und dass es Möglichkeiten gibt, um das luzide Träumen bewusst zu beenden.

Kann ich in der Traumwelt festsitzen?

Machen Sie sich Sorgen, dass Sie versehentlich in einem luziden Traum stecken bleiben könnten, so wie ein Kind vielleicht in einem Gemälde in einem Horrorfilm stecken bleibt? Wenn Sie besorgt sind, denken Sie daran, dass ein solches Feststecken nicht möglich ist, denn es ist handelt sich schließlich nur um einen Traum, der keinen Einfluss auf Ihre Realität hat. Sie können also nicht in einem luziden Traum stecken bleiben, genauso wenig wie Sie in einem Albtraum oder einem normalen Traum stecken bleiben können. Manche Filme suggerieren diese Möglichkeit lediglich, um die Handlung spannender zu machen. Wenn Sie luzide träumen, können Sie sich jederzeit entscheiden, dass Sie aufwachen möchten. Die meisten Menschen beginnen mit dem luziden Träumen, weil sie es als Mittel zum Aufwachen aus schlechten Träumen oder Albträumen benutzen wollen. Sie können jederzeit ihre Traumaugen schließen und ihren Geist entschlossen zum Aufwachen auffordern. Sie können diese Momente auch nutzen, um von einem Albtraum zu einem geführten Traum überzugehen. Es ist möglich, dass Sie sich in einen Zustand des falschen Erwachens oder einen luziden Albtraum hineinversetzen. Es ist jedoch nicht so, als wären Sie dadurch für immer in einem Traum gefangen. Diese Traumzustände sind sowohl erhellend als auch beängstigend, und haben die gleiche Länge wie Ihr REM-Schlaf.

Deuten meine Träume auf meine übersinnlichen Fähigkeiten hin?

Die meisten Menschen unterliegen dem Irrglauben, dass ihre Träume etwas mit ihren zugrundeliegenden übersinnlichen Fähigkeiten zu tun haben. Das Wichtigste ist, dass Sie verstehen, dass nichts wirklich wird, nur weil Sie es gerne wollen. Wenn dies der Fall wäre, würde jeder Mensch 1.000.000 Euro im Lotto gewinnen oder genau so aussehen, wie er es sich wünscht. Es gibt nur wenige oder sogar gar keine wissenschaftlichen Untersuchungen, die belegen, dass Träume etwas mit übersinnlichen Fähigkeiten zu tun haben. Die meisten Menschen haben allerdings schon mal eine Geschichte von einem Freund gehört, der einen erstaunlichen hellseherischen Traum hatte, also besteht vielleicht trotzdem die Möglichkeit, dass solche Träume real sind. Sie müssen aber auch bedenken, dass einige Anekdoten nur erfunden sind und dass es im Leben manchmal auch merkwürdige Zufälle geben kann.

Kann ich mit meinem Unterbewusstsein kommunizieren?

Es ist wichtig, dass Sie sich daran erinnern, dass Ihre Träume aus Erinnerungen, Emotionen und Gedanken bestehen, die aus Ihrem Unterbewusstsein stammen. Das bedeutet, dass es im Traum eine Art wechselseitige Kommunikation zwischen Ihrem Unterbewusstsein und Ihrem bewussten Verstand gibt. Eine der einfachsten Möglichkeiten, mit dem Unterbewusstsein zu kommunizieren, besteht darin, im Traum mit sich selbst zu sprechen. Sie können versuchen, sich einige Fragen zu stellen, um mit Ihrem Unterbewusstsein ins Gespräch zu kommen. Dies kann Ihnen dabei helfen, die Verbindung zwischen Ihrem Unterbewusstsein und Ihrem bewussten Verstand zu stärken.

Sterbe ich im echten Leben, wenn ich in meinem luziden Traum sterbe?

Das ist nicht der Fall, und die Forschung zeigt, dass luzide Träume keinen direkten Einfluss auf Ihren Körper haben. Sie können beispielsweise in einem luziden Traum von einem Hund gejagt werden, sich verletzen oder sogar sterben. Es kommt vor, dass Sie mal von einem Turm oder aus dem obersten Stockwerk eines Gebäudes gefallen sind. Das bedeutet nicht, dass Sie auch in der Realität gestorben sind. Wenn Sie aufwachen, stellen Sie fest, dass alles nur ein Traum war, der Sie offensichtlich nicht umgebracht hat.

Kann ich ein falsches Erwachen erleben?

Ein falsches Erwachen ist eine Situation, in der Sie noch schlafen, aber in der Ihr Körper glaubt, dass Sie wach sind. Dies ist ein ganz eigener

Geisteszustand, durch den Sie einige lebhafte Erfahrungen machen können, die luziden Träumen in einigen Dingen ähneln. Manche Menschen stehen sogar im Zustand des falschen Erwachens auf, ziehen sich an, frühstücken schnell und fahren zur Arbeit. Sie können derartig komplexe Handlungen durchführen, da sie sich sozusagen im Autopilot-Modus befinden. Das bedeutet, dass die Erfahrung ihnen keinen Spaß macht und nicht von ihnen kontrolliert werden kann. Abgesehen davon können derartige Träume sehr realistisch wirken, weshalb die meisten Menschen zunächst nicht merken, dass sie sich in einem Zustand des falschen Erwachens befinden.

Luzide Träumer haben oft mehr Erfahrungen mit falschem Erwachen als andere Menschen, und das liegt an einem Zusammenstoß zwischen ihrem Bewusstsein und der Traumwelt. Dies ist zwar eine seltsame Nebenwirkung des luziden Träumens, aber nicht besonders gefährlich. Dieses Phänomen kann außerdem auch zur Entwicklung von Träumen im Wachzustand führen, die als bewusste Träume bezeichnet werden. Viele Filme benutzen ein falsches Erwachen als Teil ihrer Handlung, um den Zuschauern die Ängste der Hauptfiguren zu verdeutlichen. Eine der einfachsten Möglichkeiten, durch die ein falsches Erwachen erkannt werden kann, besteht darin zu überprüfen, ob Sie sich in einem Traumzustand oder in der Realität befinden.

Kann ich Maschinen als Hilfsmittel nutzen?

Es gibt viele Geräte, die Ihnen beim luziden Träumen helfen können, z.B. den sogenannten REM Dreamer, die DreamMask (Traummaske) und den NovaDreamer (Novaträumer). Diese Geräte bringen verschiedene Auslöser für das luzide Träumen zum Einsatz, und Ihr Unterbewusstsein verwendet dieselben Auslöser in Ihrem Traum. Es ist Ihre Aufgabe, sich auf diese Auslöser oder Hinweise zu konzentrieren, die Ihnen dabei helfen sollen, sich im Traum besser zu verstehen oder sich Ihrer selbst bewusster zu werden. Diese Maschinen gewährleisten zwar nicht, dass Sie während Ihrer Träume luzide bleiben, doch wenn Sie sie richtig einsetzen, können Sie Ihre Chancen des luziden Träumens erheblich verbessern. Diese Geräte können außerdem auch Ihr Bewusstsein von Ihrem physischen Körper aus in die Traumwelt verlagern.

Wie verwende ich Gehirnwellen-Musik oder -Botschaften?

Gehirnwellen-Musik oder -Botschaften zählen zu den einfachsten Methoden, durch die Sie vom Wachzustand in einen meditativen Zustand übergehen können. Diese Unterhaltung nutzt präzise Audiotechnologie, die das Gehirn stimuliert, um den Geist in einen tief meditativen, ruhigen und entspannten Zustand zu verlagern. Diese Form der Unterhaltung ist aus den folgenden Gründen gut:

- Die Unterhaltung hilft Ihnen dabei, sofort vom Wachzustand in einen meditativen Zustand zu wechseln. Sie verbessert Ihre Visualisierungsfähigkeit und Selbstwahrnehmung und hilft Ihnen auf diese Art und Weise, sich in verschiedenen Wachzuständen das Bewusstsein zu erhalten und sich Ihrer selbst bewusst zu werden.

- Diese Form der Unterhaltung hilft Ihnen auch, in den BAMA-Zustand (Body Asleep/Mind Awake - Schlafender Körper/Wacher Geist) zu gelangen - eine der besten Möglichkeiten, einen luziden Traum zu haben. Sie können in einem solchen Zustand möglicherweise auch eine außerkörperliche Erfahrung machen. Wenn Sie sich in diesem Bewusstseinszustand befinden, arbeitet Ihr Geist hart daran, sicherzustellen, dass sich Ihr Körper im Traumzustand befindet und weiterschläft.

Sind Traumkräuter gut?

Sie können gelegentlich Traumkräuter verwenden, wenn Sie die Intensität Ihrer Träume verbessern möchten. Einige Kräuter helfen Ihnen auch dabei, sich besser an Ihre Träume zu erinnern. Es gibt Zeiten, in denen Sie bedeutungsvolle, lebhafte und aufschlussreiche Träume haben, wenn Sie Traumkräuter zu sich nehmen. Einige Experten empfehlen Kräuter, wenn Sie in Ihren Träumen interessante Erlebnisse schaffen oder herbeiführen wollen. Sie können auch mit Kräutern experimentieren, um mehr über Ihre Psyche zu erfahren, zum Beispiel darüber, wie Sie auf Träume reagieren, oder die Kräuter nur zum Spaß zu sich nehmen.

Kann ich mit luziden Träumen außerkörperliche Erfahrungen (AKEs) herbeiführen?

Wir haben die außerkörperlichen Erfahrungen, auch bekannt als Astralprojektionen, im dritten Kapitel des Buches bereits kurz besprochen. Luzide Träume können außerkörperliche Erfahrungen begünstigen. Es gibt Zeiten, in denen Sie unerklärliche oder unvorstellbare Erfahrungen machen, selbst wenn Sie bewusst Methoden zur Kontrolle des luziden Träumens anwenden. Es mag Zeiten geben, in denen Sie das Gefühl haben, dass Ihr Bewusstsein Ihren Körper verlässt, während Sie einen luziden Traum haben. Bei diesem Gefühl handelt es sich wahrscheinlich nur um einen Wandel, dem Ihr Bewusstsein unterläuft, wenn es von Ihrem physischen Körper in den Traum- oder Vorstellungskörper übergeht. Diese Erfahrung ähnelt dem Gefühl eines falschen Erwachens.

Kapitel Sechs: Vorbereitung auf ein Klartraumerlebnis

Die meisten Menschen fragen sich, wie schnell sie luzide Träume haben können. Was die meisten Menschen nicht wissen, ist, dass Sie schon an dem Tag, an dem Sie sich zum ersten Mal zu dem Thema informieren, einen luziden Traum haben können. Sie können also bereits in den ersten Nächten nach Ihrem ersten Versuch einen luziden Traum haben, denn dazu müssen Sie sich lediglich auf Ihre Traumrealität konzentrieren. Das bedeutet, dass Sie sich Ihres Traums bewusstwerden müssen, aber das ist leichter gesagt als getan.

Manche Menschen haben bei diesem Vorhaben nicht so viel Glück, und bei manchen kann es sogar einen Monat dauern, bevor Sie einen luziden Traum erleben. Die Zeitspanne variiert dabei von Person zu Person, aber manche Menschen müssen sich nur ein wenig auf die richtige Art konzentrieren, um luzide Träume zu erleben. Machen Sie sich also keine Sorgen, wenn Sie in der Nacht, in der Sie dieses Buch zu Ende gelesen haben, noch nicht gleich einen luziden Traum haben. Es kann sein, dass Sie einige Zeit lang brauchen, um sich geistig und körperlich auf den Traum vorzubereiten, bevor Sie tatsächlich ein luzides Traumerlebnis haben. Wenn Sie die verschiedenen in diesem Buch dargelegten Methoden gelesen haben, wissen Sie ganz genau, was Sie tun müssen, um luzide Träume zu haben. Es wird der Tag kommen, an dem Sie sich nicht mehr so sehr anstrengen müssen, um einen luziden Traum zu haben. Alles, was Sie dann tun müssen, ist, sich beim Einschlafen auf einen Gedanken oder ein Bild zu konzentrieren und sich die Intention festzulegen, dass Sie nachts etwas darüber träumen werden.

Dieses Kapitel befasst sich mit einigen Tipps und Strategien, die benutzt werden können, um luzide Träume zu erleben. Aber bevor wir tiefer in diese Methoden eintauchen, sollten wir zunächst Ihre persönlichen Ziele festlegen.

Verstehen Sie Ihre Ziele

Wenn Sie die verschiedenen Methoden des luziden Träumens erlernen wollen, müssen Sie Folgendes tun.

- Erhöhen Sie Ihre Chancen, sich an Ihre Träume zu erinnern. Da Sie jede Nacht mindestens 100 Minuten lang träumen, achten Sie auf alles, was in Ihrem Traum geschieht.
- Achten Sie darauf, dass Sie sich auf verschiedene Aspekte Ihrer Träume konzentrieren, z.B. auf bestimmte Geräusche, Empfindungen, Eindrücke und Gefühle.
- Konzentrieren Sie sich auf Ihre Gedanken und lernen Sie zu erkennen, wann Sie träumen und wann nicht. Das bedeutet, dass Sie lernen müssen, zwischen Ihren Träumen und der Realität zu unterscheiden. Das können Sie ganz einfach mit Hilfe von den Realitätschecks tun, die wir in diesem Kapitel ausführlich behandeln werden.
- Lernen Sie, sich Ihres Lebens bewusster zu werden, damit Sie sich Ihrer Träume ebenfalls klarer werden.
- Zwingen Sie Ihren Geist dazu, sich Ihrer Träume bewusster zu werden. Nur so können Sie mehr luzide Traumerlebnisse herbeiführen.
- Erlernen Sie Visualisierungsfähigkeiten, die Ihnen helfen können, Ihren Traum zu manifestieren. Sie können dabei auch visualisieren, dass Sie sich in einem luziden Traum befinden.
- Lernen Sie, sich jeden Abend vor dem Schlafengehen auf den Inhalt Ihres Traums zu konzentrieren. Wir werden uns diese Technik später in diesem Kapitel im Detail ansehen.

Wenn Sie die oben genannten Ziele in Ihr Leben integrieren, können Sie jede Nacht luzide Träume haben. Sie müssen verstehen, dass Ihre Träume nur die Erinnerungen, Gedanken, Emotionen und Erfahrungen widerspiegeln, die Sie während Ihres Wachlebens erlebt haben. Aus diesem Grund können Sie schon einen luziden Traum haben, indem Sie einfach an etwas denken, das sich während des Tages ereignet hat.

Tipps und Tricks

Lernen Sie, so viel Sie können

Wenn Sie eine neue Fähigkeit entwickeln wollen, müssen Sie zunächst alles über diese Fähigkeit lernen. Dieses Buch enthält alle Informationen, die Sie über das luzide Träumen benötigen, aber es gibt noch viele weitere Artikel und Videos, die Ihnen auf Ihrem Weg weiterhelfen können.

Machen Sie regelmäßig „Realitätschecks"

Ich bin sicher, Sie wissen bereits, was ein Realitätscheck ist. Sie sollten jeden Tag mindestens zwei Dutzend Realitätschecks durchführen, vor allem bei Ihren ersten Traumversuchen. Sie können die Anzahl der Realitätschecks verringern, wenn Sie sich langsam verbessern und beginnen, Ihre Fähigkeiten auszubauen. Das Durchführen eines Realitätschecks dauert nicht länger als ein paar Sekunden. Betrachten Sie einmal das folgende Beispiel:

- Schauen Sie auf Ihre Hände.
- Wenn sich eine Wand neben Ihnen befindet, versuchen Sie, Ihre Handflächen durch diese Wand hindurchzudrücken.
- Wenn Sie sich in einem Traum befinden, können Sie Ihre Hand durch die Wand stecken, aber wenn nicht, berühren Ihre Handflächen ganz normal die Oberfläche der Wand.

Das Ziel eines Realitätschecks ist es festzustellen, ob Sie in einem bestimmten Moment schlafen oder ob Sie wach sind. Je nachdem, in welchem Zustand Sie sich befinden, wird das Ergebnis einer Aktivität, die Sie ausführen, unterschiedlich ausfallen. Wenn Sie eine solche Handlung täglich mehrere Male wiederholen, wird sie in Ihrem Muskelgedächtnis gespeichert. Wenn Sie also träumen, können Sie entweder denselben Realitätscheck durchführen oder eine andere Methode anwenden, um festzustellen, ob Sie sich in einem Traum befinden. Dies wird dazu beitragen, den Teil Ihres Geistes zu aktivieren, der sich auf verschiedene Aspekte des Traums konzentriert, und so den Zustand der Luzidität herbeiführen.

Reduzieren Sie die Zeit, die Sie vor Ihrem Bildschirm verbringen

Schalten Sie alle Geräte wie beispielsweise Mobiltelefone, Laptops, Tablets, Fernseher, Kindles usw. mindestens eine Stunde vor dem Schlafengehen aus. Schalten Sie alle Lichter in Ihrem Zimmer aus, um

Ihren Körper und Ihren Geist zum Einschlafen zu ermutigen. Nur so kann Ihr Gehirn genügend Melatonin freisetzen, um Ihren Körper zum Einschlafen zu zwingen. Achten Sie darauf, dass Ihre Umgebung dunkel ist, da Licht die Produktion von Melatonin negativ beeinflusst.

Benutzen Sie einen Wecker

Die meisten Anfänger machen bei diesem Schritt etwas falsch, wenn sie mit dem Erlernen des luziden Träumens beginnen. Wenn Sie die in diesem Abschnitt genannten Schritte sorgfältig befolgen, können Sie sich entscheidend verbessern. Sie sollten sich den Wecker so stellen, dass er mindestens fünf Stunden nach dem Zubettgehen ausgelöst wird. Das Ziel ist es dabei, Sie aus Ihrem REM-Schlaf aufzuwecken. Mit den in den nächsten Schritten erwähnten Methoden werden Sie jedoch schnell wieder einschlafen und dadurch in einen Zustand des luziden Träumens zurückkehren. Wenn Sie mit dieser Methode Erfolg haben wollen, sollten Sie die folgenden Punkte beachten:

- Halten Sie Ihre Augen geschlossen, während Sie versuchen, den Wecker auszuschalten. Stellen Sie sicher, dass sich Ihr Telefon oder Ihre Uhr in Ihrer Nähe befinden, so dass Sie sie gut erreichen können, ohne die Augen dabei öffnen zu müssen.
- Verwenden Sie keine schrillen Töne als Wecker. Ja, der Wecker sollte Sie aufwecken, aber wenn Sie brummende Geräusche verwenden, werden Ihr Geist und Ihr Körper aktiv, was es Ihnen schwer macht, in den Zustand des luziden Träumens zurückzukehren. Verwenden Sie daher eher angenehme Geräusche als Wecker.

Vermeiden Sie es, Ihre Augen zu öffnen

Es ist äußerst wichtig, dass Sie dies tun, besonders, wenn Sie gerade aus einem Traum aufwachen. Sie müssen Ihre Augen geschlossen halten, damit Sie Ihren Körper davon überzeugen können, wieder einzuschlafen. Ihr Geist sollte jedoch weiterhin ein wenig wach bleiben.

Benutzen Sie die IBWE

Die „Wake Back to Bed" (WBTB) oder „Im Bett wieder erwachen" (IBWE) ist eine Methode, mit der Sie Ihren Körper darauf trainieren können, wieder einzuschlafen, auch wenn Ihr Geist weiterhin wach ist. Es mag Zeiten geben, in denen Sie plötzlich aus dem Schlaf erwachen. In solchen Momenten sollten Sie lernen, schnell wieder einzuschlafen, während Ihr Geist noch aktiv ist, damit es Ihnen leichter fällt, die Luzidität aufrechtzuerhalten, wenn Sie einen Traum haben. Das mag zunächst unmöglich klingen, aber Sie können diese Methode meistern, wenn Sie regelmäßig üben. Wir werden uns diese Methode später in diesem Buch noch einmal im Detail ansehen.

Meditieren Sie

In den vorangegangenen Abschnitten haben wir betont, wie wichtig es für Sie ist, Ihren Körper und Ihren Geist zu trennen. Wenn Sie richtig meditieren, können Sie diese Fähigkeiten weiterentwickeln. Buddhistische Mönche sind hier das beste Beispiel. Sie können bis zu zehn Stunden lang meditieren, ohne eine Pause einzulegen. Sie vergessen dabei Ihren Hunger und lassen sich von den Geräuschen um sie herum nicht stören. Sie sitzen still, das heißt, sie bewegen keinen einzigen Muskel in ihrem Körper. Sie sehen jedoch im Geiste wunderschöne Visionen und nehmen alles, was um sie herum geschieht, anders wahr. Sie fragen sich vielleicht, wie Sie selbst ebenfalls so einen brillanten Geisteszustand erreichen können. Der Zustand wird dadurch ermöglicht, dass die Mönche ihren Geist von ihrem Körper getrennt haben. Ihr Körper befindet sich in einer Position und einem Zustand der Ruhe, während ihr Geist aktiv bleibt. Da das luzide Träumen einem solchen meditativen Zustand ähnlich ist, müssen Sie an den gleichen Fähigkeiten arbeiten.

Musikalische Hilfsmittel einsetzen

Viele Menschen verwenden Hilfsmittel wie binaurale Beats und weißes Rauschen, um sich zu fokussieren, zu konzentrieren oder einzuschlafen. Diese Hilfsmittel helfen Ihnen auch dann, wenn Sie gerne luzide Träume erleben möchten. Die verschiedenen Frequenzen, die von diesen musikalischen Hilfsmitteln abgespielt werden, dringen immer zur gleichen Zeit in Ihre Ohren ein. Ihr Gehirn betrachtet diese Basstöne oder diese Musik jedoch weiterhin als eine einzige Frequenz, wodurch Ihnen die Konzentration erleichtert wird. Auf YouTube gibt es zahlreiche Videos mit derartigen Klängen, oder Sie können sich eine App herunterladen, die eine Vielzahl von Musikstücken spielen kann. Wenn Sie diese für das luzide Träumen verwenden möchten, müssen Sie auch sicherstellen, dass die Frequenz dieser Musik mit der Frequenz der Gehirnwellen übereinstimmt, die Ihnen dabei helfen können, Ihr Bewusstsein während Ihres Traums wieder zu aktivieren. Experten empfehlen, dass Sie sich an Musik mit einer Frequenz zwischen vier und acht Hertz halten.

Spiele spielen

Wenn Sie Spiele wie *Counter-Strike* oder *Age of Empires* spielen, befinden Sie sich in einer völlig anderen Welt. Sie können jeden Aspekt dieses Universums erkunden und mehr darüber erfahren. Wenn Sie Spiele wie *Defense of the Ancients* oder *Dungeons and Dragons* spielen, können Sie eine andere Rolle annehmen. Manchmal möchten Sie vielleicht einen anderen Weg als Ihre Teamkollegen einschlagen, nur um zu sehen, was sich hinter der nächsten Ecke verbirgt. Sie müssen sich ähnlich entscheiden, wenn Sie schlafen. Wenn Sie sich in einer anderen Welt befinden, konzentrieren Sie sich auf verschiedene Aspekte dieser Welt und erkunden Sie sie genauer. Das fällt Ihnen im Traum leichter, wenn Sie im Wachleben häufiger Videospiele spielen.

Sie können Galantamin einnehmen

Die meisten Alzheimer-Patienten bekommen dieses natürliche Ergänzungsmittel, um ihr Gedächtnis und ihre Gehirnfunktion zu verbessern. Galantamin ist eine pflanzliche Substanz, die in Pflanzen wie der Spinnenlilie und dem Löwenzahn vorkommt. Die Substanz kann oral eingenommen werden. Laut der Studie „Exploring the Effects of Galantamine Paired with Meditation and Dream Reliving on Recalled Dreams: Toward an integrated protocol for lucid dream induction and nightmare resolution (2018)" (Eine Erkundung der Wirkung von Galantamin in Verbindung mit Meditation und Traumerlebnissen aus Traumerinnerung: Schritte zur Entwicklung eines integrierten Protokolls zur luziden Trauminduktion und Albtraumauflösung) verbessert dieses Präparat die Qualität des Schlafs während der REM-Phase. Außerdem verlängert es Ihren Schlaf, wodurch Sie sich leichter an Ihre Träume erinnern können. Die Studie konnte außerdem zeigen, dass Menschen, die dieses Präparat einnahmen, eine höhere Chance hatten, einen luziden Traum zu erleben als diejenigen, die stattdessen ein Plazebo bekamen.

Nehmen Sie Nahrungsergänzungsmittel

Experten empfehlen die Einnahme von Vitamin B6-Präparaten, die Ihnen das luzide Träumen erleichtern können. Es gibt nur wenige Untersuchungen, die den Zusammenhang zwischen luziden Träumen und der Einnahme dieses Vitamins belegen, aber laut der Studie „Effects of Pyridoxine on Dreaming: A Preliminary Study (2002)" (Die Auswirkungen von Pyriodoxine auf Traumzustände: eine vorläufige Studie) erhöht Vitamin B6 den Serotoninspiegel in Ihrem Körper, wodurch Ihre Träume lebhafter werden. Wenn Sie diese Nahrungsergänzungsmittel einnehmen, können Sie auch ereignisreichere Träume haben, an die Sie sich am nächsten Morgen besser erinnern können.

Zeit

Sie müssen sich darüber im Klaren sein, dass es Zeit braucht, bis Sie eine neue Fähigkeit erlernt haben. Geben Sie sich daher genügend Zeit, um Folgendes zu tun:
- Führen Sie ein Tagebuch, in dem Sie Ihre Träume aufschreiben.
- Meditieren und visualisieren Sie den Traum während des Tages.
- Pflegen Sie eine regelmäßige Routine, bevor Sie zu Bett gehen.
- Erfahren Sie mehr über das luzide Träumen.
- Bereiten Sie sich auf das Zubettgehen vor.

Es ist nicht empfehlenswert, Strategien zum luziden Träumen zu üben, wenn Sie bereits ein sehr arbeitsreiches Leben haben. Wenn Sie jeden Tag arbeiten oder studieren, haben Sie wahrscheinlich einige zeitliche Verpflichtungen, die es Ihnen schwermachen, sich regelmäßig Zeit für diese Übungen zu nehmen. Idealerweise sollten Sie sich jeden Tag mindestens dreißig Minuten Zeit nehmen, um die notwendigen Fähigkeiten zu entwickeln. Planen Sie daher Ihren Tag im Voraus, damit Sie genügend Zeit haben, um das luzide Träumen in Ruhe zu üben.

Disziplin

Sie müssen diszipliniert vorgehen, wenn Sie lernen wollen, beim Träumen luzide zu bleiben. Das ist ein wenig wie das Erlernen einer neuen Sportart oder einer technischen Fähigkeit. Nur wenn Sie üben, werden Sie ein besserer Spieler oder Programmierer. Es kann sein, dass Sie bei Ihren ersten Versuchen, in Ihren Träumen luzide zu bleiben, nicht die erwarteten Ergebnisse erzielen. Sie legen damit nur den Grundstein dafür, dass Sie Ihre Träume in Zukunft bewusster wahrnehmen können. Wenn Sie sich an Ihre Übungsroutine und die richtigen Methoden halten, können Sie das Beste aus dem luziden Träumen für sich herausholen. Deshalb müssen Sie diszipliniert vorgehen. Sie sollten die verschiedenen Tipps und Techniken, die Sie anwenden, mindestens dreißig Tage lang konsequent üben.

Leidenschaft

Hatten Sie schon mal eine Aufgabe bei der Arbeit, die Sie nicht gerne gemacht haben? Haben Sie sich bei dieser Aufgabe genauso viel Mühe gegeben wie bei Ihren Lieblingsaufgaben? Diese Fragen sollen Ihnen dabei helfen, zu verstehen, dass das Lernen durch Leidenschaft mehr Spaß macht. Nur wenn Sie sich für eine Sache begeistern, sind Sie wirklich motiviert, und bleiben konsequent bei Ihrer Ausbildung. Nur so können Sie die Luzidität während Ihrer Träume aufrechterhalten.

Tipps für einen entspannten luziden Traum

Ein luzider Traum kann sehr unterhaltsam sein, aber es ist eine schwierige Reise. Die Erfahrung kann auch entmutigend sein. Wenn Sie jedoch einen luziden Traum haben, könnte sich Ihr Leben zum Besseren wenden. Wir haben uns einige der Vorteile des luziden Träumens weiter oben in diesem Buch angesehen.

Es handelt sich um eine Fähigkeit, die Sie in Ruhe erlernen müssen, und wie bei jeder anderen Fähigkeit, braucht es einige Zeit, bis Sie sich bewusstwerden, dass Sie sich in einem Traum befinden. Es gibt keinen schnelleren Weg, diese Ziele zu erreichen, und es gibt zahlreiche Methoden, die Sie benutzen können, um den Zustand der Luzidität während des Träumens zu erreichen. In diesem Abschnitt geht es um Methoden, die Ihnen den Beginn Ihrer Reise erleichtern sollen.

- Führen Sie regelmäßig ein Traumtagebuch und schreiben Sie sich mindestens den Inhalt einer Ihrer Träume nach dem Aufwachen darin auf, falls Sie sich daran erinnern können.
- Meditieren Sie jeden Tag zehn Minuten lang, damit Sie sich Ihrer Gedanken und Gefühle bewusstwerden können.
- Achten Sie auf verschiedene Zeichen in Ihren Träumen, damit Sie Träume, die immer die gleichen Zeichen haben, bewusster wahrnehmen.
- Fragen Sie sich, ob Sie träumen. Sie können dabei auch eine körperliche Handlung durchführen, die Ihnen hilft festzustellen, ob Sie träumen oder nicht.
- Sie können entweder ein Spray mit einem entspannenden Duft benutzen oder Ihr Kissen mit Essenzen füllen, die Ihren Geist beruhigen.
- Nehmen Sie Tabletten, die das luzide Träumen begünstigen; Sie können dadurch die Intensität oder Lebendigkeit Ihrer Träume erhöhen.
- Wenn Sie während eines Traums aufwachen oder plötzlich zusammenzucken, verwenden Sie die Methode des wachinduzierten luziden Träumens, die Ihnen hilft, wieder einzuschlafen und sich Ihres Traums weiterhin bewusst zu bleiben.

- Kaufen Sie sich eine gute Matratze, vor allem, wenn Sie gut schlafen wollen.
- Wenn Sie einschlafen, konzentrieren Sie sich auf Ihre Umgebung und beobachten Sie etwaige Halluzinationen, die Sie wahrnehmen.

Sie können luzide Träume durch Gerüche, zum Beispiel mit Hilfe von Aromatherapie hervorrufen. Diese Form des luziden Träumens ist als geruchsinduzierter luzider Traum bekannt.

- Finden Sie die Körperhaltung, die für Sie am angenehmsten ist. Entspannen Sie sich in dieser Position, bevor Sie zu Bett gehen.
- Experimentieren Sie mit verschiedenen Techniken des luziden Träumens. Einige von Ihnen werden wir später in diesem Buch noch im Detail behandeln.
- Verwenden Sie eine App zum luziden Träumen, um Ihre Gedanken und Emotionen besser kontrollieren zu lernen, wenn Sie zu Bett gehen. Sie können sich geeignete Apps auf Ihren Laptop oder auf Ihr Telefon herunterladen.
- Sehen Sie sich vor dem Schlafengehen ein Video an, vorzugsweise ein Video über luzides Träumen, um Ihren Geist zu motivieren oder dazu zu stimulieren, sich während eines Traums bewusst zu werden. Alternativ können Sie sich auch unterschwellige Botschaften oder Hypnosesitzungen zum luziden Träumen anhören.
- Verwenden Sie Traumkräuter, um erinnerungswürdige und lebhafte Träume zu erleben.
- Sie können die Intensität Ihrer Träume erhöhen, indem Sie vor dem Schlafengehen Käse essen.
- Wenn Sie Probleme beim Schlafen haben, insbesondere während des REM-Zyklus, suchen Sie einen Arzt auf und finden Sie einen Weg, um diese Probleme zu beseitigen.
- Wenn Sie sich eines Traums bewusstgeworden sind, können Sie den Traum auch dazu auffordern, Ihnen dabei zu helfen, während der anderen Träume in der Nacht luzide zu bleiben. Dies kann Ihr Gehirn dazu anregen, während aller Träume bei Bewusstsein zu bleiben.
- Visualisieren oder manifestieren Sie eine Handlung, die Sie gerne in Ihrem Traum sehen möchten. Sie können dazu Filme,

in denen luzide Träume vorkommen, als Inspiration verwenden.
- Gönnen Sie sich jeden Tag etwas Zeit, um zu träumen. Das hilft Ihnen, Ihre verschiedenen Fantasien und Wahrnehmungen zu erkunden.
- Sie können eine Eselsbrücke benutzen, die Ihnen hilft, luzide Träume zu erleben. Wenden Sie diese Methode an, bevor Sie ins Bett gehen. Wir werden diese Strategie im nächsten Kapitel noch detaillierter besprechen.
- Wenn Sie sich am nächsten Morgen nicht mehr sehr gut an Träume erinnern können, können Sie sich den Wecker auf eine Zeit während Ihres REM-Zyklus einstellen. Wenn Sie dann aufwachen und einen Traum hatten, schreiben Sie ihn in Ihr Tagebuch, bevor Sie wieder einschlafen. Alternativ können Sie auch eine Digitaluhr tragen, die alle 60 Minuten piept. Sie können diesen Piepton nutzen, um sich daran zu erinnern, einen bewussten Realitätscheck in Ihrem Traum durchzuführen.
- Informieren Sie sich über Yoga Nidra.
- Wenn Sie ständig an verschiedenen Orten einschlafen, kann das dazu führen, dass Ihr Unterbewusstsein unbeabsichtigte Weckgeräusche wahrnimmt.
- Sie können auch verschiedene Methoden anwenden, um außerkörperliche Erfahrungen zu machen, wie beispielsweise die Astralprojektion.
- Sie können durch Schlafparalyse in einen luziden Traum übergehen.
- Wenn das Zählen Sie schläfrig macht, zählen Sie rückwärts, während Sie schläfrig werden. Sagen Sie: „Ich träume", bevor Sie zur nächsten Zahl in der Reihe übergehen.
- Sie können tagsüber schlafen, vor allem nach einer Übungseinheit.
- Entspannen Sie sich jedes Wochenende und üben Sie die im Buch erwähnten Methoden. Dieser Ansatz hilft Ihnen dabei, die Methoden zu finden, die für Sie persönlich am besten funktionieren.
- Die meisten Menschen haben Angst vor luziden Träumen, weil sie denken, dass diese ihrem Bewusstsein schaden könnten. Das ist jedoch nicht wahr. Sie müssen lediglich daran denken, dass

die Luzidität und Ihr Bewusstsein positive und mächtige Werkzeug sind, mit denen Sie Ihre Fähigkeiten ausbauen können.
- Schlafen Sie jede Nacht mindestens acht Stunden lang.
- Sie können vor dem Einschlafen oder während des Schlafs meditieren.
- Nutzen Sie die technologischen Hilfsmittel für luzide Träume, die Sie sie sich leisten können.

Es gibt verschiedene Methoden, die Ihnen die luziden Träume erleichtern können. Wenn Ihnen das zu viel ist, denken Sie daran, dass dieses Kapitel Ihnen nur einen Überblick über die verschiedenen Methoden, die Sie anwenden können, gibt. Wenn Sie heute Nacht mit dem luziden Träumen beginnen wollen, verwenden Sie die folgenden Methoden, um sich während eines Traumes bewusster zu werden.

Führen Sie einen Realitätscheck durch

Sie müssen während des Träumens feststellen, ob Sie sich tatsächlich in einem Traum befinden. Sie können dazu entweder mit dem Fuß aufstampfen oder eine Blume pflücken, je nachdem, wo Sie sich in Ihrem Traum gerade befinden.

Visualisieren Sie den Traum

Sie können planen, was in Ihrem luziden Traum geschehen soll. Konzentrieren Sie sich auf Ihren Wunsch, schließen Sie die Augen und visualisieren Sie diesen Gedanken oder rufen Sie sich diesen Wunsch ins Gedächtnis. Dadurch können Sie sich darauf konzentrieren, sich Ihres Traums bewusster zu werden.

Wiederholen Sie Ihre Handlungen

Wenn Sie mitten in der Nacht aufwachen, wiederholen Sie alle Schritte, die Sie vor dem Schlafengehen durchgeführt haben. Dies hilft Ihnen dabei, wieder genauso leicht einzuschlafen.

Achten Sie darauf, dass Sie diese Tipps nicht vergessen. Diese Methoden mögen etwas seltsam klingen, und manchmal fragen Sie sich vielleicht, warum Sie sie überhaupt befolgen. Dieses Gefühl ist ganz normal. Es kann sein, dass Sie nicht immer die richtigen Ergebnisse erzielen, wenn Sie diese Methoden anwenden. Aber erst, wenn Sie die Grundlagen beherrschen, können Sie zu den fortgeschrittenen Strategien übergehen. Wenn Sie einen luziden Traum haben, lernen Sie endlich, zwischen Traum und Realität zu unterscheiden.

Da Sie immer noch ein Anfänger sind, ist es wichtig, dass Sie dieselbe Routine beibehalten, damit Ihr Bewusstsein während Ihres Traums luzide oder aktiv bleibt.

Eine Routine finden

In diesem Abschnitt geht es um eine grundlegende Routine, die Sie einsetzen können, um sich in einen luziden Traumzustand zu versetzen.

Meditation

Es gibt Zeiten am Tag, in denen Sie sich im Halbschlaf befinden. Während dieser Phasen fühlen Sie sich entweder schläfrig oder ruhig. Wenn Sie sich so fühlen, legen Sie sich auf Ihr Bett oder auf eine Couch und entspannen Sie sich. Lassen Sie Ihre Gedanken und Gefühle einfach treiben. Das Einzige, worauf Sie sich konzentrieren müssen, ist, Ihren Körper zum Einschlafen zu zwingen, während Sie geistig bei Bewusstsein sind. Konzentrieren Sie sich dazu auf die dünne Schnur, die Ihren Körper mit Ihrem Bewusstsein verbindet, und benutzen Sie die Schnur, um Ihren Geist von Ihrem Körper wegzudrücken. Dabei handelt es sich nicht nur um eine sehr entspannende Übung, sondern die Übung erzeugt auch hypnagogische Empfindungen. Vielleicht sehen Sie sogar geometrische Muster, haben das Gefühl zu schweben oder nehmen Traumeindrücke war. Die Meditation bietet Ihnen eine großartige Möglichkeit, Ihre Visualisierungs- und Wahrnehmungsfähigkeiten zu verbessern.

Tagebuch führen

Wenn Sie häufiger luzide Träume haben möchten, Sollten Sie ein Traumtagebuch führen. Notieren Sie sich Ihre Träume immer gleich, nachdem Sie jeden Morgen aufwachen. Nehmen Sie sich jeden Morgen mindestens fünf Minuten Zeit, um jeden Traum aufzuschreiben, den Sie in der vorherigen Nacht hatten. Das macht es Ihnen nicht nur leichter, sich an Ihre Träume zu erinnern, sondern hilft Ihnen auch, beim Träumen luzide zu bleiben. Dieser Schritt ist äußerst wichtig und Sie sollten ihn daher nicht ignorieren.

Eine Idee in Ihr Gedächtnis pflanzen

Mit diesem Schritt können Sie eine Idee oder einen Gedanken in Ihr Unterbewusstsein einpflanzen, so dass Sie später von dieser Idee träumen. Das ist nichts anderes als eine Art Traumideenaufnahme, denn die Idee stammte schließlich von Ihnen. Eine der einfachsten Möglichkeiten, um eine Idee in Ihr Unterbewusstsein zu pflanzen, besteht darin, dass Sie sich die gewünschte Figur oder Handlung tagsüber vorstellen oder darüber fantasieren. Das folgende Beispiel verdeutlicht diese Methode: Wenn Sie einen Horrorfilm sehen, denken Sie ständig an den Dämon oder Geist, der Sie im Film verfolgt hat. Sie stellen sich auch verborgene Formen und andere Objekte in der Dunkelheit vor, die Ihnen Albträume bereiten können. Auf die gleiche Weise können Sie Tagträume und glückliche Gedanken nutzen, um gute Träume herbeizuführen. Diese Tagträume und glücklichen Gedanken tauchen in Ihrem Traum auf, solange sie visuell wahrnehmbar sind. Alternativ können Sie auch das Konzept der Visualisierung und Manifestation nutzen, um Ihren Geist davon zu überzeugen, dass Sie heute Nacht luzide Träume haben wollen. Wenn Sie dieses Vorhaben zum letzten Gedanken Ihres Tages machen, werden Sie in der Nacht mit Sicherheit einen luziden Traum haben.

Achten Sie darauf, dass Sie Ihren Wecker ausgeschaltet haben. Schließen Sie nun Ihre Augen und beginnen Sie, sich genau auf den Traum zu konzentrieren; hier beginnt die Magie. Wenn Sie sich auf Ihren Traum konzentrieren, wird Ihr Körper bald in den Schlaf abdriften. Er wird jedoch gleichzeitig testen, ob Ihr Geist noch wach ist. Ihr Körper sagt Ihrem Gehirn vielleicht, dass Sie sich zusammenrollen, an der Nase kratzen, die Decke über den Kopf ziehen müssen usw. Tun Sie dies nicht. Wenn Sie sich nicht bewegen, glaubt Ihr Körper, dass Sie eingeschlafen sind. Er wird die Kontrolle daraufhin an Sie abgeben und Ihr Unterbewusstsein kann die Kontrolle direkt übernehmen. Sie sehen schwebende Formen, Farben, Bilder und verschiedene Eindrücke, und all dies fügt sich zu neuen Formen und Bildern zusammen. Die Eindrücke werden kombiniert und der Traum nimmt langsam Form an. Wenn Sie sich dieser Bilder und Formen bewusstwerden können, sind Sie sich automatisch auch Ihres Traums bewusstgeworden.

Dinge, die Sie tun können, wenn Sie sich des Traums bewusstgeworden sind

Jetzt, da Sie wissen, was ein luzider Traum ist, müssen Sie lernen, was zu tun ist, wenn es Ihnen gelingt, sich Ihres Traums bewusstzuwerden - wenn Sie luzide geworden sind. Wenn Sie nicht genau wissen, was Sie tun sollten, kann es passieren, dass Sie sich zu sehr aufregen und versehentlich aus Ihrem Traum erwachen. Verwenden Sie die folgenden Methoden, um den Traum zu stabilisieren, sobald Sie sich des Traums bewusstgeworden sind:

• Sehen Sie sich an und beobachten Sie Ihre Bewegungen.

- Gehen Sie umher und achten Sie darauf, wie sich Ihre Füße auf dem Boden anfühlen.
- Sprechen Sie einen Gedanken laut aus.
- Reiben Sie Ihre Handflächen aneinander.
- Spüren Sie das Gefühl jeder Bewegung, wenn Sie im Traum umhergehen oder sich auf der Stelle drehen.

Sie können in einem Traum nicht luzide bleiben, solange Sie nicht die richtigen Strategien anwenden. Die oben genannten Methoden stimulieren Ihren Geist, was es Ihnen leichter macht, Ihren Traum in die Realität umzusetzen. Wenn Sie Ihren Geist stimulieren und Ihre Präsenz oder Ihr Bewusstsein im Traum stabilisieren, können Sie den Traum länger anhalten lassen.

Dinge, die Sie in Ihrem Traum tun können

Sobald Sie gelernt haben, Ihre Gedanken und Emotionen in einem luziden Traum zu stabilisieren, sollten Sie auch lernen, alles in Ihrer Umgebung in Ruhe zu erkunden. Sie sollten den Traum oder einen Aspekt des Traumes nie zu früh verändern. Versuchen Sie nichts zu Ausgefallenenes, wie z.B. sich auf die Spitze des Eiffelturms zu teleportieren, wenn Sie sich zum ersten Mal eines Traumes bewusstwerden. Wenn Sie das tun, könnten Sie sich zu sehr aufregen und dadurch ruckartig erwachen. Wenn Sie mit dem luziden Träumen beginnen, ist es am besten, wenn Sie einfach nur ruhig umhergehen oder schweben, sich die Umgebung ansehen und jedes Objekt und jedes Merkmal dieser Umgebung bewusst in sich aufnehmen. Sie müssen sich dabei immer vor Augen halten, dass Ihr Traum nur Ihre virtuelle Realität ist, und diese ist sowohl lebendig als auch greifbar. Nur so können Sie weiterhin luzide träumen.

Kapitel Sieben: Fünf Methoden zum luziden Träumen

Menschen haben verschiedene Strategien angewandt, um luzide Träume zu erzielen. Dieses Kapitel behandelt einige der einfachsten Methoden, die von Psychologen anerkannt sind.

Trauminduzierter luzider Traum (TILT)

Wie bereits erwähnt, ist ein trauminduzierter luzider Traum ein Traum, bei dem Sie merken, dass Sie einen Traum innerhalb eines anderen Traums haben. Diese Methode ist anfängerfreundlich und einfach. Die meisten Menschen, die luzides Träumen ausprobieren möchten, verwenden diese Methode. Das Wichtigste beim luziden Träumen ist, dass Sie sich Ihres Traums bewusstwerden oder dass Sie luzide sein müssen. Im Folgenden finden Sie einige gängige Methoden zu TILT:

Ganztägiges Sensibilisierungsbewusstsein (GSB)

wenn Sie sich Ihrer Selbst den ganzen Tag über während Ihres Wachzustands voll bewusst sind, können Sie leicht zwischen Ihrem Traum und der realen Welt unterscheiden. Sie können die verschiedenen oben genannten Methoden (Realitätschecks oder -kontrollen) einsetzen, um sich Ihrer Träume bewusster zu werden.

Die richtige Verwendung von Realitätschecks

Die meisten Menschen merken nie, dass sie träumen, da ihr Verstand immer glaubt, sie seien wach. Wenn Sie sich dazu entschließen, regelmäßige Realitätschecks durchzuführen, werden Sie sich der Traumwelt und der realen Welt bewusster. Ihre Träume werden klarer und lebendiger, wenn Sie Ihr Bewusstsein entsprechend verbessern.

Selbsthypnose

Die Selbsthypnose ist ein Zustand, in dem Sie völlig entspannt sind. Diese Strategie funktioniert eher so, als würden Sie Ihren Geist darauf programmieren, einen luziden Traum zu haben.

Traum-Zeichen

Wie bereits erwähnt, kann ein Zeichen in Ihrem Traum ein Anhaltspunkt sein, der Ihnen hilft festzustellen, ob Sie sich in einem Traum befinden oder nicht. Wenn Sie auf derartige Hinweise und Zeichen achten, beginnen Sie, Träume viel genauer wahrzunehmen. Dies verhilft Ihnen zu mehr Klarheit.

ZAM oder die Zyklusanpassungsmethode

Daniel Love hat diese Methode entwickelt, und es gibt drei Schritte, die Sie befolgen sollten, wenn Sie diese Strategie anwenden.

Schritt Eins

Stellen Sie den Wecker auf mindestens sechzig Minuten vor der üblichen Zeit, zu der Sie sonst aufwachen. Sie sollten dies mindestens zwei Wochen lang jeden Tag tun, damit sich Ihre innere Uhr umstellen kann, denn es kann sein, dass Sie zu Beginn dieser Versuche noch keinen luziden Traum haben.

Schritt Zwei

Nach dem vierzehnten Tag können Sie zu Ihrem vorherigen Zeitplan zurückkehren, aber jeden zweiten Tag früher aufstehen. Das heißt, Sie sollten immer die gleiche Reihenfolge einhalten: früh, normal, früh, normal. Wenn Sie zu Bett gehen, lassen Sie Ihren Körper wissen, dass Sie früher als sonst aufwachen möchten. Stellen Sie außerdem sicher, dass Sie genügend Kontrollen durchführen, um festzustellen, ob Sie gerade schlafen oder ob Sie wach sind. Sie sollten sich jede Nacht auf den nächsten Morgen vorbereiten, bevor Sie zu Bett gehen.

Sie können an Tagen, an denen Sie zur gewohnten Zeit aufwachen, ausschlafen, aber vermeiden Sie es, übermäßig lange auszuschlafen, um Ihren neuen Zyklus nicht zu stören.

Schritt Drei

Ihr Körper lernt schließlich, früh aufzuwachen und wird erwarten, dass auch Ihr Geist dies tut. Da der Körper aktiv ist, stimuliert er Ihren Geist, was wiederum dazu beiträgt, dass Ihr Geist das Bewusstsein aktiv beibehält, selbst wenn Sie träumen. Dadurch erhöht sich die Wahrscheinlichkeit, dass Sie im Traum einen luziden Zustand erreichen, und Sie können mindestens viermal pro Woche luzide Träume haben.

Was sollten Sie also tun, wenn Sie früher als sonst aufwachen? Sie können fast alles tun, aber stellen Sie in jedem Fall sicher, dass Sie nicht wieder einschlafen. Führen Sie jeden Tag einen Realitätscheck durch und tun Sie dies so oft wie möglich, wenn Sie früher als gewöhnlich aufwachen. Dies hilft Ihnen, Ihren Geist zu stimulieren und ihn den ganzen Tag über aktiv zu halten. Sie können dann ganz normal in den Tag starten. Nur wenn Sie immer mehr Realitätschecks durchführen, kann Ihr Geist wirklich zwischen Traum und Realität unterscheiden.

IBWE

WBTB ist ein Akronym für „Wake Back to Bed", auf Deutsch „Im Bett wieder erwachen" oder IBWE und beschreibt eine einfache Methode. Hierbei handelt es sich um eine weitere Form von TILT. Die meisten Menschen kombinieren diese Technik mit der sogenannten MILT-Methode, da diese als eine der besten Möglichkeiten gilt, um das luzide Träumen zu verbessern. Im Folgenden finden Sie die Schritte, die Sie bei dieser Methode befolgen müssen:

Stellen Sie den Wecker auf fünf Stunden, nachdem Sie zu Bett gegangen sind.
- Nehmen Sie sich eine Stunde vor dem Schlafengehen lang Zeit, um mehr über das luzide Träumen zu lesen. Das sendet die richtigen Signale an Ihr Gehirn und regt es dazu an, während Ihres Traums weiterhin aktiv zu bleiben.
- Wenn der Wecker klingelt, öffnen Sie nicht gleich die Augen, sondern zwingen Sie Ihren Körper, wieder einzuschlafen, während Ihr Geist noch aktiv ist. Alternativ können Sie auch umhergehen, während Sie sich auf genau auf Ihren Traum konzentrieren.

Es gibt noch ein paar weitere Dinge, die Sie über diese Methode wissen sollten.

Wie bereits erwähnt, haben Sie während Ihrer REM-Schlafphase lebhafte Träume oder luzide Träume. Ihr erster REM-Schlafzustand tritt eine Stunde nach dem Einschlafen ein, und Sie haben alle neunzig Minuten nach dem ersten Zustand weitere REM-Schlafzustände. Das Ziel dieser Strategie ist es, dass Sie während Ihres REM-Zustands aufwachen und so schnell wie möglich wieder einzuschlafen. Sie sollten dabei auch sicherstellen, dass Sie in Ihren Traum zurückkehren und sich darüber bewusst bleiben, dass Sie sich in einem Traum befinden. Am besten besuchen Sie ein Schlaflabor oder lassen sich beim Schlafen beobachten. Auf diese Weise können Sie Ihre Traumphasen am besten messen. Sie sollten diese Methode so lange wiederholen, bis Sie genau wissen, wann Sie sich in Ihrem REM-Zustand befinden.

Fördern Sie längeren Schlaf während Ihrer REM-Phase

Sie sollten während der REM-Schlafphase länger schlafen. Während des REM-Schlafs können Sie etwas mehr Schlaf bekommen als üblich. Eine der effektivsten Möglichkeiten, dies zu erreichen, besteht darin, dass Sie sich an einen Schlafplan halten. Außerdem müssen Sie sicherstellen, dass Sie so lange wie möglich schlafen, damit Sie erfrischt und entspannt aufwachen. Dies kann dadurch erschwert werden, dass Sie im nächsten Schritt jede Nacht einige Male aufwachen sollen. Wenn Sie nicht gut sofort wieder einschlafen können, sollten Sie sich nach einer anderen Methode umsehen. Probieren Sie diese Strategie nicht öfter als zweimal pro Woche aus.

Aufwachen

Wenn Sie jede Nacht acht Stunden schlafen, sollten Sie sich den Wecker so stellen, dass er vier oder fünf Stunden nach dem Einschlafen klingelt. Während dieser Stunden sollten Sie sich definitiv in einem REM-Schlafzustand befinden, aber Sie können nicht immer genau bestimmen, wann dieser beginnt. Die REM-Phasen können in späteren Schlafphasen länger andauern und Sie haben dadurch möglicherweise mehr luzide und lebhafte Träume.

Bleiben Sie für einige Zeit lang wach

Wenn Sie aufwachen, sollten Sie ganz aufwachen und Ihren Traum in Ihr Tagebuch schreiben, falls Sie einen hatten. Sie können dazu entweder etwas umhergehen oder sich etwas zu essen holen. Das Ziel ist es, dass Sie sicherstellen, dass Sie bei wachem Bewusstsein bleiben und dass Ihr Geist später im Schlaf sowohl wach als auch aktiv ist. Ihr Körper hingegen schläft wieder ein und ist dadurch mit den richtigen Hormonen gefüllt.

Experten sagen, dass Sie bis zu 30 Minuten lang geistig wach bleiben können, bevor es Ihnen schwerfällt, die Luzidität Ihrer Träume weiterhin aufrechtzuerhalten.

Konzentrieren Sie sich nur auf den Traum

Sie sollten sich gezielt auf Ihren Traum konzentrieren, bevor Sie schlafen gehen. Nachdem Sie ein wenig herumgelaufen sind, schließen Sie die Augen und gehen wieder ins Bett. Wenn Sie sich an Ihren Traum erinnern können, sollten Sie sich den Traum erneut ins Gedächtnis rufen, bevor Sie wieder ins Bett gehen. Stellen Sie sich vor, dass Sie wieder in dem Traum sind - es kann einige Zeit dauern, bis Ihnen dies tatsächlich gelingt. Es besteht jedoch eine gute Chance, dass Sie einen solchen Traum erneut haben werden.

Suchen Sie nach anderen Möglichkeiten, um sich zu konzentrieren

Wenn es Ihnen schwerfällt, sich auf Ihren Traum zu konzentrieren, wenn Sie versuchen, wieder einzuschlafen, sollten Sie verschiedene Möglichkeiten nutzen, um sich auf Ihren Traum zu konzentrieren. Wenn Sie sich nicht an Ihren Traum erinnern, können Sie sich stattdessen auf einige kleine Bewegungen konzentrieren, z.B. auf die Bewegung Ihrer Finger. Diese Bewegungen sollten Sie so lange wiederholen, bis Sie tief eingeschlafen sind.

MILT

MILD ist ein Akronym für „Mnemonic Induction of Lucid Dreams" (Mnemonische Induktion Luzider Träume oder MILT) und diese Methode funktioniert am besten, wenn Sie sie mit IBWE kombinieren. Sie müssen sich gut konzentrieren, wenn Sie diese Methode erfolgreich zum Üben des luziden Träumens einsetzen wollen.

Bei diesen Methoden werden Mantras oder Affirmationen eingesetzt, die Ihnen dabei helfen, Ihren Geist davon zu überzeugen, dass Sie sich die Luzidität in Ihren Träumen erhalten können. Sie können dazu das Mantra „Ich weiß, dass ich träume" wiederholen, bevor Sie wieder zu Bett gehen. Das ist die einfachste Möglichkeit, um Ihren Geist davon zu überzeugen, dass Sie nur träumen. Sie können auch tagsüber einige Zeit damit verbringen, sich einen möglichen Traum vorzustellen. Sagen Sie Ihrem Geist dazu zum Beispiel, dass Sie in Ihrem Traum gerne fliegen wollen. Wiederholen Sie diese Affirmation so oft, bis Sie sich sicher sind, dass sich der Gedanke in Ihrem Geist manifestiert hat, oder bis Sie schließlich einschlafen.

Es kann einige Zeit dauern, bis Sie diese Kunst beherrschen. Wenn Sie damit Schwierigkeiten haben, versuchen Sie, sich selbst davon zu überzeugen, dass Sie sofort nach Ihrem Traum aufwachen müssen. Alternativ können Sie auch die IBWE-Methode anwenden. Wenn Sie wach sind, versuchen Sie, sich an Ihren Traum zu erinnern, und notieren Sie ihn sich in Ihrem Tagebuch. Bevor Sie wieder ins Bett gehen, konzentrieren Sie sich auf Ihren Traum und visualisieren Sie ihn genau. Sie sollten diese Methode erst anwenden, nachdem Sie das luzide Träumen einige Zeit lang geübt haben.

Autosuggestion

Die Autosuggestion ist eine hochwirksame Methode, die in der wissenschaftlichen Forschung eingesetzt wurde. Diese Methode setzt Hypnose ein, also sollten Sie sie nur ausprobieren, wenn Sie bereits mit Hypnose vertraut sind. Sie müssen ein Mantra benutzen, ähnlich dem, das wir im vorherigen Kapitel verwendet haben. Sie sollten sich mehrfach wiederholen, und klar ausdrücken, dass Sie einen luziden Traum haben werden. Wiederholen Sie dieses Mantra ständig, damit Sie Ihren Geist erfolgreich davon überzeugen, dass Sie einen luziden Traum haben werden. Erzwingen Sie diesen Gedanken nicht, denn er kann die Art und Weise verändern, wie Ihr Verstand die Idee des luziden Träumens wahrnimmt.

Sie können diese Methode auch verwenden, um sich an Ihre Träume zu erinnern. Anstatt sich zu sagen, dass Sie heute Nacht luzide träumen werden, sagen Sie Ihrem Geist, dass Sie sich am nächsten Morgen an Ihre Träume erinnern wollen. Wenn Sie sich auf diesen Gedanken konzentrieren, können Sie sich am nächsten Morgen tatsächlich an den Traum vom Vortag erinnern. Diese Strategie mag wirksam sein, aber sie funktioniert nicht bei jedem. Wenn Sie die Erfolgschancen erhöhen möchten, sollten Sie meditieren, um Ihren Geist zu beruhigen.

Folgen Sie den nachstehenden Schritten, um diese Methode erfolgreich anzuwenden:

- Sie sollten die Übung jede Minute, die Sie etwas Zeit haben, wiederholen, immer mit Betonung darauf, dass Sie einen luziden Traum haben werden. Nur so können Sie Ihren Geist davon überzeugen, während eines Traums aktiv zu bleiben.
- Sie können jedes der folgenden Mantras verwenden. Lesen Sie sich die folgenden Beispiele durch:
    - Ich werde wissen, dass ich träume.

- Ich werde heute Nacht einen luziden Traum haben.
- Ich werde definitiv alles in meinem Traum wahrnehmen.

Wiederholen Sie dieses Mantra, bis Sie zu Bett gehen. Achten Sie darauf, dass Sie konzentriert bleiben und immer wieder denselben Satz vor sich hin sagen. Nur so können Sie Ihrem Geist mitteilen, dass Sie in Ihrem Traum aktiv oder luzide bleiben werden.

Das mag sehr einfach klingen, aber diese Methode funktioniert am besten, wenn Sie sich daran erinnern, beim Üben konsequent zu bleiben. Das Einzige, woran Sie denken müssen, ist, dass Sie die Dinge niemals erzwingen sollten. Erzwingen Sie den luziden Traum oder den Gedanken an einen luziden Traum nicht, sondern lassen Sie stattdessen zu, dass Ihr Geist in Ihrem Traum bewusst oder luzide wird.

WILT

Die WILT-Methode ist die sogenannte „Body Asleep and Mind Awake" (Körper schlafend, Geist wach oder KSGW) Methode, über die wir weiter vorne im Buch bereits gesprochen haben. Diese Methode macht es Ihnen leichter, direkt in einen Zustand des luziden Träumens zu verfallen. Folgen Sie den unten angegebenen Schritten, wenn Sie diese Methode anwenden möchten:

- Als Erstes müssen Sie sich auf Ihr Bett legen und die Augen schließen. Alternativ können Sie auch nach vier Stunden Schlaf aufwachen. Dazu sollten Sie sich sowohl geistig als auch körperlich entspannen.
  - Die beste Möglichkeit zur Entspannung besteht darin, zu meditieren. Dies ist eine der einfachsten Strategien, um vom Wachzustand in den Traumzustand zu gelangen.
  - Achten Sie darauf, dass Sie sich nicht zu viel bewegen, sondern entspannen Sie sich einfach.
- Wenn Sie entspannt und ruhig sind, konzentrieren Sie sich auf die Dunkelheit und lassen Sie Ihre Gedanken schweifen. Sie müssen jedem Gedanken oder Bild nachgehen, das Ihnen in diesem Zustand in den Sinn kommt. Dieser Vorgang wird Hypnagogie genannt. Im Merriam Webster Wörterbuch heißt es: „Eine hypnagogische Halluzination ist eine lebhafte, traumähnliche Empfindung, die eine Person hört, sieht, fühlt oder sogar riecht. Sie tritt kurz vor Beginn des Schlafs auf." Das Einzige, was Sie in solchen Fällen tun müssen, ist, entspannt und

ruhig zu bleiben.
- Denken Sie sich anschließend Ihr Traumbild aus. Wenn Sie sich von Ihren Gedanken treiben lassen, können Sie die richtige Szenerie für die Figuren in Ihrem Traum erschaffen. Visualisieren Sie die Details aus Ihrem Traum so detailliert wie möglich. Nehmen Sie sich etwas Zeit, um Ihre Umgebung eingängig zu betrachten. Nur so wird Ihr Bewusstsein verbessert.
- Sie befinden sich endlich in einem Zustand, in dem Ihr Körper schläft und Ihr Geist weiterhin wach ist. Wenn endlich alles vorbereitet ist und Sie am richtigen Platz sind, werden Sie schließlich träumen. Sie gehen dabei bewusst vom Wachzustand in den Traumzustand über.

Dritte-Augen-Methode

Die Methode des dritten Auges, ist auch als die Chakra-Methode bekannt, und gilt als eine der häufigsten Strategien, die Anfänger anwenden, um luzide oder bewusst zu träumen. Wenn Sie diese Methode einsetzen, müssen Sie sich auf Ihr drittes Augenchakra, also den Teil Ihrer Stirn zwischen Ihren Augenbrauen konzentrieren. Außerdem müssen Sie ein synchronisiertes Atemmuster befolgen, um Ihrem Geist bei der Entspannung zu helfen. Das macht es Ihnen leichter, sich Ihrer Träume bewusst zu werden. Die Methode zur Öffnung des dritten Auges basiert auf der WILT-Methode. Der einzige Unterschied besteht dabei darin, dass diese Methode mit Meditation kombiniert wird. Probieren Sie diese Strategie aus, bevor Sie die Methode zum luziden Träumen ausprobieren. Befolgen Sie die unten beschriebenen Schritte, um diese Strategie erfolgreich zu praktizieren:

- Das Erste, was Sie tun sollten, ist, ins Bett zu gehen und sich in Ruhe hinzulegen. Das Ziel dieser Methode ist es, sicherzustellen, dass Sie sich nur auf die Energie in Ihrem dritten Augenchakra konzentrieren. Atmen Sie also tief ein und konzentrieren Sie sich auf Ihr drittes Auge.
- Beginnen Sie nun langsam, sich auf das Ziel des luziden Träumens zu konzentrieren. Wenn Sie einschlafen, bleibt Ihr Geist aktiv und konzentriert sich auf die gewünschten luziden Träume. Dieses Verfahren ist dem WILD-Ansatz sehr ähnlich und Sie können ganz einfach vom Wachzustand in Ihren Traumzustand wechseln.

- Das Letzte, was Sie dazu tun müssen, ist, sich auf Ihre Atmung zu konzentrieren. Sie sollten sich auf jeden Aspekt Ihres Traums genau konzentrieren, damit Sie in der Nacht wie gewünscht einen luziden Traum haben.

Kapitel Acht: Wie Sie das Traumland erforschen können

Es gibt unzählige Möglichkeiten und Szenarien, die Sie in einem luziden Traum ausprobieren können. Die luziden Träume sind nicht an die allgemeinen Prinzipien von Zeit und Raum gebunden, die die physische Welt kontrollieren. Manche Menschen wissen jedoch nicht, was sie mit der Freiheit tun wollen oder wo sie anfangen sollen, wenn sie sich plötzlich in einem luziden Traum wiederfinden. Wenn Sie nicht wissen, was Sie tun sollen, nachdem Sie erfolgreich in einem luziden Traumszenario angekommen sind, verfehlt das den Zweck des luziden Träumens völlig. In diesem Kapitel finden Sie einige einfache Vorschläge, um das Beste aus Ihrem luziden Traum zu machen.

Beginnen Sie zu fliegen

Finden Sie Ihren inneren Superhelden und beginnen Sie, das Fliegen zu lernen! Das Fliegen gehört zu einem der aufregendsten Dinge, die Sie jemals in einem luziden Traum ausprobieren können. Beginnen Sie die Flugversuche jedoch erst, wenn Sie sich im luziden Traum ausreichend stabilisiert haben. Wenn Sie zu schnell loslegen, besteht die Gefahr, dass Sie versehentlich aufwachen. Wenn Sie sich schon immer gefragt haben, wie es sich anfühlen würde, wie ein Vogel durch die Lüfte zu sausen, dann ist jetzt der richtige Zeitpunkt, um dieses Gefühl weiter zu erkunden. Um mit dem Fliegen zu beginnen, müssen Sie sich vorstellen, dass eine starke Energie von Ihren Füßen ausgeht, die gegen die Schwerkraft arbeitet und Sie nach oben drückt.

Probieren Sie akrobatische Übungen aus

Möchten Sie sich wie Tarzan von einer Liane zur anderen schwingen? Oder vielleicht von einem Gebäude zum anderen springen, so wie die anmutige Cat Woman? Wenn ja, versuchen Sie es im Traum zunächst mit etwas Akrobatik! Sie müssen sich im Traum keine Sorgen machen, dass Sie sich verletzen oder tödlich verunglücken, während Sie sich wagemutig wie ein Akrobat durch die Luft schwingen. Springen Sie von einem Hochhaus zum anderen oder machen Sie sogar einen Salto, um zu sehen, wie hoch Sie dabei kommen können. Lassen Sie Ihrem inneren Cirque Du Soleil-Schausteller freien Lauf.

Berühmtheiten treffen

Wer würde sich denn nicht gerne mit seinem Lieblingsprominenten treffen? Ganz gleich, ob es sich um einen Filmstar oder um einen Fußballspieler handelt, Sie können jede beliebige Person in Ihrer Traumwelt treffen. Alles, was Sie dazu tun müssen, ist, sich die Person, die Sie treffen möchten, vorzustellen und fest daran zu glauben, dass sie irgendwo in Ihrer Traumwelt anwesend ist. Ihr Lieblingsprominente könnte in der Traumwelt zum Beispiel in der Straße wohnen, die Sie sich vorgestellt haben, sodass Sie nur zu dem entsprechenden Haus gehen und anklopfen müssen. Schließlich gibt es beim luziden Träumen wirklich keine Grenzen, und es macht keinen Sinn, sich durch die Zwänge der normalen Welt einschränken zu lassen.

Probieren Sie Teleportation aus

Jeder, der schon mal Science-Fiction-Filme gesehen hat, ist von der Idee der Teleportation fasziniert. Stellen Sie sich vor, wie einfach es für Sie wäre, sich im Traum durch Teleportation von einem Ort zum anderen zu bewegen, ohne dabei einen Finger zu rühren. Dazu können Sie die Kraft Ihres Geistes nutzen. Sie müssen dazu nicht physisch reisen, sondern brauchen nur an ein Ziel zu denken und voila, gleich sind Sie da. Wenn Sie dieser Gedanke fasziniert, dann ist jetzt der beste Zeitpunkt, ihn gleich zu erforschen. Sobald Sie sich in einen luziden Traum versetzt haben, sollten Sie es mit Teleportation versuchen. Sie können von einem Ort zum anderen oder sogar von einer Welt zur anderen springen. Das geht ganz einfach: Sie müssen sich nur den Ort vorstellen, an den Sie gehen möchten, und ihn mit Ihrem Willen ins Leben rufen. Nachdem Sie den Ort erfolgreich visualisiert haben, beginnen Sie sich langsam zu drehen und glauben fest daran, dass Sie das gewünschte Ziel erreichen werden, sobald Sie mit dem Drehen aufhören.

Werden Sie ein Filmstar

Warum sollten Sie sich darauf beschränken, nur Ihre Lieblingsprominenten zu treffen? Sie haben doch sogar die Möglichkeit, selbst ein Filmstar zu werden. Wenn Sie in einem Film mitspielen möchten, können Sie im Traumland Ihren eigenen Film drehen. Sie können dabei Schauspieler, Regisseur, Produzent und Drehbuchautor sein. Wenn es schon einen Film gibt, den Sie besonders lieben, können Sie auch versuchen, ihn nachzuspielen. Wenn Sie wollen, können Sie andere Berühmtheiten dazu bringen, in Ihrem Traumfilm an Ihrer Seite mitzuspielen. Um die Macht des luziden Träumens in vollem Ausmaß zu erleben, versuchen Sie, Ihre Träume so realistisch wie möglich zu gestalten. Visualisieren Sie jedes kleine Detail und erleben Sie alle Gefühle am eigenen Leibe.

Traumsex

Wenn Sie schon einmal Sex hatten, ist es für Sie ganz einfach, dieselben Gefühle in Ihrem luziden Traum heraufzubeschwören. Sex im luziden Traum ist ziemlich aufregend und eines der unglaublichsten Dinge, die Sie erleben können. Wenn Sie gerade erst mit dem luziden Träumen beginnen, sollten Sie sich all die aufregenden Dinge für später aufheben. Solange Sie nicht lernen, sich im luziden Traum zu erden, wird jede aufregende Aktivität, der Sie sich hingeben, Sie nur aufwecken. Konzentrieren Sie sich daher zunächst darauf, die Kunst des luziden Träumens zu beherrschen, bevor Sie von derartig aufregenden Dingen träumen.

Alles in allem ist Ihr Verstand extrem mächtig und Sie sollten sich daran erinnern, dass Sie nicht immer dieselbe Person in all Ihren luziden Träumen visualisieren sollten. In solchen Fällen kann es für Sie schwierig werden, zwischen der Realität und den Erinnerungen an die Traumwelt zu unterscheiden. In späteren Kapiteln werden Sie mehr über die Dinge erfahren, die Sie im Traumland lieber nicht tun sollten.

Gedankenkontrolle

Wäre es nicht erstaunlich und amüsant, wenn Sie Gedanken lesen könnten? Die Fähigkeit zu wissen, was andere denken, ist ein aufregender Gedanke, und die Menschen interessieren sich schon seit Ewigkeiten für diese Möglichkeit. Sie können dabei mutmaßlich jemanden ansehen und genau wissen, was er denkt, ohne irgendwelche Hilfsmittel. Sie können sogar fühlen, was er erlebt. Wenn Sie das wollen, können Sie die Gedankenkontrolle im Traum einsetzen. Schauen Sie sich einfach eine fiktive Figur in Ihrem luziden Traum an und lenken Sie Ihr Bewusstsein von Ihrem Körper aus in den der Traumfigur, um zu erfahren, was diese gerade fühlt.

Gestaltwandler

Warum versuchen Sie es nicht mit ein wenig Gestaltwandlung? Sie können sich in jedes beliebige Tier verwandeln, das auf der Erde wandelt. Sie könnten sich zum Beispiel in einen Gepard verwandeln und erleben, wie es ist, das schnellste Lebewesen der Erde zu sein. Oder vielleicht verwandeln Sie sich lieber in einen majestätischen Blauwal. Sie können sogar versuchen, sich in eine Fantasiekreatur zu verwandeln, wie zum Beispiel in einen Greif oder einen Drachen. Stellen Sie sich vor, wie es sich anfühlen würde, ein feuerspeiender Drache zu sein, der sich hoch in den Himmel erhebt.

Weg von der Erde

Mehrere Science-Fiction-Filme beschäftigen sich mit der Idee vom Leben auf einem anderen Planeten. Wenn diese Vorstellung Sie schon immer fasziniert hat, ist jetzt die Zeit gekommen, um herauszufinden, wie sich das anfühlen würde. Sie haben die Möglichkeit, sich im Traum von der Erde zu entfernen und auf einem anderen Planeten zu leben. Warum versuchen Sie nicht, zum Mars oder sogar zum Jupiter zu reisen? Sie können fliegen, wohin Sie wollen, und jeden dieser Planeten besuchen. Wenn Sie ein wenig kreativer werden wollen, können Sie natürlich auch Ihren eigenen Planeten erfinden!

Erinnerungen aufleben lassen

Wahrscheinlich haben Sie viele schöne Erinnerungen, die Sie mit Freude erfüllen. Beim luziden Träumen haben Sie die Möglichkeit, diese Erinnerungen noch einmal zu erleben. Wenn es in Ihrem Leben Situationen gab, in denen Sie sich wünschten, Sie hätten anders reagiert oder eine andere Antwort auf die Situation gehabt, versuchen Sie einfach, die Situation im Traum erneut zu erleben. Beim luziden Träumen haben Sie die vollständige Kontrolle darüber, wovon Sie träumen und wie sich der Traum entwickelt.

Aufenthalt im Weltraum

Möchten Sie sich gerne wie ein Kosmonaut im Weltraum fühlen? Nun, dann ihr Wunsch jetzt in Erfüllung gehen. Wenn Sie möchten, können Sie sich einen Eindruck davon verschaffen, wie das Universum aus der Vogelperspektive betrachtet aussieht. Die Welt ist ziemlich groß, und soll vom Weltraum aus brillant aussehen. Sobald Sie gelernt haben, wie Sie in Ihrem luziden Traum perfekt fliegen können, nutzen Sie diese neu gewonnene Superkraft, um in den Weltraum aufzusteigen. Fliegen Sie durch die Stratosphäre, bis Sie das All erreichen.

Musik hören

Alles, was Sie im Traum erleben, wird im Vergleich zur Realität vergrößert oder intensiviert. Dadurch werden selbst einfache Aktivität ausgeprägter und tiefgründiger. Etwas so Einfaches wie Musik hören kann auf die nächste Sinnesebene erhoben und eindrucksvoller wahrgenommen werden. Wenn Sie wollen, können Sie sich ein persönliches Konzert von Ihrem Lieblingssänger organisieren oder sich sogar eine Oper anhören! Wenn Sie in einem lebhaften Traum Musik hören, wird die Gesamtwirkung der Klänge mit Sicherheit verstärkt. All die Emotionen und kleinen Nuancen der Musik, die wir in der realen Welt oft übersehen, werden in luziden Träumen noch verstärkt. Wenn Sie in Ihren luziden Träumen Musik hören, wird sich Ihr Empfinden in der realen Welt entscheidend verändern. Alles, was Sie im Traumland erleben, wird Ihnen in Erinnerung bleiben, denn Sie sind sich all dessen weiterhin bewusst, auch während Sie träumen.

Probieren Sie etwas Neues aus

Haben Sie Angst davor, neue Erfahrungen zu machen? Wenn ja, ist es eine gute Idee, in Ihrem luziden Traum etwas Neues auszuprobieren. Schließlich schafft ein luzider Traum eine sichere Umgebung, in der Sie alles, was Sie wollen, sorgenfrei ausprobieren können. Wenn Sie mit dem aus einem Flugzeug Fallschirmspringen wollen, versuchen Sie es in einem luziden Traum. Selbst wenn Sie das im wirklichen Leben noch nie getan haben, können alle Erinnerungen an die Videos, die Sie zu dem Thema gesehen, oder die Geschichten, die Sie gehört haben, die Erfahrung im Traumzustand ausschmücken.

Zeitlupe

Wir leben in einer unglaublich hektischen und geschäftigen Welt. Jeder scheint stets in Eile zu sein und sich zu bemühen, irgendein Ziel zu erreichen. Sobald Sie am Morgen aufwachen, müssen Sie sich anziehen und zur Arbeit eilen. Sobald die Arbeit beendet ist, müssen Sie nach Hause zurückeilen. Wenn Sie sich eine Pause von all dieser Hektik gönnen wollen, begeben Sie sich in Ihre Traumwelt. In luziden Träumen können Sie das Leben in Zeitlupe erleben. Sie haben die Macht, die Zeit zu verlangsamen und das Leben verlangsamt ablaufen zu lassen. Wenn Sie extrem beschäftigt sind, ist es sehr unwahrscheinlich, dass Sie die kleinen Details des täglichen Lebens richtig wahrnehmen können. Sie haben in der Alltagshektik manchmal keine Zeit, die erbaulichen Kleinigkeiten des Lebens zu genießen. In einem luziden Traum lässt sich die nötige Zeit finden, die Sie für den Genuss des Lebens brauchen. Wenn Sie Ihr Leben in Zeitlupe leben, können Sie endlich die Schönheit von Sonnenaufgang und Sonnenuntergang, das Zwitschern der Vögel und die einfachen Freuden der Natur erleben.

Kontrollieren Sie die Zeit

Wie wunderbar wäre es, wenn Sie die Kontrolle über die Zeit hätten? Durch das luzide Träumen können Sie Ihre Vergangenheit Revue passieren lassen, die Zukunft erkunden oder sich tiefer mit Ihrer Gegenwart verbinden. Ganz gleich, was Sie tun möchten, Sie haben die Macht, es wahr werden zu lassen. Sie können die Zeit verlangsamen und sie auch auf andere Arten kontrollieren. Sie können ein historisches Ereignis wiederholen, die Geschichte in Ihrem Kopf neu erfinden oder einen kurzen Besuch in der Zukunft machen.

Das gegensätzliche Geschlecht

Man sagt oft, die Männer kämen vom Mars und die Frauen von der Venus. Aber waren Sie schon einmal neugierig darauf, wie sich das andere Geschlecht fühlt und wie es denkt? Jetzt ist es an der Zeit, zu erfahren, wie es wäre, Ihr Leben als Mitglied des anderen Geschlechts zu leben. Diese Erfahrung können Sie auch ohne teure, schmerzhafte und komplizierte Operationen machen. Wenden Sie dazu die gleiche Methode an, die bereits zum Thema Teleportation erklärt wurde. Stellen Sie sich vor, was Sie erreichen wollen, beginnen Sie sich zu drehen, und sobald Sie aufhören, sich zu drehen, verwandeln Sie sich in das andere Geschlecht. Erinnern Sie sich an den Film „Switch - die Frau im Manne"? Die Hauptfigur in dem Film, ein sogenannter Alphamann, verwandelt sich plötzlich in eine Frau. Nun, so etwas können Sie jetzt auch versuchen!

Einen anderen Charakter kennenlernen

Sie können in Ihrem Traumzustand jede beliebige Figur herbeizaubern und sich sogar in diese Figur verwandeln. In der Tat können Sie sich in jede mögliche Person verwandeln, die Sie gerne sein möchten. Warum sollten Sie sich dabei auf Berühmtheiten und berühmte Menschen beschränken? Verwandeln Sie sich in Ihren besten Freund, Partner, Elternteil oder sogar in einen Bekannten von der Arbeit. Diese Methode bietet Ihnen eine großartige Möglichkeit, um zu verstehen, wie andere Menschen denken. Sie versetzen sich mit dieser Strategie buchstäblich in die Lage eines anderen Menschen. Wenn es Ihnen oft schwerfällt, sich in andere hineinzuversetzen oder es Ihnen manchmal an Einfühlungsvermögen mangelt, sollten Sie diese Möglichkeit ausprobieren. Sie können dadurch Ihre eigenen Grenzen und die der anderen ausloten, ohne Schaden zu nehmen. Versuchen Sie beispielsweise, sich mit dieser Traumfigur oder der Person, in die Sie sich verwandeln, zu unterhalten.

Eine weitere einfache Möglichkeit ist es, die Gedanken Ihrer Traumfiguren zu erforschen. Wenn Sie zum Beispiel mit Ihren Freunden etwas trinken gehen, stellen Sie sich das Szenario in Ihrem Kopf genau vor. Versuchen Sie sich vorzustellen, was Ihre Freunde sagen würden, während Sie sich gemeinsam amüsieren. Diese Methode kann Ihnen dabei helfen, verschiedene Beziehungen in Ihrem Leben zu analysieren. Wenn Sie zum Beispiel Zweifel daran haben, ob eine Beziehung zu einer anderen Person gesund ist oder nicht, können Sie auf diese Weise nach Antworten suchen.

Überleben Sie eine Apokalypse

Sehen Sie sich gerne apokalyptische Filme an? Mögen Sie Filme über Zombieinvasionen, Angriffe von Außerirdischen oder vielleicht über das Ende der Welt? Egal, was Sie am liebsten mögen, Sie haben durch das luzide Träumen die Chance, all das zu erleben. Hat Ihnen das Ansehen eines Zombiefilms großen Spaß gemacht? Dann stellen Sie sich erst vor, wie viel mehr Spaß es Ihnen machen würde, wenn Sie tatsächlich selbst ein Teil eines solchen Films wären? Ein weiterer brillanter Vorteil dieser Methode ist der, dass Sie Ihre anderen Superkräfte einsetzen können, um die Zombies oder Monster, die Sie sich vorgestellt haben, zu besiegen. Sie können zum Beispiel wie Superman durch die Luft fliegen, Ihren inneren Hulk aus sich herausholen oder alles andere tun, was Ihnen einfällt. Achten Sie dabei jedoch darauf, dass der Traum nicht zu einem Albtraum wird. Wann immer es unheimlich wird, sammeln Sie Ihre Gedanken bewusst und ändern Sie das Drehbuch. Schließlich ist der Zweck eines luziden Traums nicht, dass Sie am Ende schweißgebadet aufwachen.

Finden Sie Ihren Geistführer

Eines der interessantesten und brillantesten Dinge, die Sie beim luziden Träumen tun können, ist die Möglichkeit, Ihren Geistführer zu finden. Ihr geistiger Führer oder Schutzengel kann Sie beschützen und Ihnen dabei helfen, Lösungen für alle Probleme zu finden, die Sie in Ihrem Leben plagen. Manchmal genügt es, wenn Sie einfach sagen: „Ich möchte meinen Geistführer finden", um den Geistführer aufzusuchen. Es wird meist angenommen, dass Sie das Wesen dreimal fragen müssen: „Bist du mein Geistführer?", um endgültig zu bestätigen, dass es sich tatsächlich um Ihren Geistführer handelt und nicht um ein anderes, möglicherweise böswilliges Wesen. In den folgenden Kapiteln werden Sie mehr über derartige Sicherheitsmaßnahmen erfahren. Wenn das Wesen die Frage nicht dreimal positiv beantwortet, sprechen Sie nicht wirklich mit Ihrem Geistführe. Denken Sie an diese Regel, wenn Sie Ihren Geistführer in der Traumwelt herbeirufen.

Gehen Sie mit Ihren Ängsten um

Haben Sie irgendwelche Ängste oder Phobien? Vielleicht haben Sie zum Beispiel Angst vor geschlossenen Räumen oder öffentlichen Reden. Vielleicht fürchten Sie sich vor Spinnen oder tiefem Wasser. Unabhängig davon, welche Ängste Sie haben, können Sie die Ursache Ihrer Ängste in einem luziden Traum ohne Risiko erkunden. Wann immer Sie sich überwältigt fühlen oder Angst haben, können Sie den Traum beenden oder ihn in etwas Angenehmes verwandeln.

Üben Sie verschiedene Szenarien für das wirkliche Leben

Gibt es Szenarien im realen Leben, die Sie einschüchtern oder überwältigen? Vielleicht fühlen Sie zum Beispiel vor einer wichtigen Präsentation bei der Arbeit oder vor einem Vorstellungsgespräch nervös. Oder vielleicht haben Sie Angst vor einer bevorstehenden Verabredung. Unabhängig davon, um welche Umstände es sich genau handelt, können Sie verschiedene Situationen in Ihrer Traumwelt erproben und üben. Anstatt all dies in der realen Welt auszuprobieren, ist es einfacher, wenn Sie die Dinge zunächst in der Traumwelt tun. Außerdem können Sie so dieselbe Situation aus der Sicht eines anderen Menschen und nicht nur aus Ihrer eigenen Perspektive erkunden. Wenn Sie sich also das nächste Mal wegen eines Vorstellungsgesprächs Sorgen machen, wenden Sie sich Ihren Träumen zu, und alles wird einfacher.

Sie können sich auch auf Präsentation vor großen Gruppen vorbereiten, um Ihre Bühnenangst loszuwerden. Seien Sie aber bitte vorsichtig: Versuchen Sie, nicht mit zu vielen Szenarien aus dem wirklichen Leben zu experimentieren. Sie könnten sonst einen Punkt erreichen, an dem Sie anfangen zu glauben, Sie hätten etwas in der Realität getan oder gesagt, obwohl Sie in Wirklichkeit nur in der Traumwelt darüber nachgedacht haben. Sie möchten schließlich nicht in eine Situation geraten, in der Sie glauben, ein wichtiges Telefongespräch geführt zu haben, nur um dann festzustellen, dass alles nur ein Traum war.

Wenn Sie die verschiedenen in diesem Abschnitt besprochenen Tipps befolgen, können Sie das luzide Träumen wirklich genießen. Seien Sie jedoch geduldig. Das luzide Träumen ist eine Fähigkeit, die Sie langsam und in Ruhe entwickeln müssen. Es kann ein paar Versuche lang dauern, aber die Ergebnisse werden Sie angenehm überraschen. Bevor Sie eine aufregende Aktivität ausprobieren, sollten Sie Ihren Traum immer erst erden. Nachdem sich der Traum stabilisiert hat, können Sie Ihrer Kreativität freien Lauf lassen und das erforschen, was Sie wollen.

Kapitel Neun: Begegnung mit Geistführern in luziden Träumen

Was ist ein Geistführer?

Gab es in Ihrem Leben schon mal Situationen, in denen Sie etwas getan haben, das absolut keinen Sinn ergab, sich aber im Nachhinein als genau die richtige Entscheidung herausstellte? In solchen Fällen fragen Sie sich vermutlich oft, warum Sie so gehandelt haben. Wenn Sie in Ihrem Leben derartige Erfahrungen gemacht haben, dann handelte es sich meist um eine Interaktion mit Ihrem Geistführer. Ein Geistführer ist eine Wesenheit, die viel Macht hat und über eine bestimmte Energie verfügt, die er nutzt, um anderen bestimmte Gedanken, Gefühle, Reaktionen und Heilungsbotschaften mitzuteilen. Geistführer strahlen also eine positive Energie aus und bieten in der einen oder anderen Form ihre Hilfe an. Sie werden als Geistführer bezeichnet, weil sie Ihnen in bestimmten Situationen beistehen, indem sie Ihnen einen Gedanken in den Kopf pflanzen, der Sie beschützt und leitet. Geistführer sind auch als Schutzengel bekannt. Sie können Ihnen in Ihrer Traumwelt begegnen.

Die Arten von Geistführern

Geistführer können in Form von Ahnenführern, aufgestiegenen Meistern, einem gewöhnlichen Geistführer oder sogar tierischen Boten vorkommen. Ein Ahnenführer ist ein Wesen, zu dem Sie in irgendeiner Form eine verwandtschaftliche Beziehung haben oder das mit Ihnen und

Ihrer Familie auf andere Weise verbunden ist. Dabei kann es sich zum Beispiel um einen längst verstorbenen Vorfahren handeln oder um jemanden, dem Sie einst nahestanden und der jetzt nicht mehr lebt. Jeder, der Ihre besten Absichten im Sinn hat und mit Ihnen verwandt ist, wird gerne als Geistführer reinkarniert. Ihre Ahnenführer sind Ihre Blutsverwandten und werden in verschiedenen Kulturen auch oft als Schutzengel angesehen.

Ein aufgestiegener Meister ist eine Person, die Reiki oder eine andere Art der Energieheilung durchführt. Aufgestiegene Meister sind ursprünglich physische Wesen, die ein physisches Leben führten, aber später zu einer Existenz auf höheren Energieebenen übergegangen sind, wie zum Beispiel Lord Krishna, Buddha oder sogar Jesus. Aufgestiegene Meister arbeiten oft mit einer Gruppe von Seelen und nicht nur mit einzelnen Wesen zusammen, was sie von Ahnenführern unterscheidet.

Ein typischer Geistführer ist oft symbolisch oder repräsentativ für eine bestimmte Art von Boten und kann die Gestalt eines Geschichtenerzählers, eines weisen Königs oder sogar eines Kriegers annehmen. Solche Wesen erscheinen in der Regel, um einen bestimmten Zweck zu erfüllen. Dieser Zweck ist es oft, Sie zu lehren oder Sie auf den richtigen Weg zu bringen. Sie können Ihnen aber auch dabei helfen, Probleme zu lösen, mit denen Sie plötzlich konfrontiert werden. Eine weitere verbreitete Art von Geistführern, denen Sie begegnen könnten, sind die tierischen Geistführer. Tierische Geistführer funktionieren eher wie spirituelle Begleiter. Sie könnten zum Beispiel ein verstorbenes Haustier treffen, das Ihnen durch den Trauerprozess hilft. Laut den spirituellen Traditionen, die in schamanischen und bestimmten indianischen Kulturen vorherrschen, hat jeder Mensch ein tierisches Totem oder einen tierischen Geistführer, der ihn vor negativen Energien schützt oder ihm als leitendes Licht dient.

Finden Sie Ihren Geistführer

Da Sie nun wissen, was ein Geistführer ist, versuchen Sie sich nun darauf zu konzentrieren, ein solches Wesen in Ihrer Traumwelt anzutreffen. Es gibt verschiedene Methoden, die Sie einsetzen können, um einen Geistführer zu treffen, aber lassen Sie sich nicht entmutigen, wenn Ihnen dies nicht sofort gelingt. Wie bei allen anderen Dingen im Leben braucht es hierzu etwas Zeit, Mühe und Geduld. Hier sind einige einfache Tipps, mithilfe derer Sie das Treffen mit Ihrem Geistführer herbeiführen können.

Meditation

Die Meditation ist ein wichtiges Werkzeug, denn sie hilft Ihnen dabei, Ihr Unterbewusstsein mit den gewaltigen Kräften des Universums zu verbinden. Bevor Sie mit der Meditation beginnen, um Ihren Geistführer zu finden, stellen Sie sicher, dass Ihr Geist frei von allen Gedanken und Unklarheiten ist. Konzentrieren Sie sich nur darauf, Ihren Geistführer zu finden und denken Sie an nichts anderes. Betrachten Sie die Meditation nicht als Ziel. Sie ist vielmehr eine Art Reise. Um diese Reise zu beginnen, stellen Sie sich einen ruhigen Wald, einen Strand, einen malerischen Berghang oder einen anderen Ort vor, der Sie entspannt. Denken Sie an nichts anderes und konzentrieren Sie sich nur auf das Erkunden Ihrer Umgebung. Während Sie die Traumlandschaft erkunden, werden Sie mit großer Wahrscheinlichkeit auf Ihren Geistführer stoßen.

Wie im vorherigen Abschnitt bereits erwähnt, ist Ihr Geistführer ein Archetyp und kann in verschiedenen Formen erscheinen. Die Form des Geistführers ist lediglich eine Darstellung dessen bestimmter Eigenschaften und Merkmale, die Sie an ihm schätzen werden. Ihr geistiger Führer könnte zum Beispiel die Gestalt von Martin Luther King Jr. annehmen. Das bedeutet nicht, dass MLK Ihr geistiger Führer ist, sondern dass er die Eigenschaften repräsentiert und verkörpert, die Ihnen wichtig sind, wie z.B. Freiheit, Widerstandsfähigkeit und Mut.

Suchen Sie nach Hinweisen

Eine einfache Möglichkeit, um Ihrem Geistführer zu begegnen, besteht darin, ihn um ein Zeichen oder ein Omen zu bitten. Geistführer machen Ihnen ihre Anwesenheit manchmal durch Symbole und Zeichen bekannt. Diese Symbole, Zeichen und Omen können ganz einfach oder eher kompliziert sein. Alles, was Sie tun müssen, ist, nach Ihnen zu suchen. Solange Sie dem Geistführer keine Frage stellen, werden Sie auch keine Antworten erhalten. Wenn Sie in einem Dilemma stecken, bitten Sie den Geistführer um einen Vorschlag oder eine Lösung und fangen Sie an, nach Zeichen zu suchen, sobald Sie Ihre Bitte geäußert haben.

Wenn Sie beispielsweise erwägen, an einen neuen Ort umzuziehen, aber Angst davor haben, bitten Sie Ihren Geistführer um Rat. Wenn Sie Hinweise bemerken, wie z.B. ein zufälliges Gespräch mit einem lang vermissten Freund in derselben Stadt, in die Sie gerne umziehen möchten, oder wenn Ihnen Fahrzeuge mit Kennzeichen aus der Gegend auffallen, in die Sie umziehen möchten, dann sind das Anzeichen, die zu zufälligen Zeiten und an zufälligen Orten auftauchen. Alles, was Sie tun müssen, ist, bewusst nach Ihnen zu suchen. Wenn Sie diese Zeichen finden, bedeutet das, dass ein Geistführer zu Ihnen Kontakt aufnehmen will.

Traumreise

Eine Traumreise ist der Meditation sehr ähnlich und wird manchmal auch als Visionssuche bezeichnet. Es handelt sich im Wesentlichen um eine Methode, mit der Sie Ihren Geistführer mithilfe Ihres Unterbewusstseins finden können. Anders als bei der Meditation, bei der Sie wach sind, findet die Traumreise in einem Traumzustand statt. Sie schlafen, während Sie sich auf diese zielgerichtete Reise begeben. Luzides Träumen kann Ihnen bei der Verbindung zu Ihrem Geistführer helfen. Konzentrieren Sie sich vor dem Schlafengehen auf Ihr Ziel, also darauf, den Geistführer zu finden, und konzentrieren Sie sich auch auf das, was Sie damit zu erreichen versuchen. Wenn Sie während Ihrer luziden Träume jemandem begegnen, vergessen Sie nicht, sich die Details der Begegnung zu notieren, sobald Sie wieder wach sind. Schreiben Sie Ihre Gespräche und alle Informationen auf, die Sie von der anderen Person erhalten haben.

Intuition

Gab es Momente, in denen eine kleine Stimme in Ihrem Kopf Sie dazu aufgefordert hat, etwas Bestimmtes zu tun? Vielleicht hat sie Ihnen schon mal gesagt, dass es an der Zeit ist, weiterzugehen, eine andere Richtung einzuschlagen oder auf das zu hören, was andere Ihnen sagen. Die kleine Stimme, die so oft zu Ihnen spricht, ist Ihre Intuition. Die meisten von uns lehnen ihre Intuition ab, dabei ist sie ziemlich mächtig. Sie könnte sich sogar nach einiger Zeit als Ihr Geistführer entpuppen, der versucht, Ihnen den Weg in die richtige Richtung zu weisen oder Sie vor Schaden zu bewahren. Um die Präsenz des Geistführers als solche zu erkennen, hören Sie auf diese innere Stimme und nehmen Sie die Vorschläge, die sie Ihnen macht, ernst. Wenn Ihre intuitiven Ideen Ihnen richtig und hilfreich erscheinen, kommen Sie vermutlich von Ihrem Geistführer, der versucht, mit Ihnen in Verbindung zu treten.

Es gibt keine festen Regeln für Geistführer. Sie können einen oder mehrere Geistführer haben, die abwechselnd in Ihrem Leben erscheinen. Denken Sie daran, dass ein Geistführer nur in Zeiten der Not erscheint und nicht, wenn Sie ihn anrufen. Es kann sein, dass ein Geistführer gar nicht auftaucht, solange kein echter Bedarf besteht.

Setzen Sie sich mit Ihrem Geistführer in Verbindung

Führung und Weisungen sind immer in Ihrer Reichweite, aber Sie werden keines von beidem erhalten, wenn Sie nicht ausdrücklich darum bitten. Wenn Sie Hilfe brauchen, um ein Problem zu lösen oder ein Dilemma anzugehen, bitten Sie Ihren Geistführer bewusst um Hilfe. Je mehr Sie fragen, desto größer wird die Wahrscheinlichkeit, dass Sie tatsächlich Hilfe erhalten. Das bedeutet nicht, dass Sie sich nicht auf sich selbst verlassen sollten. Es bedeutet lediglich, dass Sie um ein wenig Unterstützung bitten können, um Ihr Ziel zu erreichen. Ein Taxi hält schließlich nicht für Sie an, wenn Sie sich nicht durch Winken bemerkbar machen. Genauso kann es sein, dass sich Ihre Geistführer nicht bei Ihnen melden, weil Sie sich nicht bei ihm gemeldet haben. Es geht nicht nur darum, um Hilfe zu bitten. Achten Sie darauf, dass Sie auf die Ratschläge Ihrer Geistführer hören. Sie können ihnen nur zuhören, wenn Sie Ihren Geist zur Ruhe bringen und Ihr geistiges Durcheinander beseitigen. Wenn Sie erst einmal zur Ruhe gekommen sind, fällt es Ihnen leichter, sich mit Ihrem Geistführer zu verbinden. Um dieses Ziel zu erreichen, können Sie auch meditieren.

Sie können Ihre Geistführer um Hilfe bitten, indem Sie sich all die Bereiche notieren, in denen Sie Hilfe benötigen. Beginnen Sie mit der Meditation und nehmen Sie ein Tagebuch zur Hand. Schreiben Sie Ihr Problem auf, bitten Sie die Geistführer um ihren Beistand und beginnen Sie, die Gedanken aufzuschreiben, die Ihnen durch den Kopf gehen. Um die Hilfe Ihres Geistführers zu erbitten, können Sie so etwas sagen wie: „Lieber Geistführer der Wahrheit, der Liebe und des Mitgefühls, ich heiße Dich willkommen, ich bitte Dich, durch mich zu schreiben, damit ich erfahre, was ich wissen soll."

Ihre Aufgabe ist hier aber noch nicht zu Ende. Nachdem Sie um Führung gebeten haben, sollten Sie auch nach Zeichen Ausschau halten. Wie im vorigen Abschnitt beschrieben, bieten die Geistführer oft Weisungen durch verschiedene Zeichen, Symbole und Omen an. Halten Sie nach derartigen Dingen Ausschau.

Bevor Sie blindlings den Ratschlägen Ihrer Geistführer folgen, sollten Sie prüfen, ob das Wesen, dem Sie im Traumland begegnen, wirklich Ihr Geistführer ist oder nicht. Manchmal können sich bösartige Energien oder andere Personen, die in Ihre Träume eindringen, als Ihr geistiger Führer ausgeben. Achten Sie also genau auf die Ratschläge, die Sie erhalten. Wenn Sie den Ratschlag ausprobieren und nichts Gutes dabei herauskommt, ist das ein weiteres Zeichen, das Sie nicht ignorieren sollten. Selbst wenn Ihr Geistführer wie ein Verwandter oder jemand, dem Sie vertrauen, aussieht, ist es eine gute Idee, weiterhin vorsichtig zu sein. Wenn alle Informationen, die Sie von dem Geist erhalten, Ihren Überzeugungen, Ihrer Logik oder Ihrem gesunden Menschenverstand widersprechen, ist das Wesen, mit dem Sie interagieren, möglicherweise nicht Ihr Geistführer. In den folgenden Kapiteln werden Sie mehr darüber erfahren, wie Sie sich vor negativen Energien und Traumeindringlingen schützen können.

Kapitel Zehn: 14 Dinge, die Sie beim luziden Träumen NIEMALS tun sollten

Das luzide Träumen macht Spaß und ist aufregend. Sie können tun, was immer Sie wollen, und Ihre Kreativität unbesorgt ausleben. Da Sie die Macht haben, zu tun, was immer Sie wollen, ist es wichtig, dass Sie sich in der richtigen Geisteshaltung befinden und gute Absichten hegen. Auch wenn Ihre Absichten gesichert sind, gibt es bestimmte Dinge, die Sie während des luziden Träumens niemals versuchen dürfen. Nur weil Sie die Macht haben, alles zu tun, was Sie wollen, heißt das noch lange nicht, dass Sie auch alles tun sollten. Der Zweck des luziden Träumens ist es, Ihr Unterbewusstsein zu erforschen, mehr darüber zu lernen, zu experimentieren und zu entdecken. Daher sollten Sie alles vermeiden, was nicht positiv oder konstruktiv ist. In diesem Abschnitt sehen wir uns bestimmte Dinge an, die Sie während des luziden Träumens niemals versuchen sollten.

Fehler Nr. 1: Keine Gewalt

Luzides Träumen ist etwas anderes als das Spielen eines Videospiels, in dem Gewalt vorkommt. Denken Sie daran, dass ein luzider Traum keine Episode von Grand Theft Auto ist. Jedes Szenario, das Sie erkunden, und die verschiedenen Personen, die in diesen Szenarien vorkommen, sind allesamt Erweiterungen Ihrer Persönlichkeit und Ihres Unterbewusstseins. Jegliche Gewalt gegen andere Personen in Ihrem

Traum ist daher also lediglich eine Form der Selbstschädigung. Wenn Sie jemanden verletzen, verletzen Sie nur sich selbst, und das ist nicht zu empfehlen. Da das luzide Träumen extrem lebendig ist, kann jede körperliche Verletzung oder Gewalt gegen andere auch nach dem Aufwachen noch frisch sein.

Fehler #2: Mangelnde Planung

Die richtige Planung ist für jeden Aspekt Ihres Lebens wichtig, und ein bisschen Planung ist auch beim Träumen entscheidend. Wenn Sie mit dem luziden Träumen beginnen, ohne zunächst einen Plan oder ein Ziel vor Augen zu haben, werden Sie wahrscheinlich nur dastehen oder vergessen, was Sie eigentlich tun wollten. Bevor Sie also mit dem luziden Träumen beginnen, sollten Sie ein bestimmtes Ziel vor Augen haben. Das verbessert nicht nur Ihr Gesamterlebnis, sondern wird auch zu einer Lernmöglichkeit. Wiederholen Sie Ihr Ziel kurz vor dem Einschlafen, oder denken Sie den ganzen Tag lang darüber nach. Sobald dieses Ziel in Ihrem Unterbewusstsein verankert ist, bleibt es auch im Traumland bei Ihnen.

Fehler #3: Extrem aufregende Aktivitäten

Wenn Sie sich sehr aufregenden Aktivitäten hingeben, kann dies den luziden Traum beenden. Wenn Ihr Geist zu sehr angeregt wird, ist ein schnelles Aufwachen aus dem Traum sehr wahrscheinlich. Bevor Sie versuchen, etwas Aufregendes zu tun, sollten Sie sicherstellen, dass Sie sich in der Traumwelt und im Traum richtig stabilisiert haben. Wenn Sie zum Beispiel feststellen, dass Sie luzide träumen und Ihre erste Aktivität darin besteht, ins Bett zu springen und heißen Sex zu haben, ist es unwahrscheinlich, dass der Traum weitergeht. Es ist sehr viel wahrscheinlicher, dass Sie sich schnell hellwach und unruhig im Bett wiederfinden werden. Bevor Sie dies alles ausprobieren, sollten Sie sicherstellen, dass Sie einige Übung im luziden Träumen haben. Sobald Sie die verschiedenen in diesem Buch besprochenen Strategien beherrschen, wird es Ihnen leichter fallen, sich anderen aufregenden Aktivitäten hinzugeben.

Fehler #4: Die Augen schließen

Wenn Sie im luziden Traum die Augen schließen, werden Sie dadurch aufgeweckt. Wenn Sie luzide träumen, sehen und erleben Sie die Dinge aus Ihrer Sichtweise. Daher beenden Sie den Traum, sobald Sie Ihre Augen schließen. Wenn Ihr Ziel darin besteht, den Traum zu beenden und aufzuwachen, schließen Sie die Augen.

Fehler #5: Hören Sie auf, über Ihren Körper nachzudenken

Das Ziel, sich auf den Traum zu konzentrieren und in der Traumwelt zu bleiben, während Sie luzide träumen, wird schwierig, wenn Sie ständig an Ihren realen Körper denken. Wenn Sie nur an Ihren physischen Körper denken, der auf dem Bett liegt, können Sie sich nicht gleichzeitig genauso gut auf den Traum konzentrieren. Wenn Sie in den Traum eintauchen und die vielen Vorteile des luziden Träumens nutzen möchten, sollten Sie also aufhören, an Ihren Körper zu denken.

Fehler #6: Vermeiden Sie Erinnerungen an das wirkliche Leben

Hören Sie auf, an Situationen zu denken, die Ihren Erinnerungen oder Erfahrungen aus dem wirklichen Leben sehr ähnlich sind. Nehmen wir zum Beispiel an, dass Sie sich in einem luziden Traum befinden und mit einem potenziellen Kunden sprechen. Sie haben die Bedingungen eines Vertrags erfolgreich ausgehandelt und die Transaktion erfolgreich abgeschlossen. Wenn Sie nach dem Aufwachen hocherfreut und glücklich sind, kann es sein, dass Sie zeitweise glauben, dass der luzide Traum Realität war und Sie das Geschäft im echten Leben erfolgreich abgeschlossen haben. Warum passiert so etwas? Luzide Träume sind sehr lebensecht, und manchmal können sich diese Erinnerungen mit Ihren Erinnerungen an das wirkliche Leben vermischen. Das Einfachste, was Sie dagegen tun können, ist zu vermeiden, an Traumerinnerungen zu denken, die Ihrem Wachleben sehr ähnlich sind.

Fehler #7: Keine schlechten oder negativen Gedanken

Gruselige luzide Träume mögen für einige Menschen faszinierend und aufregend klingen. Möchten Sie Albträume während des luziden Träumens vermeiden? Wenn ja, vermeiden Sie es, an schlechte oder negative Dinge zu denken. Denken Sie daran, dass ein luzider Traum eine Erweiterung Ihres Unterbewusstseins ist. Der einfachste Weg, um zu vermeiden, dass sich negative oder schlechte Gedanken in Ihre luziden Träume verirren, besteht darin, vor dem Schlafengehen zu meditieren oder positive Affirmationen zu wiederholen. Ein positiver Geisteszustand sorgt für ein besseres luzides Traumerlebnis. Außerdem ist ein luzider Traum keine Flucht, oder Bewältigungsmechanismus. Kümmern Sie sich um alle Probleme, die Sie im Leben haben, bevor Sie versuchen, diese im Traumland zu lösen.

Viele Menschen nutzen luzide Träume, um ihre dunkelsten Ängste und Sorgen genauer zu erforschen. Oder vielleicht lieben Sie das Horrorgenre und wollen sehen, ob Sie Ihren Lieblingshorrorfilm überleben könnten. Zu Beginn ist es zu empfehlen, dass Sie alle negativen und beängstigenden Gedanken vermeiden. Während des luziden Träumens befindet sich in einem besonderen Zustand des bewussten Unterbewusstseins. Wenn Sie Ihre Ängste nicht noch verstärken wollen, vermeiden Sie es also, im Traum an sie zu denken. Sie können aber versuchen, Ihre Ängste zu überwinden, sobald Sie den Dreh beim luziden Träumen raushaben. Wenn Sie das nicht tun, lösen Sie nur Albträume aus!

Fehler #8: Vermeiden Sie wiederholte Träume über Personen aus dem wirklichen Leben

Menschen, die Sie kennen, könnten in einigen Ihrer luziden Träume vorkommen. Es ist ganz normal, von anderen Menschen, die man kennt, zu träumen. Hören Sie jedoch auf, sich im Traum auf eine bestimmte Person zu fixieren oder von ihr besessen zu sein. Wenn jemand, den Sie kennen, wiederholt in Ihren Klarträumen auftaucht, wird Ihr Verstand falsche Erinnerungen erzeugen. Wie bereits erwähnt, können Sie Ihr Unterbewusstsein in der luziden Traumwelt bewusst regulieren. Wenn Sie sich im Traumland immer wieder mit einer bestimmten Person treffen, dort mehrere Gespräche führen und Dinge gemeinsam unternehmen, verschwimmen Ihre Erinnerungen an das reale Leben mit der Traumwelt. Ihr Gehirn wäre dadurch ziemlich verwirrt, wenn Sie die besagte Person im wirklichen Leben das nächste Mal treffen. Sie könnten auch enttäuscht sein, wenn Sie im echten Leben nicht die besondere Verbindung zu der Person spüren, die Sie im Traumland genossen haben. All dies ist auf verworrene Erinnerungen zurückzuführen. Als Faustregel gilt: Vermeiden Sie es, in luziden Träumen zu viel Zeit mit Menschen zu verbringen, die Sie auch im wirklichen Leben kennen.

Fehler #9: Hören Sie auf, zu viel Kontrolle auszuüben

Sie können den Verlauf eines luziden Traums kontrollieren und alles Details diktieren. Allerdings würde eine zu starke Kontrolle die faszinierende Erfahrung, die Ihnen das luzide Träumen ermöglichen soll, zunichtemachen. Wenn Sie gerade erst damit anfangen oder noch nicht viel Erfahrung haben, können Sie nicht viel Kontrolle über Ihre Träume ausüben. Seien Sie aber bitte nicht frustriert, wenn Sie nicht gleich dazu in der Lage sind, Ihren Traumzustand zu kontrollieren. Das bedeutet lediglich, dass Sie mehr Übung brauchen, um den richtigen Dreh herauszubekommen. Es erfordert Übung, konsequente Bemühungen und eine Menge Zeit. Sobald Sie bereit sind, sich darauf einzulassen und die erforderlichen Anstrengungen zu unternehmen, werden Sie die Vorteile des luziden Träumens wirklich genießen lernen.

Fehler #10: Vermeiden Sie den Blick in den Spiegel

Was passiert, wenn Sie Ihre Augen schließen oder an Ihren realen Körper denken? Beide Entscheidungen werden Sie aufwecken. Das Gleiche passiert, wenn Sie in einen Spiegel schauen. Die Vorstellung mag aufregend sein und Sie sind vielleicht neugierig darauf, Ihr Spiegelbild während des luziden Träumens zu sehen. Versuchen Sie jedoch zu verstehen, dass Spiegel während des luziden Träumens nicht so funktionieren, wie sie es im wirklichen Leben tun. Wenn Sie während des Träumens in einen Spiegel schauen, sollten Sie sich darauf einstellen, dass die Erfahrung anders sein wird. Manchmal kann das Spiegelbild ein wenig beängstigend sein und Sie aufwecken. Machen Sie sich also klar, was Sie erwarten könnte und akzeptieren Sie die Tatsache, dass das Spiegelbild Ihnen im Traum ein wenig beängstigend vorkommen kann. Wenn Sie darauf vorbereitet sind, reduzieren Sie das Risiko, versehentlich aufzuwachen. Ein weiteres wahrscheinliches Szenario, das Sie bedenken sollten, besteht darin, dass der Spiegel Ihre Gefühle und Ihren allgemeinen Gemütszustand widerspiegeln könnte. Wenn Sie sich in einem glücklichen Zustand befinden und positive Gedanken denken, wird Ihr Spiegelbild entsprechend positiver aussehen und umgekehrt.

Fehler Nr. 11: Setzen Sie ein Zeitlimit

Luzides Träumen macht Spaß und ist aufregend. Seien Sie jedoch vorsichtig mit der Menge an Zeit, die Sie in der Traumwelt verbringen. Wenn das luzide Träumen der einzige Grund ist, warum Sie nachts ins Bett gehen, oder wenn es der aufregendste Teil Ihres Tages ist, dann stimmt etwas nicht. Wie bei allem im Leben muss auch hier ein gewisses gesundes Gleichgewicht herrschen. Wenn das Gleichgewicht nicht stimmt, geht alles drunter und drüber und der Grundzweck des luziden Träumens wird völlig zunichtegemacht. Verwenden Sie das luzide Träumen nicht als Fluchtmechanismus. Es ist kein Bewältigungsmechanismus, der Ihnen helfen soll, mit den Realitäten des Lebens fertig zu werden. Lernen Sie stattdessen, mit Ihren Sorgen im echten Leben umzugehen, und nutzen Sie das luzide Träumen als Werkzeug zur Erforschung Ihres Unterbewusstseins. Wenn Sie zu viel Zeit mit luziden Träumen verbringen, hindern Sie sich selbst daran, das eigentliche Leben so zu leben, wie Sie es eigentlich tun sollten.

Fehler Nr. 12: Nichts tun

Nichts zu unternehmen, nur das Traumland zu erkunden oder herumzustreifen, ist keine gute Idee. Diese Aktivitäten helfen Ihnen dabei, den Traum zu stabilisieren, und das war's. Sobald Sie den Traum stabilisiert haben, beginnen Sie mit der Erkundung des Traumlandes. Wenn Sie nichts tun, verschenken Sie lediglich eine gute Gelegenheit. Vermeiden Sie ständige Realitätskontrollen, während Sie im Traumland sind. Genießen Sie den luziden Traum, denn er bietet Ihnen eine magische Erfahrung. Wenn Sie nichts tun, nimmt das dieser Erfahrung ihren Zauber. Das ist einer der Gründe, warum Sie Ihr Vorhaben planen müssen, bevor Sie mit dem luziden Träumen beginnen.

Fehler #13: Vermeiden Sie schnelle Drehungen

Bevor Sie versuchen, im luziden Traum etwas zu tun, müssen Sie zunächst den Traum stabilisieren. Das Drehen im Kreis bietet Ihnen eine einfache Möglichkeit dazu. Drehen Sie sich dabei langsam und nur für eine gewisse Zeit. Wenn Sie sich aber zu viel drehen, könnten Sie aus Versehen aufwachen. Um sicher zu gehen, dass Sie wirklich träumen, reichen schon ein oder zwei Realitätschecks. Übertreiben Sie es dabei nicht und prüfen Sie nicht ständig, ob Sie sich wirklich im Traumzustand befinden. Zu schnelles Drehen kann wiederum Ihr Nervensystem stimulieren und Sie aus dem Traum erwecken.

Eine weitere Sache, die Sie vermeiden sollten, ist zu versuchen zu fliegen, bevor Sie dazu bereit sind. Die Vorstellung davon, im Traum zu fliegen, mag Ihnen wie eine coole Idee erscheinen. Schließlich haben wir alle schon einmal über diese Möglichkeit nachgedacht, und die luzide Traumwelt gibt Ihnen die Gelegenheit, es wirklich zu versuchen. Wenn Sie gerade erst mit dem luziden Träumen angefangen haben, sollten Sie nicht versuchen zu fliegen. Wenn Sie es zu schnell versuchen, schaltet sich Ihr bewusstes Gehirn ein und Sie stellen sich logische Fragen wie: „Wie kann es sein, dass ich fliege?" oder „Ich kann wegen der Schwerkraft nicht wirklich fliegen." Diese Fragen werden Sie aufwecken und können zu einer insgesamt frustrierenden Erfahrung führen.

Fehler Nr. 14: Sagen Sie sich nicht: „Das kann ich später machen"

Wenn Sie sich bewusst sind, dass Sie sich in einem luziden Traum befinden und Lust haben, etwas zu tun, versuchen Sie, es so schnell wie möglich in die Tat umzusetzen. Die Chancen stehen gut, dass Sie Ihre Idee sonst wieder vergessen, wenn Sie sie nicht sofort umsetzen. Sobald sich der luzide Traum verfestigt hat, sollten Sie anfangen, Ihrem Plan für den luziden Traum zu folgen. Wenn Sie sich immer wieder sagen, dass Sie alles später tun können oder erst eine Weile herumlaufen wollen, vergessen Sie es oder, schlimmer noch, Sie wachen schnell wieder aus dem Traum auf.

Wenn Sie diese weit verbreiteten Fehler vermeiden, können Sie Ihre Erfahrung des luziden Träumens entscheidend verbessern und die Wahrscheinlichkeit eines abrupten Aufwachens aus dem Traum dadurch verringern.

Kapitel Elf: Wie Sie sich beim luziden Träumen richtig schützen können

Es ist nicht gewährleistet, dass jeder Traum, den Sie haben, ein angenehmer und glücklicher ist. Sie können auch Albträume haben. Es kann vorkommen, dass Sie luzide träumen und sich etwas nicht richtig anfühlt. Vielleicht ist ein störendes Wesen oder ein Bild in Ihren Traum eingedrungen, ohne dass Sie ihm bewusst die Erlaubnis dazu erteilt haben. Was können Sie in solchen Situationen tun? Die gute Nachricht ist, dass es einige einfache Tipps und Tricks gibt, die Sie befolgen können, um derartige Unannehmlichkeiten in Ihrem luziden Traumland zu vermeiden. Die beiden häufigsten Ursachen für Probleme in luziden Träumen sind Albträume und Traumeinbrüche. In diesem Kapitel werden wir beide Konzepte diskutieren und Tipps kennenlernen, mit denen Sie sich während des Traums schützen können.

Albträume

Gab es schon Träume, aus denen Sie mit rasendem Herzklopfen aufgewacht sind? Träume, die Sie bei Ihnen kalten Schweißausbrüche verursachen? Vielleicht werden Sie während dieser von einem Monster gejagt, während Sie so schnell Sie können wegrennen, um Ihr Leben zu retten. Oder vielleicht durchleben Sie Ihre schlimmsten Ängste, während Sie sich hilflos und außer Kontrolle fühlen. Beide Fälle können Sie abrupt aus dem Schlaf reißen, so dass Sie sich nach dem Aufwachen ängstlich fühlen.

Das bringt uns zum nächsten Punkt, der richtigen Unterscheidung zwischen Albträumen und Nachtangst. Auch wenn beide Konzepte ähnlich klingen, sind sie doch recht unterschiedlich. Es gibt drei Hauptunterschiede zwischen diesen beiden Phänomenen. Nachtangst tritt oft in den frühen Phasen des Schlafs auf, während Albträume in einer späteren Traumphase auftreten. Albträume werden oft dann ausgelöst, wenn Sie seit langem schlafen und Ihre Träume langsam bizarr und stark durch Ihre Emotionen beeinflusst werden. Nachtangst wird mit Nicht-REM-Schlafphasen in Verbindung gebracht, während Albträume mit REM-Schlaf in Verbindung gebracht werden. Wenn Sie einen Albtraum haben, werden Sie sich wahrscheinlich lebhaft an den Inhalt des unangenehmen Traums erinnern. Bei Nachtangst ist es sehr wahrscheinlich, dass Sie sich nur bruchstückhaft oder gar nicht mehr an den Vorfall erinnern können.

Albträume stören Ihren REM-Schlaf. Man geht davon aus, dass das Gehirn nicht wirklich aufhört zu denken, auch nicht, wenn man bereits schläft. Es überprüft weiterhin alle Erfahrungen, die Sie gemacht haben, oder Erinnerungen aus verschiedenen Netzwerken, die ähnliche Erfahrungen teilen. Es aktualisiert dabei auch bestimmte neuronale Netzwerke und lernt, mit neuen Verhaltensweisen umzugehen, selbst während Sie schlafen. Dies ist einer der Gründe dafür, warum Sie an Albträumen leiden können. Jede Form von Aufruhr, die Sie erleben, während Sie wach sind, kann sich im Schlaf als Albtraum manifestieren. Wenn Sie lernen, mit Ihren negativen Emotionen, schon während Sie wach sind richtig umzugehen, verringert sich die Wahrscheinlichkeit von Albträumen im Schlaf.

Denken Sie auch daran, dass jede Form von emotionalem Aufruhr Albträume auslösen kann, nicht nur Angst. Es kann vorkommen, dass Sie nach dem Aufwachen aus einem Albtraum Wut, Groll, Ekel oder sogar Trauer empfinden. Die beängstigenden Träume, die Sie erleben, könnten die mentale Manifestation eines Schadens sein, der auf eine tagsüber wahrgenommene Bedrohung Ihrer körperlichen oder geistigen Sicherheit zurückzuführen ist. Selbst eine Bedrohung Ihres Selbstwertgefühls, Ihres Selbstvertrauens oder Ihres Sicherheitsgefühls kann Albträume auslösen.

Eine einfache Möglichkeit, negative Gefühle, die Sie während eines Albtraums empfinden, zu lindern, besteht darin, dass Sie rational denken. Beim luziden Träumen wissen Sie, dass Sie schlafen und dass das, woran

Sie gerade denken, nicht wirklich in der Realität passiert. Das gibt Ihnen ein einfaches Gefühl der Kontrolle. Wenn Sie also das nächste Mal in einem Albtraum feststecken und sich dessen bewusst sind, denken Sie logisch über die Situation nach. Wenn Sie in Ihrem Albtraum beispielsweise von Zombies gejagt werden, erinnern Sie sich daran, dass Sie in Wirklichkeit in Sicherheit und in Ihrem eigenen Bett sind. Eine andere einfache Strategie besteht darin, die Augen zu schließen, um aus dem bösen Traum zu erwachen. Sie haben die vollständige Kontrolle über Ihr Gehirn und Ihre Gedankenmuster.

Wie im vorigen Abschnitt erwähnt, ist der Stress, den Sie tagsüber erleben, einer der häufigsten Auslöser für einen Albtraum. Ihr Gehirn versucht aktiv, jedes Problem zu lösen, mit dem Sie konfrontiert werden, sogar während Sie schlafen. Ihr Gehirn übt im Wesentlichen den Umgang mit dem Problem, wenn Sie wach sind. Wenn Sie sich vor dem Schlafengehen beruhigen können, verringert sich die Wahrscheinlichkeit von Albträumen. Einfache Aktivitäten wie Yoga, Meditation, Sport, ein wenig Zeit für sich selbst oder eine entspannende Routine vor dem Schlafengehen können dabei helfen, angestauten Stress abzubauen. Schlafmangel oder jede andere Form von Schlafentzug kann Ihr Gehirn weiter stressen, was wiederum erneut Albträume auslöst. Versuchen Sie, täglich zur gleichen Zeit einzuschlafen und aufzuwachen.

Um körperlichen und geistigen Stress abzubauen, sollten Sie unmittelbar vor dem Schlafengehen auf den Verzehr von Alkohol, Nikotin und Koffein verzichten. Diese Substanzen stimulieren den Geist. Ein Übermaß an Stimulation kurz vor dem Schlafengehen kann Ihr Gehirn in einen hyperaktiven Modus versetzen. Eine weitere einfache Methode besteht darin, nachts keine Gruselfilme zu sehen oder beängstigende und beunruhigende Texte zu lesen.

Eine weitere einfache Möglichkeit, um Stress abzubauen, ist das Einplanen von Zeit, um sich mit Sorgen auseinanderzusetzen. Auch wenn es sich kontraproduktiv anhört, sollten Sie sich täglich etwa fünf bis zehn Minuten Zeit für Ihre Sorgen nehmen. Während dieser Zeit können Sie über jeden Gedanken nachdenken, der Ihnen den ganzen Tag lang Sorgen bereitet hat. Anstatt diese negativen Gedanken zu ignorieren oder zu verdrängen, können Sie sich dadurch ein Ventil schaffen, um mit ihnen gezielt fertig zu werden. Sobald Sie sich mit den unangenehmen Gedanken auseinandergesetzt haben, sinkt die Wahrscheinlichkeit von Albträumen in der Nacht.

Wenn Sie luzide träumen, haben Sie die Macht, das Drehbuch eines jeden Traums zu ändern. Wenn Sie in einem schlechten Traum feststecken, ändern Sie ihn einfach. Dazu müssen Sie zunächst erkennen, dass Sie sich in einem Zustand des luziden Träumens befinden. Zum Beispiel werden Sie dabei in Ihrem Traum von einem Monster gejagt und Sie rennen durch eine dunkle Gasse. Anstatt sich darauf zu konzentrieren, denken Sie an einen glücklicheren Ort. Stellen Sie sich dann vor, dass Sie in Richtung dieses glücklicheren Ortes rennen. Schließlich sind Sie der Herr über Ihr Traumland.

Invasion der Träume

Hatten Sie schon einmal Träume, in denen Sie die Anwesenheit eines anderen Menschen erlebt haben? Eine fremde Präsenz, die nicht verschwinden wollte und den Verlauf Ihrer Träume beeinflusste? Oder haben Sie sich vielleicht im Traum eines anderen Menschen wiedergefunden? Diese Erfahrungen werden als Trauminvasion bezeichnet. Eine Trauminvasion kann entweder zufällig oder absichtlich stattfinden. In einem luziden Traum befinden Sie sich entweder ganz oder teilweise auf der Astralebene. Sie manifestieren den Traum auf dieser Ebene und lassen ihn vorübergehend in Erscheinung treten. Er wird aber nur vorübergehend manifestiert, denn sobald Sie Ihre Augen öffnen und vollständig wach sind, endet der Traum. Ein Traum verschwindet auch, wenn Sie sich entscheiden, die Astralebene zu verlassen. Bei einer Trauminvasion betritt ein anderes Wesen den Raum, den Sie erschaffen haben, und interagiert mit Ihnen. Andere Wesen können durch ihre luziden Träume, Rituale, Meditation oder sogar Astralprojektion in Ihre Träume eindringen. Schauen wir uns nun die verschiedenen Arten von Trauminvasionen genauer an.

Eine zufällige Trauminvasion geschieht, wie der Name schon sagt, unabsichtlich. Wenn Sie mit jemandem eine starke Verbindung haben, kann es sein, dass die Person dadurch die Macht hat, in Ihr Traumland einzudringen. Oft träumen sogar alle an dem Traum beteiligten Personen mit. Es ist ähnlich wie bei einem gemeinsamen Traum, bei dem jemand anderes ohne seine Zustimmung in Ihren Traum eindringt. Der Eindringling hat nicht die Absicht, in Ihren Traum einzudringen und will Ihnen nicht schaden. Er erscheint lediglich aus Versehen in Ihrem Traum. Versehentliche Eindringlinge sind in den Träumen von Empathen durchaus üblich. Ein Empath ist eine Person, die das fühlen und erleben kann, was andere fühlen und erleben. Wenn Ihre Empathie stark ausgeprägt ist, ist es sehr wahrscheinlich, dass andere in Ihre Träume hineingezogen werden. Das ist eine unwillkürliche Erfahrung, die nicht schädlich ist.

Eine absichtliche Invasion ist das Gegenteil einer zufälligen Invasion. Warum sollte jemand absichtlich in das Traumland einer anderen Person eindringen? Dafür gibt es verschiedene Gründe. Der häufigste ist die Absicht, das Denken der anderen Person gezielt zu beeinflussen. Ein Traum findet auf der Astralebene statt, und das, was Sie träumen, bleibt oft in Ihrem Unterbewusstsein. Da Ihr Unterbewusstsein für alle automatischen Reaktionen, einschließlich der körperlichen und emotionalen, verantwortlich ist, ist es sehr mächtig. Ihr unterbewusstes Gedächtnis steuert Ihren primären Überlebensinstinkt, Ihre Motivation und jede andere emotionale Reaktion. Ein gezielter Eindringling versucht, diese Dinge zu kontrollieren, indem er eine bestimmte Reaktion bei Ihnen auslöst. Ein absichtlicher Eindringling hat die Macht, andere in ihre Träume zu ziehen. Das ist so ziemlich das Prinzip, auf dem der Film Inception basiert.

Ein weiterer häufiger Grund für eine Trauminvasion, insbesondere für gezielte Invasionen, ist die Absorption jeglicher emotionaler Energie, die sich während des Traumzustandes manifestiert. Lustträume und Terrorträume sind die beiden üblichen Quellen, die Angreifer nutzen, um dieses Ziel zu erreichen. Der Angreifer absorbiert all die Energie, die während dieser Träume von Ihrem Körper erzeugt wird.

Eine Trauminvasion mag wie ein Albtraum klingen, aber es gibt einen feinen Unterschied zwischen diesen beiden Erfahrungen. In einem Albtraum ist es oft Ihr persönlicher Stress aus dem realen Leben, der sich als schlechter Traum manifestiert. Nicht nur geistiger Stress, sondern auch körperlicher Stress, wie z.B. eine Krankheit, Schmerzen oder eine lebensbedrohliche Situation aus Ihrer Vergangenheit, können Albträume auslösen. Albträume sind oft abstrakter Natur und normalerweise in sich selbst abgeschlossen. Bei einer Trauminvasion ist die Art der Interaktion zwischen Ihnen und dem anderen Wesen, das in Ihre Träume eindringt, jedoch recht detailliert. Ein Albtraum ist oft unlogisch, weil er nur eine Manifestation Ihrer Angst ist. Eine Trauminvasion ist selten unlogisch, und Sie können durch diese sogar langanhaltende Interaktionen mit dem anderen Wesen haben.

Fragen Sie sich nun, was Sie tun können, wenn Sie in einer Trauminvasionssituation feststecken?

Eine Trauminvasion tritt auf, wenn jemand anderes Ihr persönliches Energiefeld verletzt hat. Um dies zu verhindern, müssen Sie lernen, Ihr Energiefeld zu schützen. Das ist vergleichbar mit der Installation eines Sicherheitssystems in Ihrem Haus. Ein physisches Sicherheitssystem mag Diebe und Räuber vom Eindringen abhalten, aber ein mentales Sicherheitssystem schützt Sie vor negativen Absichten, Gefühlen und psychischen Angriffen durch bösartige Wesenheiten. Um Ihr Energiefeld zu stärken und zu schützen, können Sie die folgende einfache meditative Übung durchführen.

Beginnen Sie, indem Sie sich einen bequemen Platz suchen. Sie können sich entweder hinsetzen oder auf den Boden legen. Schließen Sie Ihre Augen, halten Sie Ihren Körper entspannt und beginnen Sie langsam und tief zu atmen. Atmen Sie lange, langsam und tief durch die Nase ein und durch den Mund aus. Wiederholen Sie dies zehnmal oder bis Sie sich völlig ruhig fühlen. Heben Sie nun Ihre Hände hoch und führen Sie sie zusammen, als ob Sie einen kleinen Ball halten würden. Stellen Sie sich vor, dass dieser Ball, den Sie halten, voller heller Lichter ist. Das helle Licht, das er ausstrahlt, ist voll von Liebe und Zuneigung. Stellen Sie sich vor, dass der Ball langsam wächst, bis er Sie ganz umgibt. Er umgibt nicht nur Ihren Körper, sondern hat sich schließlich auf den gesamten Raum um Sie herum ausgebreitet. Sie können die Ränder dieser Kugel wie kleine helle Diamanten schimmern sehen. Halten Sie sich nun wieder an dieser Kugel fest und sehen Sie dabei zu, wie schön sie glitzert. Stellen Sie sich vor, dass Sie sich selbst in diesem hellen Licht sehen können. Wenn Sie damit beginnen, sich darauf zu konzentrieren, verlassen die Glitzerpartikel der Kugel Ihre Hände und füllen den Bereich zwischen der Kugel und Ihrem Körper. Atmen Sie tief ein und öffnen Sie langsam die Augen. Es wird angenommen, dass diese einfache Übung bei Ihnen ein Gefühl von Gelassenheit und Sicherheit hervorruft. Sie können diese Übung auch in einem luziden Traum durchführen.

Beginnen Sie zu meditieren, bevor Sie abends schlafen gehen. Die Meditation hilft Ihnen, Ihr allgemeines Energieniveau zu steigern und gibt Ihnen die Möglichkeit, eine höhere Energieebene zu erreichen. Sie schafft im Wesentlichen eine sichere Umgebung, in die Ihnen die Angreifer nicht folgen können. Wenn die Personen ständig in Ihre Träume eingedrungen sind, reagieren Sie nicht weiter auf Sie und leisten Sie keinen Widerstand, sondern behalten Sie einfach Ihre Kontrolle in der Traumwelt. Denken Sie daran, dass Sie die Kontrolle über Ihre Träume haben und dass niemand Ihnen etwas antun kann, solange Sie ihm nicht die Kontrolle über den Traum geben. Jemand anderes ist in Ihren Traum eingedrungen, und es ist nun an der Zeit, dass Sie sich Ihre Traumwelt zurückzuerobern. Lassen Sie sich nicht auf ein Gespräch ein, sondern lösen Sie sich einfach von dem Eindringling. Die Wiederholung eines einfachen Mantras wie „Sie sind hier nicht willkommen" oder „Ich will Sie hier nicht haben" kann die Trauminvasion wirksam beenden.

Sie haben auch die Macht, Ihren Geistführer im luziden Traum um Hilfe zu rufen. Ihr Schutzengel ist gleich um die Ecke, und Sie brauchen ihn nur um seine Unterstützung zu bitten.

Kapitel Zwölf: Fünf fortgeschrittene Strategien des luziden Träumens

Luzides Träumen hat mehrere positive Auswirkungen auf den Träumenden. Von der Stärkung des Selbstbewusstseins bis hin zur Entwicklung von gesteigertem Selbstvertrauen ist das Träumen meist eine wunderbare Erfahrung. In den vorangegangenen Kapiteln haben Sie bereits einige Methoden zur Herbeiführung luzider Träume kennengelernt. Wenn Sie nach der Anwendung dieser Methoden Lust auf mehr haben oder neugierig geworden sind und sich auf ein neues Abenteuer einlassen wollen, können Sie einige fortgeschrittene Strategien zum luziden Träumen anwenden. Lassen Sie uns in diesem Kapitel einen Blick auf diese Strategien werfen.

Strategie #1: Astralprojektion

Wie bereits erwähnt, gibt es eine Beziehung zwischen der Astralprojektion und dem luziden Träumen. Wenn Sie auf eine Astralreise gehen, projizieren Sie im Wesentlichen Ihr Bewusstsein in die Astralwelt. Sie reisen in Echtzeit zu verschiedenen Erfahrungen und Orten, ohne dabei an Ihren physischen Körper gebunden zu sein. In gewisser Weise erkundet nur Ihr Bewusstsein die verschiedenen Szenarien.

Diejenigen, die Astralprojektionen durchführen, sprechen oft von einer außerkörperlichen Erfahrung, fast so, als wären sie selbst zu Geistern geworden. Astralprojektion ist ein faszinierendes Konzept und Sie können es während des luziden Träumens erleben. Ihre Traumwelt basiert auf Ihrem Bewusstsein, während die Astralwelt so viel mehr umfasst als nur das. Sie ist nicht auf Ihren persönlichen Raum oder Ihre Zeit beschränkt. Sie ist der Höhepunkt der Erfahrungen, die ein Mensch in seinem Leben machen kann. Bei der Astralprojektion können Sie Ereignisse aus der Vergangenheit, der Zukunft und der Gegenwart sehen und erleben. Sie sind jedoch nicht in der Lage, mit den inneren Welten eines anderen Menschen zu interagieren. Hier sind die Schritte, die Sie befolgen sollten, um die Astralwelt während des luziden Träumens zu erkunden.

- Um mit der Astralprojektion zu beginnen, müssen Sie zunächst einen luziden Traumzustand erreichen. Um einen luziden Traum zu erzeugen, können Sie die WILT-Methode benutzen (Wach-Induzierter Luzider Traum).
- Sobald der luzide Traum beginnt, verlagern Sie Ihr Bewusstsein zurück in den Raum, in dem Sie geschlafen haben. Sehen Sie sich Ihren physischen Körper an, während er auf dem Bett liegt.
- Gehen Sie durch das Zimmer und achten Sie dabei auf Gegenstände, die Sie vorher nicht bemerkt haben. Vielleicht haben Sie zum Beispiel noch nie auf einen Stift geachtet, den Sie in Ihrem Zimmer aufbewahren. Nachdem Sie ein solches Objekt ausfindig gemacht haben, richten Sie Ihre ganze Aufmerksamkeit darauf. Untersuchen Sie das Objekt sorgfältig und achten Sie dabei auf jedes Detail.
- Nachdem Sie wieder aus dem Traum erwacht sind, studieren Sie denselben Gegenstand erneut. Wenn der Gegenstand nicht in dem Raum zu finden ist oder wenn die Details anders aussehen, als erwartet bedeutet das, dass Sie sich nicht astral projiziert haben und dass es sich bei der Erfahrung lediglich um eine Erweiterung Ihrer luziden Träume handelte. Wenn der Gegenstand und alle seine Details gleich sind, haben Sie sich erfolgreich astral projiziert.
- Da Sie nun wissen, wie man eine Astralprojektion durchführt, sollten Sie das nächste Mal, wenn Sie luzide träumen, nicht nur Ihr Zimmer erkunden. Laufen Sie um das Haus oder sogar das ganze Viertel herum. Wenn Sie wieder wach sind, überprüfen Sie alle Details, um sicherzustellen, dass Sie wirklich eine Astralprojektion erlebt haben. Dabei handelt es sich um eine

fortgeschrittene Strategie, die Sie vielleicht nicht auf Anhieb richtig beherrschen werden. Daher müssen Sie einige Male üben, um besser zu werden.

- Der letzte Test, um festzustellen, ob Sie sich erfolgreich astral projiziert haben oder nicht, besteht darin, Ihren Freund zu bitten, einen Gegenstand in seinem Haus zu platzieren, ohne Ihnen zu sagen, um welchen Gegenstand es sich handelt. Ihr Freund sollte Ihnen sagen, wo sich der Gegenstand befindet, ohne Ihnen weitere Details zu nennen. Er muss sich an einem leicht zugänglichen Ort befinden, z.B. auf dem Nachttisch, der Küchentheke oder auf dem Esstisch. Wenn Sie sich erfolgreich astral projiziert haben, konnten Sie in die Wohnung Ihres Freundes eindringen und können ihm den Gegenstand im Detail beschreiben.

Sobald Sie diese Methode beherrschen, können Sie sich an jeden Ort auf der Welt projizieren. Sie sind dabei nicht mehr durch die Barrieren der physischen Welt eingeschränkt und können mit Hilfe Ihres Bewusstseins zwischen Zeit und Raum hin- und herreisen.

Strategie #2: Treffen Sie auf Ihr paralleles Selbst

Laut der Multiversumstheorie gibt es mehrere Paralleluniversen, in denen sich Ihre parallelen Ichs befinden. Es handelt sich um eine recht komplexe Theorie, aber eine vereinfachte Erklärung besagt, dass unendliche Zeitlinien mehrere parallele Universen umfassen. Das bedeutet im Wesentlichen, dass es für alles, was in Ihrem Leben passiert ist, ein Paralleluniversum gibt, in dem stattdessen etwas anderes passiert wäre. Das ist so ähnlich, wie wenn Sie sich fragen, wie Ihr Leben verlaufen wäre, wenn Sie eine bestimmte Entscheidung zu einem bestimmten Zeitpunkt nicht getroffen hätten. Wie wäre Ihr Leben zum Beispiel abgelaufen, wenn Sie nicht in eine andere Stadt umgezogen wären? Wären die Dinge anders verlaufen, wenn Sie an der Uni ein anderes Hauptfach gewählt hätten? Laut der Multiversumstheorie gibt es für jede Entscheidung, die Sie jemals getroffen haben, ein Paralleluniversum und verschiedene Versionen von Ihnen, die in verschiedenen Zeiträumen leben.

Wie bei der Astralprojektion können Sie das luzide Träumen nutzen, um verschiedene Multiversen Ihres Lebens zu erkunden. Hier sind die Schritte, die Sie bei dieser Strategie befolgen sollten:

- Beginnen Sie damit, luzide Träume zu induzieren, indem Sie eine der im vorigen Kapitel besprochenen Methoden anwenden.

- Sobald Sie sich im luziden Traumzustand befinden, konzentrieren Sie sich auf ein bestimmtes Ereignis oder eine Entscheidung, die Sie im Leben getroffen haben. Richten Sie Ihre ganze Aufmerksamkeit auf dieses Erlebnis und meditieren Sie während Ihres luziden Traums über dieses Erlebnis. Stellen Sie sich sich selbst in einer parallelen Realität vor.
- Sie können Ihr Bewusstsein absichtlich auf einen anderen Weg lenken, indem Sie sich in den Moment zurückversetzen und eine andere Entscheidung treffen. Eine andere Alternative besteht darin, Ihr Bewusstsein absichtlich in den gegenwärtigen Moment zu versetzen, aber in eine andere Realität zu bringen.
- Nachdem Sie Ihre persönlichen Zeitachsen in mehreren Universen besucht haben, beginnen Sie mit dem Besuch alternativer Zeitachsen der uns bekannten Geschichte.
- Vergessen Sie nicht, nach dem Aufwachen alle Ihre Beobachtungen von Ihren Besuchen in den verschiedenen Paralleluniversen zu notieren. Das hilft nicht nur dabei, Ihre Erfahrung zu bestätigen, sondern macht sie auch lebhafter. Diese Methode funktioniert hervorragend, weil Ihnen in Ihrem luziden Traumland unendlich viel Platz und Zeit zur Verfügung stehen. Mit Bezug auf all die unbegrenzten Paralleluniversen, die es gibt, bedeutet dies, dass es viel Spielraum für Erkundungstouren gibt.

Strategie #3: ALDIT

Die Advanced Lucid Dream Induction Technique (ALDIT) oder Fortgeschrittene Luzide Trauminduktions Methode (FLTIM) ist eine Hybridstrategie, die dazu dient, ein aufregendes luzides Traumerlebnis zu erzeugen. Hier sind die Schritte, die Sie dazu befolgen sollten.

- Versuchen Sie, keinen Alkohol zu konsumieren oder ihn auf ein Minimum zu beschränken, bevor Sie diese Strategie ausprobieren. Bleiben Sie in einer positiven Stimmung und lassen Sie sich nicht auf einen emotionalen Konflikt ein. Vermeiden Sie diese Strategie, falls Sie sich geistig abwesend oder gestresst fühlen. Insgesamt benötigen Sie mindestens sieben Stunden Schlaf, um diese Methode effektiv anzuwenden. Vor dem Aufwachen brauchen Sie vier Stunden Schlaf und danach mindestens drei Stunden.

- Nach vier Stunden wachen Sie auf und stehen aus dem Bett auf. Sie können sich den Wecker so einstellen, dass er losgeht, wenn Sie nicht sicher sind, ob Sie von selbst aufwachen können oder nicht.
- (Optionaler Tipp: Wenn Sie das Gesamterlebnis verbessern möchten, nehmen Sie 4-8 mg Galantamin zu sich. Es ist ideal für alle, die nicht über eine ausreichende Versorgung mit Acetylcholin, einem Neurotransmitter, im Körper verfügen. Dies gilt insbesondere für alle, die über 50 Jahre alt sind. Achten Sie bei der Einnahme von Galantamin darauf, dass Sie eine leichte Mahlzeit zu sich nehmen und danach etwas Wasser oder Fruchtsaft trinken. Wenn Sie an einer Vorerkrankung oder einer Herz-Kreislauf-Erkrankung leiden, sollten Sie vor der Einnahme von Galantamin Ihren Arzt konsultieren).
- Jetzt ist es an der Zeit, mit der Meditation zu beginnen. Sie müssen zwischen zwanzig und dreißig Minuten lang meditieren, um sicherzustellen, dass Ihr Geist von aller Unruhe und Unordnung befreit wird. Am besten setzen Sie sich dazu auf einen Stuhl oder auf den Boden, während Sie Ihren Rücken gerade und Ihren Körper entspannt lassen.
- Nachdem Sie es sich bequem gemacht haben, ist es an der Zeit, einen bestimmten Traum erneut zu erleben. Ändern Sie Ihre Reaktion auf den Traum abhängig davon, was sich für Sie gerade angemessen anfühlt und achten Sie darauf, was diese Haltung zur Folge hat. Ihre neue Reaktion zeigt Ihnen vielleicht keine tatsächliche Lösungsmöglichkeit auf, aber sie kann einen wichtigen Entwicklungsschritt auf dem Weg zur endgültigen Lösung darstellen. Vielleicht sahen Sie sich in einem Ihrer luziden Träume zum Beispiel schon mal mit einem Angreifer konfrontiert, aber Sie haben bei dieser Erfahrung nichts gegen den Angreifer unternommen. Jetzt, wo Sie diesen Traum erneut durchleben, können Sie Ihre Autorität ausdrücken, indem Sie sich dem Aggressor entgegenstellen. Was auch immer der Traum ist, versuchen Sie, anders zu reagieren und lassen Sie ihn sich dementsprechend anders weiter entfalten.
- Nachdem Sie den Traum durchlebt haben, ist es schließlich Zeit, wieder aufzuwachen. Sie können sich den Wecker stellen, um Ihnen dabei zu helfen. Vergessen Sie nicht, den neuen Traum

nach dem Aufwachen zu notieren (Sie können dies sofort oder etwas später tun). Danach ist es an der Zeit, wieder einzuschlafen.
- Bevor Sie die Augen schließen und in den Schlaf gleiten, wiederholen Sie eine Affirmation über das, was Sie im Traum zu tun wünschen. Sie können so etwas sagen wie: „Ich möchte mir meiner Träume bewusster werden und auf alle Szenarien, die mir begegnen, angemessen reagieren."
- Beginnen Sie, von 100 herunterzuzählen. Vielleicht werden Sie dabei langsam schläfrig und verlieren den Überblick über die Zahlenreihenfolge. Es ist in Ordnung, wenn das passiert; die Schläfrigkeit soll die Überhand gewinnen.
- Sie könnten unterwegs kurz das Bewusstsein verlieren und eine Vibration spüren oder hören. Diese Vibration kann auftauchen und wieder verschwinden; sie ist ein gutes Zeichen. Wenn Sie diese Vibration in Ihrem Kopf hören, konzentrieren Sie sich auf diese Energiequelle und meditieren Sie über das Gefühl. Wenn Sie zu meditieren beginnen, wird sich die Energie verstärken. Wenn Sie von dieser Energie umgeben werden, können Sie auch aus Ihrem Körper heraustreten und eine außerkörperliche Erfahrung machen. Dies ist als WILT (Wild-Induzierter-Luzider Traum) bekannt.
- Wenn Sie diese Energie nicht hören und einfach einschlafen, nennt man das TILT (Traum-Induzierter-Luzider-Traum). Wenn dies geschieht, stehen die Chancen gut, dass Sie im Schlaf in einen Zustand des luziden Träumens versetzt werden.

Vergessen Sie nicht, Ihre Beobachtungen aufzuzeichnen, sobald Sie wach sind. Wenn Sie sie nicht aufschreiben wollen, nehmen Sie sich ein digitales Aufnahmegerät zur Hand, um Ihre Erfahrungen festzuhalten, solange sie Ihnen noch frisch in Erinnerung sind.

Strategie #4: Umgang mit Ängsten und Phobien

Die Angst ist ein überwältigendes Gefühl, das Sie in jeder Situation überwältigen kann. Ängste sind selten rational, und deshalb nützt es Ihnen nichts, wenn Sie Ihrer Angst nachgeben. Die Überwindung von Ängsten und Phobien ist kein einfacher Prozess. Die gute Nachricht ist, dass Sie Ihre Ängste mit Hilfe des luziden Träumens überwinden lernen können. Wie bereits mehrfach erwähnt, haben Sie beim luziden Träumen die vollständige Kontrolle über die Szenarien und deren Ausgang. Niemand sonst kann Ihre Träume steuern, und die Macht liegt in Ihren Händen.

Wenn Ihnen etwas unangenehm erscheint, können Sie dem Ganzen eine positive Wendung geben. Es gibt verschiedene Strategien, die Sie zur Überwindung von Phobien einsetzen können, wie z.B. Hypnotherapie. Das Einfachste, was Sie tun können, ist jedoch, Ihre Ängste in der Traumwelt zu bekämpfen.

Hier ist eine einfache Erklärung, die Ihnen ein besseres Verständnis dafür vermitteln wird, wie Sie Ihre Ängste und Phobien im Traumland bekämpfen können. Nehmen wir einmal an, Sie haben Angst vor Schlangen. Die schleimigen und schlüpfrigen Kreaturen lösen eine Urangst bei Ihnen aus, wie Sie sie noch nie zuvor erlebt haben. Da Sie die vollständige Kontrolle über Ihre Träume haben, stellen Sie sich diese furchteinflößenden Schlangen als Zeichentrickfiguren vor oder visualisieren Sie sich auf andere Weise. Indem Sie Ihre Sichtweise auf die Quelle Ihrer Angst ändern, wird es einfacher für Sie, diese zu kontrollieren. Indem Sie sich die Schlange als Zeichentrickfiguren vorstellen, nehmen Sie ihr im Wesentlichen die Macht über Sie. Stellen Sie sich vor, dass Sie dabei die fröhliche Musik einer Zeichentrickserie hören. Oder lassen Sie die Schlange mit lustigen Stimmen sprechen.

Wenn Sie das nächste Mal zu träumen beginnen, rufen Sie sich gleich eine Schlange herbei. Die Schlange könnte dabei etwas furchterregend aussehen oder sogar die Größe eines Menschen haben. Ihr Herz könnte anfangen zu rasen und eine Welle überwältigender Angst könnte Ihren rationalen Verstand in Beschlag nehmen. Beruhigen Sie sich einfach und denken Sie daran, dass Sie im Traum die volle Kontrolle haben. Die Schlange wird Sie nicht angreifen, und Sie können sie einfach aufhalten. Verkleinern Sie die Schlange, die Sie in Ihrer Vorstellung heraufbeschworen haben. Versuchen Sie dann, sie durch die Erinnerung an eine Zeichentrickfigur zu ersetzen. Das könnte Ihre Angst ein wenig lindern und Ihnen mehr Kraft geben. Der nächste Schritt besteht darin, mit der Kreatur zu sprechen, so als wäre sie ein vernünftiges menschliches Wesen. Stellen Sie sich vielleicht außerdem die Frage, wofür diese Schlange steht.

Vielleicht hat eine zufällige Begegnung aus Ihrer Vergangenheit diese Angst ausgelöst. Vielleicht war es auch eine beunruhigende Erinnerung. Indem Sie die Ursache der Angst ergründen, wird es einfacher, die Phobie gezielt zu bekämpfen. Wenn Sie nach einiger Zeit in Ihren nachfolgenden Träumen demselben Wesen begegnen, sollten Sie die Gründe für das Wiedererscheinen untersuchen, um zu verstehen, warum sie Ihnen Angst macht. In gewisser Weise bietet Ihnen das luzide

Träumen einfache Therapiequelle. Unabhängig davon, ob Sie Angst vor extremen Höhen, geschlossenen Räumen, öffentlichen Reden oder etwas anderem haben, hilft Ihnen das luzide Träumen dabei, eine realistische und dennoch sichere Umgebung zu schaffen, um mit diesen Ängsten umzugehen.

Strategie #5: Erforschen Sie Ihre Persönlichkeiten

Wir alle haben verschiedene Facetten unserer Persönlichkeit. Eine einfache Herausforderung, die Sie ausprobieren können, um Ihr luzides Träumen insgesamt zu verbessern, besteht darin, verschiedene Facetten Ihrer Persönlichkeit heraufzubeschwören. Warum interagieren Sie nicht mit dem Witzbold oder dem heimlichen Philosophen, der tief in Ihrem Inneren schlummert? Ein luzider Traum und alles, was Sie in ihm erleben, ist eine bloße Erweiterung Ihres Unterbewusstseins. So sind auch die Figuren, denen Sie im Traumland begegnen, Erweiterungen Ihrer Psyche. Warum bitten Sie diese Traumfigur nicht darum, Ihnen einen Witz zu erzählen, der Sie zum Lachen bringen kann? Selbst in einem wechselseitigen Gespräch mit einer Traumfigur sprechen Sie im Wesentlichen mit sich selbst. Wenn Ihre Traumfigur Ihnen also einen Witz erzählt, der Sie zum Lachen bringt, haben Sie dadurch einen Teil Ihrer Persönlichkeit entdeckt, den Sie wahrscheinlich noch nicht kannten. Wenn ein luzider Traum Sie zum Lachen bringt, haben Sie schon viel geübt und haben den Dreh beim luziden Träumen so langsam raus.

Nun ist es an der Zeit, den Philosophen in Ihrem Inneren aufzuspüren. Das Großartige am luziden Träumen ist, dass es Ihnen die Möglichkeit gibt, sich eine sichere Umgebung zu schaffen, in der Sie jedes Thema, jedes Konzept oder jede Idee, die Sie genauer erforschen möchten, ohne jegliche Ängste erkunden können. Schließlich kann Ihnen nichts passieren, wenn Sie die volle Kontrolle über alle Situationen und Szenarien haben. Wenn Sie sich schon immer gefragt haben, was Ihre Bestimmung ist oder was der Sinn Ihres Lebens ist, dann ist jetzt die Zeit gekommen, all dies zu erforschen. Das mag Ihnen wie eine knifflige Herausforderung erscheinen, denn im Grunde begeben Sie sich auf die Suche nach Antworten auf Fragen, auf die es vielleicht gar keine Antworten gibt. Vielleicht gibt es sie aber doch und Sie haben jetzt die Gelegenheit, nach Antworten zu suchen! So oder so, der Versuch könnte Ihnen als brillante Lernerfahrung dienen. Wenn Sie in Ihrer Traumwelt philosophisch werden, könnten die Antworten, die Sie von sich selbst erhalten, sogar ganz unerwartet sein. Die Fragen, die Sie sich stellen, sind vielleicht zu schwer für Gespräche im wirklichen Leben, aber Sie können sie getrost in Ihrem Unterbewusstsein erforschen.

Fazit

Das luzide Träumen ist eine wahrhaft magische Erfahrung. Es handelt sich um eine Art von Traum, bei dem Sie sich der Tatsache, dass Sie träumen, voll bewusst sind. Dadurch haben Sie die unglaubliche Möglichkeit, Ihr Traumland zu erkunden und dort brillante persönliche Abenteuer zu erleben und neue Erfahrungen zu machen. Sie haben auch die Möglichkeit, Ihre Träume neu zu verknüpfen und Ihre Bedeutung zu interpretieren. Beim luziden Träumen sind Sie der Schöpfer, Autor, Produzent und Regisseur Ihres eigenen Theaterstücks.

In diesem Buch wurden Sie über die Bedeutung von Träumen und ihre Ursachen, über das luzide Träumen und die verschiedenen Vorteile, die es Ihnen bietet, sowie über verschiedene Methoden, die Ihnen dabei helfen können, aufgeklärt. Die in diesem Buch besprochenen Strategien lassen sich in zwei Hauptkategorien einteilen: Lehrmethoden für Anfänger und Fortgeschrittene. Sie erhielten außerdem eine grundlegende Einführung in die Verbindung zwischen Astralprojektion und schamanischem Reisen mithilfe des luziden Träumens. Dieses Buch vermittelte Ihnen einfache Tipps dazu, wie Sie sich auf eine bessere Erfahrung des luziden Träumens vorbereiten und Ihre Traumwelt erkunden können. Eins der faszinierenden Konzepte, das in diesem Buch erörtert werden, ist die Frage, wie Sie Ihren Geistführern in luziden Träumen begegnen können und was diese für Sie tun können. Außerdem haben Sie praktische und einfache Tipps zu den Dingen erhalten, die Sie beim luziden Träumen niemals tun sollten und wie Sie sich in luziden Träumen schützen können. All diese Themen zusammen machen dieses Buch zur perfekten Lektüre, um das luzide Träumen sicher zu erkunden.

Wenn Sie erst einmal den Dreh raus haben, sind die Vorteile, die es Ihnen bietet, wirklich erstaunlich. Von der Verbesserung Ihres Bewusstseins bis hin zu einer verbesserten Selbstkontrolle, der Vermeidung von Albträumen und dem Verständnis Ihrer Fähigkeit, Ihre Kreativität zu erforschen - all das können Sie mit luzidem Träumen erreichen.

Wie bei jeder anderen Fähigkeit auch, braucht es dazu Zeit, Geduld und konsequente Anstrengung. Sobald Sie dazu bereit sind, sich auf diesen Prozess einzulassen, werden sich Ihre Bemühungen auszahlen. Dieses Buch dient Ihnen als Anleitung, zur Beratung und zur Vorbereitung, um Ihre luziden Traumerlebnisse zu verbessern. Beim luziden Träumen können Sie Ihre Kreativität erforschen und in Ihr Unterbewusstsein eintauchen. Denken Sie daran: Die Geduld ist der Schlüssel und Sie dürfen sich nicht frustrieren lassen, auch wenn Sie ein paar Mal über Probleme stolpern. Bei all dem handelt es sich um einen Teil der Lernerfahrung.

Hier ist ein weiteres Buch von Mari Silva, das Ihnen gefallen könnte

Referenzen

5 Great Benefits of Lucid Dreaming - USA TODAY Classifieds. (k.D.). Bezogen von USA Today

13 Things You Should NEVER Do In Lucid Dreams! (2019, 8. Juni). Bezogen von www.youtube.com Webseite: https://www.youtube.com/watch?v=bQK4jpeat-Q

40 Things To Do In A Lucid Dream, Especially Number 5. (2018, 31. Oktober). Bezogen von HowToLucid.com Webseite: https://howtolucid.com/40-things-to-do-in-a-lucid-dream/

Antrobus, J. S., & Wamsley, E. J. (2009). Lucid Dreams - an overview | ScienceDirect Topics. Bezogen von www.sciencedirect.com Webseite: https://www.sciencedirect.com/topics/neuroscience/lucid-dreams

Barrett, N. (k.D.). How to Lucid Dream. Bezogen von Gaia Webseite: https://www.gaia.com/article/protect-yourself-from-psychic-attacks

Dimitriu, A. (2020, 5. Juli). How to Lucid Dream. Bezogen von wikihow Webseite: https://www.wikihow.com/Lucid-Dream

Ebben, M., Lequerica, A., & Spielman, A. (2002). Effects of pyridoxine on dreaming: a preliminary study. Perceptual and Motor Skills, 94(1), 135–140. https://doi.org/10.2466/pms.2002.94.1.135

Endredy, J. (2018, 1 Juni). Shamanic Dreaming: How to Expand Into Higher Consciousness While You Sleep. Bezogen von Conscious Lifestyle Magazine Webseite: https://www.consciouslifestylemag.com/shamanic-dreaming-lucid/

Hatfield, S. (k.D.). Dream Invasion. Bezogen von Samuel Hatfield Webseite:

Holecek, A. (k.D.). Five Benefits of Lucid Dreaming. Bezogen von Kripalu Webseite: https://kripalu.org/resources/five-benefits-lucid-dreaming

Hoppler, W. (2017, 19. September). How Guardian Angels Can Guide You in Lucid Dreams. Bezogen von Learn Religions Webseite: https://www.learnreligions.com/guardian-angels-guide-your-lucid-dreams-123964

How to Have Lucid Dreams Easily - Learn Fast & Start Tonight. (2018, 3. Juli). Bezogen von The Sleep Advisor Webseite: https://www.sleepadvisor.org/how-to-lucid-dream/

How to Lucid Dream. (2017, 18. April). Bezogen von Gaia Webseite: https://www.gaia.com/article/protect-yourself-from-psychic-attacks

How To Lucid Dream In 2020 (WILD & DILD guides). (k.D.). Bezogen von Lucid Dream Society

Hurd, R. (k.D.). Lucid Dreaming as Shamanic Technology | dream studies portal. Bezogen von https://dreamstudies.org/2010/09/14/lucid-dreaming-shamanism/

Léon D' Hervey De Saint-Denys. (2008). Les rêves et les Moyens de les Diriger : observations Pratiques. Paris: Buenos Book International, Dl.

Lucid Dreaming Frequently Asked Questions Answered by Lucidity Institute. (k.D.). Bezogen von www.lucidity.com Webseite: http://www.lucidity.com/LucidDreamingFAQ2.html

Nunez, K. (2019, 15 Mai). How to Lucid Dream: 5 Techniques, Benefits, and Cautions. Bezogen von Healthline Webseite: https://www.healthline.com/health/healthy-sleep/how-to-lucid-dream#benefits

Nunez, K. (2019, 17. Juni). Lucid Dreaming: Controlling the Storyline of Your Dreams. Bezogen von Healthline Webseite: https://www.healthline.com/health/what-is-lucid-dreaming

Pavlina, E. (2006, 13. November). Does Lucid Dreaming Lead to Astral Projection? Bezogen von ErinPavlina.com Webseite: https://www.erinpavlina.com/blog/2006/11/does-lucid-dreaming-lead-to-astral-projection/

Renasherwood. (2011, 21. November). Dreaming of Peter: Spirit Guides and Lucid Dreams. Bezogen von Dreaming of Peter Webseite: http://dreamingofpeter.blogspot.com/2011/11/what-heck-are-spirit-guides-and-why.html

Review of Galantamine: The Lucid Dreaming Pill | dream studies portal. (k.D.). Bezogen von Dream Studies Portal Webseite: https://dreamstudies.org/galantamine-review-lucid-dreaming-pill/

Sparrow, G., Hurd, R., Carlson, R., & Molina, A. (2018). Exploring the effects of Galantamine paired with meditation and dream reliving on recalled dreams: Toward an integrated protocol for lucid dream induction and nightmare resolution. Consciousness and Cognition, 63, 74–88. https://doi.org/10.1016/j.concog.2018.05.012

TOP 5 TECHNIQUES TO LUCID DREAM. (2018, 27. Juni). Bezogen von Lucid Dream Society Webseite: https://www.luciddreamsociety.com/top-ways-to-go-lucid-dream-now/

Turner, R. (k.D.). 52 Ways How to Lucid Dream - Mindset, Methods & More. Bezogen von www.world-of-lucid-dreaming.com Webseite: https://www.world-of-lucid-dreaming.com/how-to-have-your-first-lucid-dream.html

Turner, R. (k.D.). Advanced Lucid Dreaming. Bezogen von www.world-of-lucid-dreaming.com Webseite: https://www.world-of-lucid-dreaming.com/advanced-lucid-dreaming.html

Turner, R. (k.D.). Dream Induced Lucid Dreams (The DILD Method). Bezogen von www.world-of-lucid-dreaming.com Webseite: https://www.world-of-lucid-dreaming.com/dream-induced-lucid-dreams.html

Turner, R. (k.D.). Lucid Dreaming Techniques for Beginners. Bezogen von www.world-of-lucid-dreaming.com Webseite: https://www.world-of-lucid-dreaming.com/lucid-dreaming-techniques.html

Turner, R. (k.D.). The Official Lucid Dreaming FAQ. Bezogen von www.world-of-lucid-dreaming.com Webseite: https://www.world-of-lucid-dreaming.com/lucid-dreaming-faq.html

Turner, R. (k.D.). The Cycle Adjustment Technique: Lucid Dreams with CAT. Bezogen von www.world-of-lucid-dreaming.com Webseite: https://www.world-of-lucid-dreaming.com/cycle-adjustment-technique.html

Warnings from Sleep: Nightmares and Protecting The Self. (2017, 13. April). Bezogen von Farnam Street Webseite: https://fs.blog/2017/04/nightmares-and-protecting-the-self/

Wigington, P. (2019, 28. April). 5 Tips for Finding Your Spirit Guide. Bezogen von Learn Religions Webseite: https://www.learnreligions.com/find-your-spirit-guide-2561603

Wilson, M. (k.D.). The Picower Institute for Learning and Memories. Bezogen von picower.mit.edu Webseite: https://picower.mit.edu/matthew-wilson

What Not to Do in a Lucid Dream - 15 Things (2020) - Lucid Dream Society. (k.D.). Bezogen am 24. Februar 2020, from https://www.luciddreamsociety.com/ Webseite: https://www.luciddreamsociety.com/worst-lucid-dream-ideas/

What is the Difference Between Lucid Dreaming and Astral Projection. (k.D.). Bezogen von www.ennora.com Webseite: https://www.ennora.com/blog/difference-lucid-dreaming-astral-projection/

www.ingramcontent.com/pod-product-compliance
Lightning Source LLC
Chambersburg PA
CBHW072156200426
43209CB00052B/1273